Josua Boesch, Morgendämmerung

Josua Boesch

MORGENDÄMMERUNG

Tagebuch einer Wandlung

noah-verlag Oberegg

Titelbild:
Metall-Ikone von Josua Boesch
«Die Auferstehung des Judas» (Friedens-Ikone)

Foto: Doro Röthlisberger

Lektorat:
Dr. Elisabeth Hug
Vreni Dörig-Hug

Satz + Druck: Bischofberger Druck AG, Oberegg AI
Vertrieb: noah-verlag, Schitterstrasse 7a, CH-9413 Oberegg AI
ISBN 3-907145-15-1

Josua Boesch ist bekannt geworden durch seine Metall-Ikonen und durch biblische Texte, die er in die Zürcher Mundart übersetzte. Über viele Jahre führte J. Boesch auch Tagebuch, um besser zu verstehen, was ihm auf seinem Lebensweg geschieht. Hoffnungsvoll und kritisch zugleich fasst er in Sprache, was er an Aufbrüchen und Veränderungen in Kirche und Gesellschaft feststellt. Besonders die Ökumene, die er engagiert mitträgt, ist oft Thema seiner Eintragungen.

Nun hat sich Josua Boesch entschlossen, grosse Teile seiner Notizen zu veröffentlichen. Nicht, weil es ihm um seine Person geht. Er will auf diese Weise Anliegen und Themen, die uns vor allem in den Kirchen beschäftigen müssten, aus seiner Sicht in die Öffentlichkeit tragen. Es geht in erster Linie um einen lebendigen Glauben, der an der mystischen Tradition der Kirchen anknüpft und ebenso stark in die Gesellschaft hineinwirkt. «Morgendämmerung» ist ein geistliches Tagebuch. Der Autor möchte verstehen, wie seine Lebensentscheide und Wegstücke innerlich zusammenhängen; wie aus dem Wahr-Nehmen und Horchen ein Ge-Horchen, aus dem Ruf eine Be-Rufung wird.

Schon die äusseren Etappen seines Lebens verlaufen alles andere als geradlinig. Aus dem gelernten Goldschmied wird ein reformierter Pfarrer. Später, in einer Synthese mit dem ersten Beruf, schafft er Metallbilder, die er Ikonen nennt. Schliesslich lebt J. Boesch als Eremit in einem Kloster im Appenin. Erst recht über viele Umwege, mit grossem Schmerz und vielen Missverständnissen, verläuft der innere, geistliche Weg. Zu Recht nennt der Autor seine Aufzeichnungen «Tagebuch einer Wandlung».

Josua Boeschs Lebensweg orientiert sich an geschauten Bildern. Es sind Traumbilder, Imaginationen, gar Visionen. Nicht umsonst heisst eines seiner Bücher «Heilkraft aus dem Schauen». Diese Bild-Erfahrungen sind Quelle seines künstlerischen Schaffens. Was er schaute, setzt er in Metallformen um und lässt diese durch den Schmelzprozess des Feuers zu Ikonen werden.

Mit den Tagebuch-Aufzeichnungen verhält es sich letztlich wie mit den Ikonen: Sie stehen nicht da, einfach um zu gefallen, sondern um Zeugnis zu geben von dem, was einem Menschen widerfahren kann, der sich auf den Schmelzprozess des Ikone-Werdens einlässt. Die geschauten Bilder enthalten eine Botschaft, die über das persönliche Leben des Autors und Künstlers hinausgeht. Sie können uns als LeserInnen und Betrachtende ermutigen, den eigenen inneren Bildern und Visionen zu vertrauen, eigene Eingebungen und intuitive Erkenntnisse nicht als Hirngespinste abzutun.

«Morgendämmerung» könnte eine Einladung sein, den eigenen Lebens- und Glaubensweg achtsamer lesen zu lernen, um ihn dann unbeirrt zu gehen. Nicht Rollenverhalten, Konventionen und gesellschaftliche Zwänge sollen mass-gebend sein. Wir dürfen uns einlassen auf die Führung dessen, der von jeher «grösser ist als unser Herz» und der es darauf abgesehen hat, unsere Schwachheit in seine Stärke zu verwandeln.

Vreni und Bruno Dörig

I

Immer wieder einmal hauchte es mich an: Dein Leben beginnt erst mit fünfzig. Nein, ich machte kein Problem daraus. Ich liess diesen Hauch vorbeigehen, wie er gekommen war, denn es wurde mir allmählich bewusst, dass ich ein Spätzünder bin. Warum denn nicht? Es müssen sich doch nicht alle gleich schnell entwickeln. Bei mir geht alles sehr behutsam. Ich will allem die nötige Beachtung schenken, auch den kleinen Dingen. Es ist ja auch kein Zufall, dass ich mit Silber und Gold arbeitete. Eine ganze Lehrzeit und noch ein Jahr dazu. Bis ich noch einmal von vorne anfing, um Pfarrer zu werden. Maturitätsvorbereitung und Theologiestudium gaben mir erneut Raum und Zeit zu einer vertiefteren Entwicklung. Aber auch im Pfarrdienst fragte es in mir immer beharrlich weiter: Wer bin ich denn eigentlich? Mit vierzig wurde das Fragen bedrängender. Bin ich nur der, für den mich die Leute halten? Drängt da nicht noch ein anderer Josua ans Licht? Vielleicht der, den Gott von allem Anfang gemeint hat, als ER mich schuf? Als ich mich vor dem Wegzug aus der damaligen Gemeinde von den Nachbarn verabschiedete, sagte ein älterer Mann zu mir: «Wissen Sie, Sie sind schon recht, aber Sie sind kein richtiger Pfarrer». War das ein befreiendes Kompliment! Der andere Josua war also auch für andere schon spürbar vorhanden. Um so verpflichtender wurde von nun an meine Suche nach ihm. Ich begann, wieder Tagebuch zu schreiben, um mir besser Rechenschaft geben zu können über das, was ich spürte und ahnte. Eines Tages kam mir ein Ereignis zu Hilfe, das vieles erhellte und klärte. Eine Diskushernie blockierte meinen Ischiasnerv. Ich konnte weder gehen noch stehen und lag vier Wochen gelähmt im Bett, bis ich zur Operation ins Kantonsspital Zürich gebracht werden konnte.

Zurück aus dem Spital, lernte ich wieder stehen und gehen, und zwar in einem viel umfassenderen Sinn. Am Morgen vor der Operation stiess ich in Zinks Buch «Womit wir leben können» auf die Geschichte vom Gelähmten vor der schönen Pforte (Apg 3,1-10). «Du sollst jetzt tun, was Christus dich tun heisst: Steh auf und geh!» Wie hätte mich das nicht treffen sollen! In den Gesprächen mit meinem psychiatrischen Berater und Begleiter, Dr. Alfons Mäder, hatte mir der Begriff der Lähmung über lange Zeit stark zugesetzt. Mit einem Schlag machte mir nun mein Körper klar, was der Arzt gemeint hatte, als er sagte, ich sei wohl von Geburt an wie gelähmt gewesen und zum Bettler geworden als Folge unbewussten Verhaltens meiner Mutter.

Vor zwei Jahren hatte ich schon einmal ein ganz befreites Bewusstsein, eine Straffheit des Gemütes, Angriffslust und Eigenständigkeit erlebt. Bis alles sich wieder verlor in der Bettlerhaltung. Aber nun regt es sich wieder und will auferstehen, herausgefordert durch das «Steh auf und geh!», durch die gelungene Operation und die Therapie.

Schon einmal hatte mich ein Wort so tief getroffen. Es war zwar nur ein Scherz meines Hausarztes gewesen, aber er ging mir durch Mark und Bein. Als ich ihm sagte, dass ich über den Rhein nach Schaffhausen zöge, meinte er lachend: «Der Josua zieht über den Jordan!» In der darauffolgenden Nacht schrie es auf in mir: «Nein, ich kann nicht ins verheissene Land mit dem Volk. Ich kann nicht Führung übernehmen wie Moses. Ich nicht! Lieber sterben, als so unfähig und wehrlos über den Jordan ziehen.» Als ich mich beruhigt hatte, war mir, als fiele eine Maske von mir ab und als dränge eine tief verborgene Gestalt ans Licht: der andere, eigentliche Josua, der in seiner Abhängigkeit nicht sein durfte.

Und jetzt, da auch noch die Maske des Bettlers abgefallen ist, will ich das Drängen ernst nehmen und der werden, als der ich von allem Anfang an gemeint bin. Ich darf mir nicht länger ausweichen. Nicht umsonst hat sich in mir Niklaus von Flües berühmtes Gebet umgekehrt: «Gib mich mir, damit ich ganz mich gebe DIR».

18. Juni 1968

Aber nun bist DU gekommen, mein Kyrios[1], und hast zu mir gesagt: «Steh auf und geh!» Jetzt weiss ich, dass ein neues Leben und ein neuer Lebensstil beginnen wollen. DU selber forderst mich heraus dazu. DU siehst mich schon selbständig, unabhängig und aufrecht.

26. Juni 1968

Aufstehen heisst offenbar, den Tag und die Arbeit mit demselben Vertrauen in mich beginnen, wie ER es in mich hat. Vertrauen, dass die eigentliche Person stärker und ausdauernder ist als alle alten Bettlergewohnheiten, wesentlicher als alles, was mir bisher wichtig und vertraut war.

[1] griechisches neutestamentliches Wort für Herr, wörtlich: Kompetenter.

30. Juli 1968

Sich einer Sache bewusst werden ist gar nicht harmlos. Der ganze Mensch kommt in Bewegung und Aufruhr. Als schlügen die Wasser der Tiefe ans Ufer. Man muss ihr Tosen aushalten und ihm standhalten lernen. Wir haben heute einen Grad von Bewusstheit erreicht, wie ihn unsere Vorfahren noch nicht kannten. Und damit eröffnen sich uns gewaltige Energien. Ach DU, lehre uns, sie zu zähmen, zu integrieren und dienstbar zu machen für DICH und die Menschheit. DEINE Welt steht auf dem Spiel.

3. August 1968

Konrad Lorenz wertet in seinem Buch «Das sogenannte Böse» die Begeisterung sehr hoch, weil sie eine positive Form der Aggression darstelle. Dann wäre Begeisterungsfähigkeit eine wichtige Voraussetzung zur Bezähmung der aufbrechenden Energien in der Menschheit.

7. August 1968

Peter Schuppli brachte mir die Konzeption für Kappel, die er als Sekretär der Bezirkskirchenpflege für den Zürcher Kirchenrat verfasst hat. Er sagte, dass man noch zu keiner geeigneten Nomination eines Leiters gekommen sei, und fragte mich, ob ich allenfalls dazu bereit wäre. Ich bejahte unter der Voraussetzung, dass nicht eine Führungsgestalt gesucht werde, sondern ein Kristallisator eines Leitungsteams, das mit der Sache selbst organisch wachsen könne. Er meinte, es sei für ihn nicht ausgeschlossen, dass er eines Tages seinen Beruf zugunsten einer solchen Zusammenarbeit aufgeben werde. Ich kann mir gut vorstellen, dass durch unser beider Engagement für die nötige Offenheit eines geistlichen Zentrums gesorgt wäre. Für echte «Katholizität» am Ort von Zwinglis Tod und der Kappeler Milchsuppe. Fliesst der Jordan an Kappel vorbei und nicht an Schaffhausen?

5. Oktober 1968

Seltsam und eindrücklich, von grosser Tiefe und Ruhe: aus dem Ursprung zu leben und in ihm zu wurzeln. Und mit ihm eins zu sein.

Das Ich bekommt seinen Schwerpunkt und seine Mitte. Es verliert sein Übergewicht. Das Wesentliche kann ans Licht kommen und sich darstellen. Und mitten in der täglichen Arbeit die Akzente setzen. Ich habe dann nur dafür besorgt zu sein, es nicht zu übersehen und nicht zu überhören. Und den nötigen Abstand zu schaffen zu allem, was sich unrechtmässig aufdrängt.

9. Oktober 1968

Freundschaft mit einem Sterbenden. Mir ist, als käme ich an die Quelle des Lebens. Der erst einunddreissigjährige Bernhard begegnete mir bei der Taufe seines Patenkindes, und heute rief er mich an sein Sterbebett im Spital. Ich habe ihm unvermittelt meinen Vornamen und damit mein Du angeboten. Noch nie zuvor ist mir die Nähe meines alttestamentlichen Namens Josua zu DEINEM neutestamentlichen Jesus so bewusst geworden. So lass ihn jetzt DEINE Nähe erfahren, denn Name ist heilende Nähe.

10. Oktober 1968

Bernhard sagte: «Du strahlst etwas aus und bist angriffig.» Das kann nur ein Sterbender sehen und spüren. Er merkt mehr als ich selbst.

11. Oktober 1968

Um Viertel vor elf Uhr in der Nacht hat er sein letztes Lüftchen ausgehaucht, «erschöpft vom langen Patrouillenlauf», wie er sagte. Sein letztes Wort: «Ich gehe für Euch, Christus ist auch für andere gegangen.» Ich habe noch nie erlebt, dass ein anderer für mich in den Tod ging. Aber es muss wahr sein. Bernhard hat mein Leben zur Reife gebracht, es liegt wie neu vor mir. Das Thema der Weltkirchenkonferenz von Uppsala «Siehe, ICH mache alles neu» will offensichtlich auch in mir Gestalt annehmen. Durch Bernhard bin ich ein priesterlicher Mensch geworden. Ihm habe ich diesen Dienst zum erstenmal getan. Wie aus einem neuen Ursprung. Erfrischend und lebendig. Eine neue Dimension hat sich mir aufgetan durch die Freundschaft mit einem Sterbenden. Eine Dimension, die für alle Beziehungen gilt. Bernhard hat das grosse Leuchten zuerst gesehen, ich erst im Nachhinein. Wo zwei sich im Ursprung begegnen, ist noch ein dritter da. So strahlend, dass alles sich weitet und wandelt. Es ist wieder Raum da zum Atmen und Aufrechtgehen.

14. März 1969

Steh auf!, das heisst auch standhalten. Ich muss in einer Illusion gefangen gewesen sein, denn ich dachte, ich sei nicht in Ordnung, wenn mir andere feindlich begegneten. Ich suchte den Fehler immer bei mir. Aber Wände, Fronten und Grenzen des Verstehens sind zunächst zu akzeptieren und auszuhalten, bevor sie überwunden werden können. Anders ist Begegnung nicht möglich. Die aggressiven Kräfte müssen in das Standhalten investiert werden. Es tut nicht gut, sie für explosive Überzeugungsschlachten zu speichern. Widerstehen und den anderen aushalten bewirkt nämlich auch ein Auftauchen dessen, was in der Tiefe des andern mottet und schafft. An meinem Widerstand kann es sich an die Oberfläche wagen. Gilt das auch mir selbst gegenüber? Dann werde ich zu meinem eigenen Herausforderer. Welche Chance!

19. März 1969

Ich stelle eine seltsame Distanz zu meinen Freunden fest. Haben sie sich von mir gelöst oder ich mich von ihnen? War ich ihnen zu nahe oder sie mir? Mit Bernhard hat diese Wende eingesetzt. Einerseits ist es eine Wohltat, andererseits schmerzt es auch. Bringt Freiheit Einsamkeit mit sich? Muss ich Einsamkeit durchstehen lernen, um auch allein stehen zu können? Es gibt keinen Grund, über mein vermehrtes Alleinsein traurig zu sein. Eine solche Traurigkeit wäre Rückfall in infantile Abhängigkeit, d.h. in die Bettlerhaltung. Und die will ich ja loswerden.

20. März 1969

Wir können in unseren Gottesdiensten nicht mehr auf Stille und Meditation verzichten. Darin finden wir die nötige Distanz zu Menschen und Dingen wieder. Auch Kappel begründet sich von daher. Wir brauchen wieder Orte, wo wir der Informations- und

Konsumflut die Stirne bieten können. Taizé geht diesen Weg schon lange.

23. März 1969

Bernhard hat mir mich selbst zurückgegeben. Es ist, als wäre ich meiner selbst sicherer geworden. Er hat mir die Türe zum Selbstvertrauen geöffnet. Man muss erst selber stehen können, bevor man zu andern stehen kann.

1. April 1969

«Steht auf und betet!» Aufstehen – widerstehen – durchstehen – allein stehen und beten gehören zusammen. Wie sollen wir sonst die Versuchung von uns weisen? Ich werde am nächsten Karfreitag über Lk 22,46 predigen: «Steht auf und betet, damit ihr nicht in Versuchung geratet.» Es trifft mich existentiell.

15. April 1969

«Kein Werk, sondern ein Wrack.» Mit diesem Wortspiel erwache ich aus einem langen schweren Traum. Welche herausfordernde Selbstkritik! Passiv statt aktiv. Zurückweichend statt widerstehend. Ich bin entmutigt.

16. April 1969

Heute zeigte mir der Traum, wie ich beglückt an eine Studienarbeit gehe. Aber es ist eine, die sich formal ausdrücken lässt und mit meinem ersten Beruf zu tun hat. Ist der Traum eine Frucht des holländischen Katechismus, den ich eben zu Ende gelesen habe und der so unbeschreiblich offen ist und nach vorne drängt? Wahrhaftig, eine ganze Generation ist im Aufbruch. Bricht der Kunsthandwerker bei mir durch?

21. Juni 1969

Ich muss ganz sachlich feststellen, dass bei mir Leistung klein geschrieben ist. Leistung entbehrt jeden Anreizes, genauso wie Erfolg.

Die tiefste Ursache dafür liegt wohl in meiner Grundstruktur. Und dazu gehören Intuition und Kreativität. Die Intuition ist das Bewegende, die Gestaltungsfreude das Anreizende, die neue Form das Krönende. Das gelungene Werk bestätigt und erfüllt. Leistung blokkiert mich von vornherein.

25. Juni 1969

«Niemand soll aus seinem Glauben mehr herausholen, als er hergibt» (Röm 12,3). Wie befreiend: Nicht mehr aus seinem Leben herausholen wollen, als es hergibt. Halt machen an der legitimen Grenze der eigenen Möglichkeiten. Das wäre heilender Widerstand in unserer Leistungsgesellschaft. Wie sollen wir denn noch spüren, wo der Geist weht, wenn wir uns in reiner Pflichtausübung erschöpfen?

14. August 1969

Bleiben wir ein Leben lang gezeichnet durch unsere Eltern? Ist es nicht möglich, in ihnen einfach die Voraussetzung zu sehen zum eigenen Leben? Als Herausforderung sozusagen? Bleibt mein in der Kindheit erworbener Hunger nach wahrer Männlichkeit ein Leben lang ungesättigt in mir? Bleibe ich der Gezeichnete meiner überstarken Mutter und meines schwachen Vaters? Sag, mein Kyrios, ist dieses mangelnde Selbstwertgefühl nachzuholen in der Freundschaft mit DIR? Ich will nicht versinken in permanenter Sorge um mich selbst und in Schwermut. Behüte mich davor.

23. August 1969

Im Traum suchte mich ein Pferd und kam zu mir. Ich gab ihm drei Zuckerstücke. Da merkte ich, dass mich aus ihm die Augen eines Mannes mit liebevollem Verständnis anschauen. Ein grosser Friede erfüllt mich bis ins Innerste, trotz des Gewitters, das mich weckte.

30. August 1969

DEIN Antlitz finden, um es lieben zu können, ist das möglich, mein Kyrios? Wer hat mich angeschaut durch die Augen des Pferdes, so

dass ich diese Augen nicht mehr vergessen kann? DU? Der andere Josua? Das Pferd ist Symbol für Männlichkeit. Seid Ihr beide so männlich und so stark? Ich wäre ganz verlegen, wenn mich in Wirklichkeit einer so lieben würde. Warum fällt es mir leichter, zu lieben als geliebt zu werden?
In den vergangenen Nächten brachten mir die Träume wieder diese Augen. Suchst DU selber mich, weil ich keine wahre Liebe erfahren habe? Habe ich mich selber verschlossen dagegen? Ist diese Mauer jetzt gefallen? Mir ist, als läge Geliebtsein als neue Möglichkeit vor mir. Habe ich meine Freunde verloren, damit ich mich dieser Urliebe aussetze?

31. August 1969

Könnte ich es doch bis in meine Kindheit zurück rufen: Josua, du bist geliebt! Die Liebe, die sich erst so spät manifestiert hat, liegt schon vor meinem Ursprung. Wer hätte das gedacht! Diese Liebe hat grössere Wirkung als alle Prägung meiner Umwelt. Mit Bernhards Tod ist alle Prägung vergeben und in die Verwandlung fortgegeben. Bernhard ist gegangen, um dieser Liebe Raum zu geben.

9. September 1969

Ein ambivalenter Traum. Ich werde umgeschult. Mein Lehrer mahnt mich einerseits, nicht zu viel zu wollen, anderseits zeigt er mir, dass ich nicht leiste, was ich vermöchte. Ist Widerstand gegen Verwandlung in mir?

14. September 1969

Teilhard de Chardins «Lobgesang des Alls» bewegt mich sehr. Gott geht den Weg der Leiblichkeit, und ich will es immer wieder bequemer haben. Verwandlung erwartet von mir ein Ja zu Mühe und Arbeit an der Materie. Ich aber scheue den Widerstand der Materie wie den der Metalle. Und doch ist mir ein Feuer gegeben, das die Metalle zu Schmelzen bringt. Ich werde meine in der Weigerung versteckten Aggressionen ins Feuer holen müssen, um den Kampf mit der Materie aufnehmen zu können. Hat hier nicht auch meine Begeisterungsfähigkeit ihren Platz und ihre Aufgabe?

15. Oktober 1969

Mein Kyrios, damals, als ich einundzwanzig Jahre alt war, hast DU mich mit ausdauernden Fragen zum Busch herausgeklopft, bis ich einen neuen Beruf wählte. Aber wozu bin ich eigentlich Pfarrer geworden? Sicher nicht zur Bewahrung eines traditionellen Standes innerhalb der Gesellschaft. Wohl eher, um zur schöpferischen Verwandlung dieses Berufes und der Kirche beizutragen. Aber wie? Kunsthandwerk und Pfarrdienst? Wie könnte das zusammen gehen? Die Churer-Dokumente des Bischofssymposions und der europäischen Pristerkonferenz vom 5.-10. Juli 1969 weisen in dieser Richtung. Ist der Arbeiterpriester in der reformierten Kirche möglich?

16. Oktober 1969

DU gibst uns unseren Urwert zurück. Schon unsere Existenz macht uns wert vor DIR, nicht erst das, was wir leisten. Der Wert ist zuerst, alles andere ist Überbewertung. Und diese verführt nur zum Vergleichen und stösst in die Minderwertigkeit. Jetzt aber kann vieles abfallen, was ich als Wert aufgebaut habe. Es gehört nicht mehr zu meiner Person. Es macht mich nicht mehr aus.

9. November 1969

Gott wird missverstanden, wenn man SEIN Kümmern um die Menschen eine hohe Ehre findet: der Grosse kommt zum Kleinen, der Erhabene zum Niedrigen, der Werte zum Unwerten. So erhebt uns Gott nur über die anderen und macht uns überheblich. Aber SEINE Nähe will uns unsern Urwert zurückgeben: unsere Heiligkeit.

2. Dezember 1969

Es trifft mich hart. Ich habe meine Eitelkeit entdeckt. Ich will bewundert werden. Ich komme mir vor wie ein stolzer Hahn. Hat deshalb der Hahn den Jünger Petrus zur Besinnung gebracht? Ich ahne: der Hahn ist das Ende der Nacht. Auch der meinen?

26. Dezember 1969

Der Hahn hat mich durch den ganzen Advent begleitet, bis er am vierten und letzten Adventssonntag laut schrie über die ganze Kirche: im Cinevox Neuhausen, im Film «if...». Entsetzlich, wie die Kirche ihren Kyrios verraten hat aus lauter Eitelkeit. Es ist zum Heulen. Mit unserer Erziehung zum Gehorsam haben wir die aggressiven Kräfte unserer Jugendlichen nur gestaut, bis sie sich entluden in einer pflastersteinigen, bombenkräftigen, blutigen und zerstörerischen Rebellion. Es gibt für uns keine andere Möglichkeit, als ein echtes Zeichen unserer Bereitschaft zu setzen für eine gemeinsame offene Zukunft, für schöpferische Zusammenarbeit und Veränderung. Wir kommen nicht darum herum, auf Macht und Autorität zu verzichten zugunsten eines lebendigen Verwandlungsprozesses. Das könnte für mich heissen, keinen Talar mehr zu tragen, von der Kanzel zu steigen und alles im Team zu erarbeiten.

21. Januar 1970

Der Traum ist schonungslos: Ich baue an unserem Buchthaler Kirchgemeindezentrum, aber im Toggenburg (woher meine Ahnen stammen!). Es steht erst die Fassade. Dahinter ist es dunkel. Aber dort muss endlich gebaut werden. Die Deutung liegt auf der Hand. Ende Fassade! Ich muss mein Zentrum selber aufbauen und endlich Hand anlegen.

24. Januar 1970

Das Dunkel hinter meiner Fassade beginnt mich zu interessieren. Mein Schatten. Das Verdrängte soll nicht länger meine Energien stauen oder verschlingen. Der andere Josua will nicht länger im Dunkeln munkeln. Sonst wird er böse und destruktiv.

25. Januar 1970

Im Traum kommen die Biafraner zurück[1]. Die Separation hat ein Ende. Mein Schatten gibt seine Abspaltung auf und zeigt sich bereit zur Zusammenarbeit. Ich staune, wie weltpolitische Ereignisse innerseelische Vorgänge erhellen.

[1] Im Januar 1970 endete der Bürgerkrieg in Nigeria, der sogenannte Biafrakrieg, mit der Kapitulation Biafras und dessen Wiedereinbeziehung in den Staatsverband Nigerias.

26. Januar 1970

Ich war heute wieder einmal mit jenen Kollegen zusammen, mit denen ich ordiniert worden bin. Gedrückt und gequält von den Problemen der Kirche sassen sie da und diskutierten. Da sagte einer zu mir: «Du bist schon aus dem kirchlichen Ghetto ausgebrochen. Du bist eben kein Theologe, du bist ein Theophil.» Wirklich, ich fühle mich wie einer, der schon ausgewandert ist und nur noch Chancen sieht in dieser Krise. Zu verteidigen gibt es ohnehin nichts mehr. Es bleiben nur noch Verwandlung und schöpferisches Neugestalten. Den «Theophil» aber kann ich nicht mehr vergessen. Er bleibt in mir hängen wie eine wunderschöne Melodie. Ja, der bin ich. Der will ich sein. Ein in Gott Verliebter.

27. Januar 1970

«Geh, du wirst Frieden finden» (Lk 7,50). Bleib nicht stehen, geh! Geh als Theophil, so wirst du Frieden finden. «ICH habe dir eine offene Tür gegeben, die niemand mehr schliessen kann.» So geh jetzt!

6. Februar 1970

Mein Konfirmandenspruch: «ICH will mit dir sein. ICH will dich nicht verlassen noch von dir weichen. Sei getrost und unverzagt» (Jos 1,5). War er nicht schon so etwas wie eine Liebeserklärung Gottes? Was zögere ich, IHM die meine zu geben? Fürchte ich, dass ER eine tiefere und noch ursprünglichere Liebe zu mir sucht, als Freundschaft und Ehe geben können? Hat Bernhard diese Liebe geschaut? Kam an seinem Sterbebett schon meine Theophilie ans Licht? Wahrhaftig, der andere Josua ist ein Theophil! Ich kann mich nicht mehr herausreden.

17. Juni 1970

Wasser. Bisher habe ich es als feindliches Element erlebt und jetzt wie neues Leben. Die Erde ist die Urkraft der Frau. Und Wasser die Urkraft des Mannes. Mein Kyrios, hast DU gesagt: «geh über den Jordan», weil am anderen Ufer aus meinem Leib «Ströme lebendigen

Wassers fliessen werden» (Joh 7,38)? Bin ich schon drüben, dass mir Wasser so urlebendig erscheint? Bin ich ein Baum, ans Wasser gepflanzt?

10. August 1970

Im Traum entsteht in der Werkstatt meines Meisters eine Abendmahlskanne aus Stahlblech. Schöne runde Bewegungen werden hineingeschliffen, und zuletzt wird sie vergoldet. Dann muss ich für eine Mitarbeiterin eine Mozartfrisur bestellen. Zuletzt stehe ich in einem strahlend hellen Gebäude wie in einem grossen Tor. Im Erwachen fühle ich meinen Körper wie ein weisses Tor. Ist es das Tor zur Ganzheit?

11. August 1970

Der Traum beschäftigt mich. Sind Strukturen, Traditionen, Prägungen so hart wie Stahl? Vergoldet nur, damit wir das Stahlharte daran nicht sehen müssen? Ist unsere menschliche Trägheit so hartnäckig und zäh gegen jede Form von Veränderung und Verwandlung? Das wäre ja zum Verzweifeln. Gottlob ist im Abendmahl der Wein wichtiger als die Kanne! Und gottlob gibt es unter den Gästen solche mit Mozartfrisuren, die noch spielen und singen und tanzen können! Und das Gebäude hatte im Traum transparente Wände und ein offenes Tor. Will mich der Traum vor Illusionen mir selbst und der Kirche gegenüber warnen? Und die richtigen Akzente setzen für meine Arbeit?

12. August 1970

Auf dem Weg zur Ganzheit (Jung nannte ihn Individuation) gibt es Hindernisse, z.B. das Rote Meer, die Wüste, der Jordan. Und kaum ist das eine überwunden, taucht schon das nächste auf: Jericho. Der in sich selbst verkrochene und verschlossene Mensch. Der Mensch mit dem Anspruch auf Privilegien und auf eine Sonderbehandlung. Der Mensch mit den Ausreden und den feigen Entschuldigungen. Diese Bastionen in uns und um uns fallen nur durch Stille und Schweigen. Wäre das die eigentliche Aufgabe von Kappel? Gehört Josua deshalb dazu?

29. August 1970

Wenn ich in meiner Mitte verweile, und DU, mein Kyrios, mit mir am gleichen Tisch isst und trinkst, wer bin ich dann? Wer ist dann von DIR so geachtet, respektiert und ernstgenommen?

wer bin ich?
ein mensch wie alle
einer von allen
und doch anders als alle
einer mit ihnen
und bei ihnen
ein mensch für die andern
wie ER

wer bin ich?
ein mensch unter menschen
klein feingliedrig und zäh
einfach und klar in der form
bewegt und feurig
einer der etwas auszustrahlen hat
und in bewegung bringt
wie ER

wer bin ich?
ich bin der ich bin
so einfach und bündig
wie ER
mich selbst
SEIN du
und das du aller menschen
wie ER

So siehst DU mich. Und so erfährst DU mich. Bei DIR will ich auch lernen, mich so zu verstehen, so zu achten und ernst zu nehmen. Und so mir zu vertrauen. Nun habe ich keine Ausrede mehr. Da ist nicht nichts. Da ist wieder eine Mitte, in die ich alles zurücknehmen kann. Von dort kann ich wieder ausgehen an meine Arbeit unter den Menschen. Dort bin ich gehalten und geborgen. Geborgenheit in sich selbst, das ist urneu. Vielleicht lerne ich jetzt, etwas gelassener und weniger ängstlich und verspannt an alles heranzugehen. Täte das einem Zürcher gut!

26. September 1970

Die ausserordentliche Kirchgemeindeversammlung von gestern abend hat das projektierte Zentrum Buchthalen abgelehnt, respektive auf die Zeit nach einem Zusammenschluss mit dem Stadtverband verschoben. Bedeutet das vielleicht, dass man sich doch nicht verändern will?

28. September 1970

Wäre das Zentrum durch eine Urnenabstimmung verworfen worden, hätten wir freie Hand bekommen für ein Provisorium. Durch die Zurückstellung werden wir für mindestens drei bis vier Jahre lahm gelegt, und ich werde wieder auf die Bahre «vor der schönen Pforte» gebunden, bis neu mit dem Stadtverband geplant werden kann. Das bedeutet, dass wir noch etwa sieben bis acht Jahre im heutigen Notstand weiterleben müssen. Ob ich das durchstehen werde? Und dann bleiben mir nur noch zehn Jahre bis zur Pensionierung. Ob ich dann noch genügend Kräfte haben werde?

24. Oktober 1970

Niemand spricht von einem Provisorium. Niemand zeigt Phantasie, wie der Situation anders begegnet werden könnte. Lag alles auf meinen Schultern? Ich spüre Gerichtsernst in der Luft. Jetzt wird sich zeigen, ob eine Veränderung gewollt wird oder nicht. Muss ich gehen und «den Staub von den Füssen schütteln» (Mk 6,11)? Der Humor ist mir vergangen, die Heiterkeit verschwunden. Ich spüre Unbehagen. Ich fühle mich verraten.

7. November 1970

Zurückgeworfen in den innersten Raum. In die eigene Mitte, wo nur DU die Türe öffnen kannst. Hier kann ich wieder atmen. Hier ist Weite. Hier komme ich wieder in Bewegung und bin voller Erwartung. Ein Realist würde sagen: «Der Zenit ist überschritten. Was bisher nicht erreicht wurde, wird nie mehr gewonnen.» Aber in mir ist ein anderer, der einmal mehr sagt: «Dein Leben beginnt mit fünfzig.» Es grenzt an Torheit, mit achtundvierzig noch immer auf das Eigentliche zu warten. Und doch gibt es Menschen, wie z.B. Karl Jaspers, die erst spät zu ihrer vollen Entfaltung kamen. Nein, ich warte nicht auf Godot. Ich warte auf DICH, mein Kyrios.

10. November 1970

Gestern habe ich im Kirchenstand[1] meine Absicht bekannt gegeben, bei Gelegenheit zurückzutreten. Die Reaktion: wir hätten den Löffel auch hinwerfen können. Hat denn keiner die Herausforderung gespürt? Dann haben sie auch nichts begriffen von dem, was ich in den drei Jahren hier gelebt habe. Mir bleibt nur zu gehen.

14. November 1970

Zwei Bekannte aus Affoltern am Albis, die ich von der Erwachsenenbildung und der Jugendarbeit des Bezirkes kenne, sind zu mir gekommen. Sie suchen einen zweiten Pfarrer für ihre Gemeinde, vor allem für Jugendarbeit und Unterricht. Soll ich zurück ins «Säuliamt», wo ich schon zehn Jahre lang war? In die Nähe von Kappel?

22. Dezember 1970

Nach längeren Recherchen und ausgiebigen Gesprächen ist unser Ja jetzt in Affoltern. Wir gehen. Wir wissen noch nicht wann. Ich muss ja auch erst noch gewählt werden. Hier in Buchthalen scheint alles im alten Tramp weiterzugehen. Ganz friedlich, aber ohne Dialog. Der Pfarrer wird mit Respekt behandelt, ja sogar verehrt. Nichts wird in Frage gestellt. Und damit die Chance verpasst, neu zu werden. Schade. Wie muss das erst Gott treffen, wenn es mich schon so trifft?

[1] Bezeichnung für die Kirchenpflege im Kanton Schaffhausen

27. Dezember 1970

Ein aufschlussreiches Gespräch mit meinen Neffen: ein Christ stützt sich weder auf Prinzipien noch auf Ideologien. Er empfängt nur einfach die Phantasie zum Aufbruch aus den verhärteten Fronten rechts / links, autoritär / antiautoritär, mächtig / ohnmächtig, um etwas aufleuchten zu lassen von jener Welt, die Gott heute schafft unter uns.

29. Dezember 1970

Im Traum eine abgehauene Hand. Der Betroffene hat aber von einem andern schon eine neue bekommen. Und sie wächst schon an. Hände haben im Traum mit Handlungen zu tun. «Steh auf und geh!» betraf meine Füsse. Die abgehauene Hand betrifft mein unsicheres, reaktives Handeln. Leihst DU mir DEINE Hand zu eigenen aktiven Handlungen, mein Kyrios?

19. Januar 1971

Mein Gott, mein Gott, warum hast DU mich heiraten lassen? Nur DU allein wusstest um meine homophile Grundstruktur. Mir war sie nicht bewusst. DU kanntest meine Grenzen. Ich habe sie überschritten und bin der christlichen Gesellschaft wie Räubern in die Hände gefallen. Da liege ich halb tot. Allein gelassen mit meinem Elend.

23. Januar 1971

DU hast mich hochgehoben und in die Herberge gebracht, mein Kyrios. DEINE Liebe ist wie Öl auf alle meine Wunden.

26. Januar 1971

In der gestrigen Kirchenstandsitzung wurde ich zum Sündenbock gemacht. Sind die Vorstandsmitglieder endlich erwacht? Wenn ein Kapitän als erster das sinkende Schiff verlasse, sei das nach internationalem Recht strafbar. Welch patriarchaler Vorwurf! Und ausgerechnet gegen mich. Bin ich für die restliche Zeit, die mir hier bleibt, ihr Gefangener und handlungsunfähig gemacht?

1. Februar 1971

Affoltern am Albis hat mich gewählt. Wir sind über den Berg. Aber die letzten Monate hier bis zum Oktober werden schwierig werden. Ich mache mir keine Illusionen.

5. Februar 1971

In meinem ersten Beruf hatte ich starke Hände. Sie ersetzten meine Schwäche in den Armen. Und jetzt? Mir ist, als ob sie weinten.

16. Februar 1971

Im Traum bin ich Jakob und liebe meinen Zwillingsbruder Esau. Sind in mir so viele Spannungen wie zwischen diesen beiden Gegensätzen? Bin ich vor Esau, meiner männlichen Seite, geflohen und kehre nun nach Hause und zu ihm zurück? Macht mir die Begegnung mit ihm zu schaffen? Muss ich, bevor ich über den Jordan kann, über den Jabbok und dort mit dem Engel kämpfen? Ich spüre ein grosses Verlangen in mir, mich mit meiner männlichen Seite zu versöhnen. Werde ich erst dann wieder handlungsfähig?

9. März 1971

Verzweifelt mitten am Tag. Verzweifelt an mir selber. Unsicher und elend. Handlungsunfähig. Lebensuntauglich? DU weisst, dass ich nicht tauge für dieses Leben, schon seit meiner Geburt. Und DU liebst mich dennoch.

14. März 1971

Ich warte auf DICH, nicht auf Godot. «Aller Augen warten auf Dich» (Ps 145,15), und ich warte mit ihnen. Nicht aus Feigheit und Bequemlichkeit. Ich warte, weil ich von der Institution Kirche nichts mehr erwarte. Sie hat ihre Rolle zu Tode zelebriert. Wirst Du ihr ein Auferstehen schenken? Heute?

19. März 1971

«Der auferstandene Christus kommt, um im Innersten des Menschen ein Fest lebendig werden zu lassen. Er bereitet uns einen Frühling der Kirche: eine Kirche, die über keine Machtmittel mehr verfügt, bereit mit allen zu teilen, ein Ort sichtbarer Gemeinschaft für die gesamte Menschheit. Er wird uns genügend Phantasie und Mut dazu geben, einen Weg zur Versöhnung zu bahnen, unser Leben hinzugeben, damit der Mensch nicht mehr des Menschen Opfer sei.» (Frère Roger Schutz, Taizé, Ostern 1970)

27. März 1971

Dieses Bekenntnis gibt mir wieder Atem und richtet mich auf. Ich werde es in meine Gottesdienste mitnehmen und in die bevorstehenden Konfirmationen. Schon Harvey Cox hat in seinem Buch «Fest der Narren» auf die Bedeutung des Festes hingewiesen. Ich habe mir die Festfreude verderben lassen, das ist wahr. Ich will sie wiederfinden.

28. März 1971

Konfirmieren heisst bestätigen, festigen, ein Fest machen. Ist es nicht beschämend, wenn ein bald Fünfzigjähriger noch bestätigungsbedürftig ist? Nein. So menschlich sind wir, dass wir immer wieder ein festigendes Fest nötig haben. Nun wird es heute doch noch ein Fest werden.

31. März 1971

«Geh zu den Menschen!» Nein, es kam nicht aus heiterem Himmel, sondern mitten aus dem heiteren Fest. Ganz aus meinem Innersten. Steht es nicht schon im «wer bin ich?» «Einer bei ihnen und mit ihnen, ein Mensch für die Menschen, wie ER.» So siehst DU mich doch. Was zögere ich, mich auch so zu verstehen? Über alle Prägungen hinweg? Aber das würde heissen: mein eigener Freund werden, um mich selber zu stärken und zu festigen. Und um mein eigenes Mass und meinen ureigenen Lebensstil zu finden. DU bist wirklich überraschend: DU schenkst mir mit dem «Geh zu den Menschen!» die Freundschaft mit mir selbst.

10. April 1971

Für die andern da sein kann ich nur, wenn ich auch für mich da bin. Lieben ist nur in den eigenen Strukturformen und Ausdrucksweisen möglich. Sonst wird es unecht und unglaubwürdig. Das gilt auch DIR gegenüber. Etwas anderes wäre Heuchelei, selbst wenn es vorgeschrieben wäre. Ich darf DICH so lieben, wie es mir gegeben ist, und wie nur ich das kann. Habe ich mich in der Liebe zu meiner Frau überfordert, weil ich mehr wollte, als mir möglich ist? Weil ich noch nicht meine ureigenste Form dafür gefunden habe? Wahre Liebe reift aus dem Fest, das DU im Innersten des Menschen begonnen hast. Wahrhaftig, jetzt wird es österlich.

19. - 23. April 1971

Retraite in Taizé. Nach allen Ereignissen in Schaffhausen spüre ich die Dringlichkeit, meinem innersten Raum eine geistliche Gestalt zu geben. Ich komme nicht mehr darum herum, mir vermehrt Zeit zu nehmen zur persönlichen Stille, zum Gebet und zur Meditation. Warum nicht in der Nacht, wenn ich schon ein Frühaufsteher bin? Meine Predigten schreibe ich ja auch am Sonntag in der Frühe zwischen drei und sieben Uhr. Dann bin ich völlig allein und ungestört. Hat ER nicht ein Recht auf meine beste Zeit? Ich wüsste keinen besseren Ort als Taizé, mir darüber Gedanken zu machen.
Ich spüre übrigens auch, wie offen und ehrlich sich hier in diesem geistlichen Gehaltensein meine versteckten Aggressionen zeigen. In dieser Stille fragte ich mich plötzlich: Soll ich, wenn ich zurück bin, nicht in einem Gottesdienst meinen Talar zerreissen? Und die Fetzen vor allen liegen lassen? Würden sie so nicht sichtbar vor Augen haben, was sie getan haben? Normalerweise verstecken sich meine Aggressionen hinter meiner Sensibilität und explodieren in Überempfindlichkeit, aber meistens gegen mich selbst. Und hier zeigen sie sich so offen und ungeschützt. Das ist mir neu und hilfreich. Ich verstehe besser, dass sie ihren Dampf ablassen wollen und mitarbeiten möchten auf konstruktive Weise. Mein Suchen nach mehr Zeit

und Raum für inneres Leben will offensichtlich meine dunklen Seiten integrieren. Ich vermute, dass meine Sensibilität gesunden und sich in Theophilie verwandeln kann.

30. April 1971

Zurück in meinem Alltag. Ich staune und staune. Theophilie: DU in mir – ich in DIR. Obwohl ich ganz mich bin: ich in DIR. Obwohl DU ganz DICH bleibst: DU in mir. DU und ich eins. Unvermischt. Einander erfüllend, ergänzend, zum Ganzen bringend. Einung, würde Meister Eckhart sagen, nicht Identifikation. War es das, was Bernhard und mich anhauchte? Wie seltsam, da ist eine Gestalt des Christus, die ganz mir entspricht. Und da ist meine Gestalt, die eine Entsprechung des Christus ist. In ihr liegt mein Urwert, der alle Minderwertigkeit vertreibt. Jetzt verstehe ich besser, weshalb Dom Helder Camara in der Nacht aufsteht, «um seine Einheit mit Christus zu finden». Gott will nicht nur einen, sondern viele Menschensöhne haben. Sein Werk drängt weiter und ist nicht mehr aufzuhalten.

1. Mai 1971

Jetzt bist DU mir nicht mehr zu wenig konkret, mein Kyrios. DU ermöglichst mir eine Liebe, die über jede menschliche Liebe hinausgeht. Darum hast DU zu Petrus gesagt: «Liebst du mich mehr als die andern» (Joh 21,15). Ich hätte nie gedacht, dass diese Liebe wie Brot sein könnte. Aber sie ist es. Tägliches Brot. Ohne die schmerzliche Distanz zu meinen Freunden hätte ich sie nie erfahren.

8. Mai 1971

«Alle meine Quellen sind in Dir» (Ps 87,7). Meine Erholung, meine Frische, meine Lebendigkeit find ich nur in DIR. Wie hast DU das nur fertiggebracht?

24. Mai 1971

Die Katholiken weihten gestern hier in Buchthalen ihr Zentrum ein. Ein moderner Bau von W. Foerderer. Ich wurde auch eingeladen.

Mein Kollege setzte mich unbekümmert neben Bischof Hänggi. Und jetzt in der Nacht ist mir klar, was an diesem Zentrum so bewegend ist: die Initiative hier in Schaffhausen ist an die katholische Kirche übergegangen. Hier lebt Pioniergeist. Die reformierte Kirche ist überrundet. Wir müssen das neidlos anerkennen. Oder liegt darin eine Chance, besser zusammenzuarbeiten, trotz aller Verschiedenheit?

18. Juni 1971

Objektives Gebet. Es befreit vor der Überschwemmung durch Emotionen, Ressentiments und Reaktionen. Es trägt uns durchs Sterben ins Auferstehen. Das haben wir Reformierte verlernt. Taizé hat uns geholfen, es wieder zu finden.

16. Juli 1971

Willst DU mich wirklich ganz nah an DEINER Seite haben, wie damals DEINEN Jünger Johannes? Brauchst DU als Auferstandener heute viele an DEINER Seite? Um uns den aufrechten Gang zu lehren?

21. Juli 1971

Es hat mich schon einmal getroffen und befreit. Es will mich offenbar begleiten durch die letzte Zeit hier. «Es kann niemand mein Freund und Mitarbeiter sein, der nicht eine harte Entscheidung trifft und einen klaren Abstand schafft zu allem, was ihn bisher beschäftigt und gebunden hat» (Lk 14,33).

16. September 1971

Ich war heute zum letzten Mal im Schaffhauser Pfarrkapitel. Man merkt beim Abschied doppelt, wie sehr man verbunden war. Der Dekan sagte: «Du bist unter uns gewesen wie Salz.» Das ermutigt mich.

2. Oktober 1971

Ich wurde nach Buchthalen geholt, um ein Zentrum aufzubauen. Aber der Bau wurde auf später verschoben. Ich habe dennoch ein

Zentrum gefunden und realisiert: mein eigenes, in meinem Innersten, den Ort meiner «Einung mit Christus.»

17. Oktober 1971

Affoltern am Albis. Wir sind da. Noch still und verborgen. Es tut gut, behutsam anzukommen. Wir fühlen uns wohl im neu renovierten Pfarrhaus. Hoffentlich wird es auch zur Raststätte für die Menschen hier. Viele sind heute aufgebrochen und unterwegs in Neuland. Für sie möchte ich dasein.

1. November 1971

Die Einsetzung, der sogenannte Pfarreinsatz, wurde zu einem Fest und zu einem Tag der Begegnung. Der katholische Pfarrer erwähnte schmunzelnd, dass heute Chilbisonntag (Kirchweih) sei, und dass der eigentlich gut zu unserem Fest passe. Wahrhaftig, es tut uns gut, am gleichen Tisch zu essen und zu trinken, über alle Grenzen hinweg. Ein sinnvolles Startzeichen für unseren Dienst hier.

13. November 1971

Die erste Amtswoche liegt hinter mir. Eine verwirrende Fülle! Drei Abdankungen. Achtzehn Religions- und Konfirmandenunterrichtsstunden. Jugendgruppe. Schon in Schaffhausen hatte ich sämtlichen Unterricht übernommen. Aber achtzehn Stunden sind nun doch etwas viel. Doch ich will es versuchen. ER hat gesagt: «Geh zu den Menschen.» Also denn.

26. November 1971

Im «Tages-Anzeiger» ein Gespräch mit Othmar Zschaler, Goldschmied in Bern. Wie mich das berührt! «Er liebt vielmehr den nackten Stein, die Erdkruste, Karst und Fels. Wo Urkräfte gegen einander wirkend, spannungsvoll und kämpferisch, Linien geprägt haben, da entdeckt er die ihn inspirierende Form.» Das ist es doch, was ich hier spüre in der Gemeinde: Ängste, Spannungen, Kämpfe. Wie gerne würde ich Schmuckstücke daraus formen!

26. Dezember 1971

«Ehre sei Gott in der Tiefe.» Der Engel Gabriel würde es heute bestimmt auch so formulieren, wie ich es heute morgen im Gottesdienst intuitiv getan habe. Da unten in der Tiefe bei den Steinen will ich von jetzt an SEINE Ehre suchen.

1. Januar 1972

Das neue Jahr wird für mich das Jahr der Steine heissen. Wenn DU da unten in unseren Tiefen bist, wirst DU auch mit den hartnäckigsten Menschen und Verhältnissen fertig. DU bringst sogar Steine zum Erweichen. Auch in mir.

8. Januar 1972

Steine sind einfach da und schweigen. Sie schämen sich nicht, nur einfach dazusein. Schon immer waren sie da. Seit Jahrmillionen. Urmächtig und selbstverständlich sind sie da, ohne sich zu entschuldigen. Wie ich das manchmal tue. Warum eigentlich? Dasein ist doch nie ein Grund, sich zu entschuldigen. Es ist einfach gegeben wie eine offene Frage: «Und jetzt, was tust du damit?»

11. Januar 1972

Mitten in der Nacht. Da bin ich. Wie ein Stein. Und ich lasse mich fallen wie ein Stein. Mit meinem ganzen Gewicht falle ich in DICH. Zum erstenmal spüre ich, dass ich Gewicht habe. Ganz unten. Der Kopf sitzt leicht im Nacken. Alle Verspannung ist weg. Und der Rücken ganz aufrecht. Aufrecht gehen kann nur, wer Gewicht hat.

17. Januar 1972

Mein Urgewicht heisst Homophilie. Das ist der Stein, geschaffen von Dir. «Gelobt seist Du, mein Herr, durch den Stein, der mein Gewicht ausmacht.» Da ist keine Scham mehr. Kam die Schande daher, weil dieser Stein verworfen wurde und ich darin einwilligte? Neunundvierzig Jahre lang habe ich mich abgemüht, habe geheiratet und Kinder gezeugt und bin doch zu keiner Erfüllung gekommen. Endlich kann ich mich in mein Urgewicht fallen lassen ohne schlechtes Gewissen.

18. Januar 1972

Ich habe ein Buch entdeckt, das mir hilft, mich mit meinem Urgewicht zurechtzufinden. Bräutigam schreibt in «Psychologie der Neigungshomosexualität»: «Die Freistellung von den natürlichen Erfüllungen könnte bei Homosexuellen als Anstoss einer künstlerischen Produktivität wirken.» Könnte! Es ist so. Ich würde sogar sagen, dass mir die homophile Grundstruktur die schöpferische Lebensqualität gegeben hat. Nur ihretwegen konnte ich mich so unbekümmert «im pädagogischen Eros und in der mannmännlichen Freundschaft erfüllen». Ich will es nachdrücklich betonen: Jugendarbeit und Unterricht sind für mich nie Ersatz für die unerfüllte Ehe geworden. In der Jugendarbeit und im Unterricht bin ich ganz natürlich in meinem Element. Bräutigam spricht auch von einem geistigen Schicksal des Homosexuellen. Das klingt mir noch zu sehr nach Verhängnis. Es ist viel mehr eine Herausforderung zur geistigen und geistlichen Zeugung. Aber wie lebe ich das alles, ohne meine Ann zu verletzen und zu beleidigen? Ach DU, verstehst DU meinen grossen Hunger nach Gerechtigkeit und meine grosse Trauer? Neunundvierzig Jahre lang hat man mich verwundet, und ich selber verwundete mich auch. DEINE Solidarität mit den Aussenseitern bedeutet mir jetzt alles. Sie ist das einzige, das mir Boden unter die Füsse gibt und mich tröstet. Wen hätte ich, wenn nicht DICH?

21. Januar 1972

Ausgerechnet der Stein, den die Bauleute verworfen haben, ist mir zum Eckstein geworden. Und den rückt mir niemand mehr weg. Auf ihm will ich mein Leben weiterbauen, denn er ist der Stein der «Liebe über alle Grenzen». Ist das gemeint mit «Gemeinschaft der Heiligen»? Ich fühle mich so entsetzlich müde vom langen Weg. Bin ich zu Hause angekommen?

27. Februar 1972

Was heisst das alles für meine Ehe? Langsam dämmert es mir. Hinter die Wahrheit kann und will ich nicht mehr zurück. DU hast uns in DEINER Barmherzigkeit in einen Entwicklungsprozess geraten lassen, damit wir aus gesellschaftlichen Zwängen herausfinden. DU hast uns brüderlich begleitet, DU wirst uns auch durch die ganze Wahrheit begleiten.

8. März 1972

Habe ich zum Herzen Gottes gefunden? Bisher hat sich alles zwischen DIR und mir in meinem innersten Raum abgespielt, mein auferstandener Bruder. Und jetzt ist es, als wären wir gemeinsam unterwegs. Wohin? Ich weiss es schon: in den innersten Raum Gottes. Ins Allerheiligste. Ich gehe mit DIR, als wäre es das Selbstverständlichste. Ohne zu zittern. Ich frage mich zwar schon, ob ein Mensch da noch lebend davonkommt. Und doch ist mir, als käme ich nach Hause. Die Türe steht offen: ein heiliger Raum, gross und weit, in der Mitte ein festlicher Tisch. Wird hier Hochzeit gefeiert?

9. März 1972

Welch Geheimnis! Jede Intimität zwischen Menschen ist nur ein Gleichnis für das, was sich zwischen Gott und Mensch ereignen will. Vollendung. Jede Begegnung und jede Berührung ist heilig. Wenn wir zu zweit sind, sind wir immer zu dritt. Liebe zu Gott ist nicht oberste Stufe auf einer mühsam erkletterten Leiter, sondern der Boden, in dem ich wurzle.

11. März 1972

Umfasst. Christus hat mich erfasst. Wie ein Freund hat ER mich an der Hand genommen und dorthin geführt, wo ich umfasst bin. Vom Vater umfasst wie ER. Hier bin ich be-griffen, besser als ich mich selber je begriffen habe. Umfassend begriffen und verstanden. Tief und weit. Die Liebe zwischen gleichgeschlechtlichen Partnern macht um-fassende Liebe transparent und klar. Darum gehört auch sie zum

Gleichnis der Liebe Gottes wie die heterophile Liebe. Beide sind kostbar und heilig. Man darf sie nicht gegeneinander ausspielen. Aber das müssen wir erst lernen.

16. März 1972

Nur DU kannst Freundschaft so bestätigen: DU hast mich dorthin geführt, wo DU selber zu Hause bist, umfasst und gehalten. Alles hast DU brüderlich mit mir geteilt. Auch das Innerste und Heiligste. Der weite grosse Raum des Vaters ist voll von Brüdern und Schwestern. Hier ist die Quelle der Geschwisterlichkeit. Homophile Geschwisterlichkeit ja, aber geschwisterliche Ehe? Ist sie auch möglich?

18. März 1972

Der Schweigeschopf[1] ist meine Antwort auf Dom Helder Camaras Aufruf: «Abrahamitische Menschen vereinigt euch!» Ich will einen Ort der Stille und des Gebetes schaffen, wo ich mich mit den abrahamitischen Minderheiten vereinigen kann. Das alte Pfarrhausschöpfli wird sich bestens dafür eignen. Ja, das will ich: mit Brüdern und Schwestern aufbrechen aus den veralteten Strukturen. Auf den Weg der Verwandlung.

22. März 1972

Im Innern das Fest, im Äussern der Frühling. Auch Gezeichnete gehören zu DEINEM Fest. Sie lagen DIR schon immer am Herzen. DU selber hast mich ins Heiligtum geführt, und ich bin nicht gestorben. Da darf ich wohl als Gezeichneter herauskommen und diesen Preis dafür bezahlen. Das Gezeichnetsein ist gar nicht so wichtig. Wichtiger ist das Festkleid und dass Du uns «einen Frühling der Kirche» bereitest.

27. März 1972

Die Ehe macht mich krank. Ich wollte meine Ann freien, aber sie wird immer unfreier. Ich bin es, der sie krank macht, weil ich kein

[1] Schopf: Schuppen

rechter Ehemann zu sein vermag. Und wenn sie stirbt, bin ich an ihrem Tode schuld. Das kann doch nicht der Sinn der Ehe sein. Nein, das nicht. Niklaus von Flüe hat seine Frau und seine Kinder mit fünfzig verlassen, weil ihn etwas Stärkeres angehaucht hat. Niemand macht ihm heute mehr einen Vorwurf daraus. Was soll ich tun, um DIR und mir gerecht zu werden? Ich will zwar nicht in die Einsamkeit gehen wie er, sondern in eine neue Gemeinschaft. Ich weiss mir wirklich nicht mehr zu helfen. O Gott, das sagten sie auch von DIR: «Andern hat er geholfen, sich selbst kann er nicht helfen» (Mk 15,31). Ausgerechnet jetzt, da ich aus dem Allerheiligsten gekommen bin, werde ich umgebracht.

30. März 1972

Passa, das ist Auszug aus der Sklaverei Ägyptens. Helfen uns Passamahl und Abendmahl, heute aus unseren Sklavereien auszuziehen? Dann ziehe ich aus der Sklaverei der Ehe aus. Ich streiche das Blut DEINER Freundschaft an meine Türpfosten, sonst bin ich verloren, wenn der Würgengel vorbeigeht. Darf ich meine Frau und meine Kinder mitnehmen, oder muss ich allein gehen?

4. April 1972

Wie Wasser aus einem Felsen brach alles aus mir hervor. Sie weiss jetzt alles. Behüte sie in DIR. Behüte uns vier in DIR. Jetzt und durch alle Zeiten. Wenn DU nicht auferstanden wärest ... Aber DU bist es. Und wenn die bösen Mäuler uns umbringen, sterben wir in DEIN Leben.

10. April 1972

Lieben, ohne zu besitzen. Das ist das Geheimnis meines Lebens. Damit bin ich gezeichnet. Oder sogar ausgezeichnet? Was mich zeichnet, beginnt zu meiner Auszeichnung zu werden. Wer hätte das gedacht! Lieben, ohne zu besitzen, das ist das Geheimnis zwischen DIR und mir und zwischen mir und allen Menschen. Das macht mich so reich und so arm. Das war auch das Geheimnis zwischen Bernhard und mir. Wir liebten uns, ohne einander zu besitzen.

13. April 1972

«Ich bin ganz sicher, Gott wird das, was ER bei euch angefangen hat, auch vollenden» (Phil 1,6). Unser Trautext. Jetzt wird er wahr, nur etwas anders, als wir uns das vorstellten.

28. April 1972

Einen neuen Lebensstil finden. Einen authentischen Lebensstil. Exechiel 47: «Dann führte ER mich hinaus ... Hast du gesehen, Menschensohn? Wasser quillt vom Heiligtum hervor... und die Flut wird gesund.» Einen heilenden Lebensstil finden, das wäre es, was wir alle nötig hätten.
An der Tagung der Kirchenpflege sagte eine Frau: «Unserer Zeit fehlen die Heiligen, bei denen wir wieder beichten könnten.» Wenn das eine Reformierte sagt, muss sie schon etwas begriffen haben von «heilig». Etwas Quellfrisches muss sie geahnt haben, etwas Heilendes und Befreiendes. Ist ein Heiliger, wer anspruchslos sich selbst ist und andern absichtslos begegnen kann? Ist er ein unbekümmerter Narr? Der das, was er im Allerheiligsten empfangen hat, im Alltäglichsten weitergibt? Einfach so? Ist er ein so herzlicher Mensch, weil er Gott am Herzen liegt und von ihm wie verzaubert ist? Etymologisch kommt «heilig» von heil, unversehrt, ganz. Ein Heiliger ist ein ganzer Mensch und kein halber, ein gesunder und kein kranker. Und ob ich nicht ein ganzer Mensch werden möchte! Wer weiss, dann würde auch von mir etwas Heilendes ausgehen. Meintest DU das, als DU sagtest: «Geh zu den Menschen»?

27. Mai 1972

Kain und Abel haben mich schon immer interessiert. Aber nur, weil ich mir immer als der Schwächere vorkam. Nur wie Abel, ein Hauch[1]. Szondi setzt in «Kain: Gestalten des Bösen» die Akzente neu. Ich war doch auch Schmied. Nur schmiedete ich Silber und Gold. Aber der Schmied ist immerhin vorhanden. Lebt Kain doch auch in mir? In einem Zerstörungstrieb? Ist dieser Trieb in Abel auch vorhanden und wendet sich gegen ihn selbst? Wie unheimlich: Masochismus?

[1] Abel: Hauch, Vergänglichkeit

29. September 1972

«Jeder muss seine Feuerprobe bestehen» (Mk 9,49). Jetzt muss ich durchs Feuer. Bräutigam[1] sagt, dass sich drei Tendenzen bei Homosexuellen besonders häufig zeigten: 1. Sie kreisten überwiegend um die eigene Person, seien selbstbezogen und ästhetisch ausgerichtet. 2. Sexualität spiele bei ihnen eine vorherrschende und überbelastende Rolle. 3. Weil sie zu einer Minderheit gehörten, neigten sie zur Isolation. Ob der Autor als Betroffener spricht oder aus der Optik der Heterosexuellen: ich muss mich dieser Kritik stellen.
Zu Punkt 1: Narzissmus. Bin ich in diese Falle geraten? Meine starke Aufmerksamkeit mir selbst gegenüber wird mir erst jetzt recht bewusst. Wird sie bei mir vielleicht durch ein ästhetisches Feingefühl und durch meine Kreativität bezähmt?
Zu Punkt 2: Überbewertung des Sexus. Dass er einen grossen Stellenwert hat bei mir, ist nicht zu leugnen. Habe ich es vielleicht deshalb überhaupt ausgehalten in der Ehe? Oder verwechselt der Autor Quantität mit Qualität. Ich könnte mir auch denken, dass mich der bewusste Verzicht auf homosexuelle Kontakte leidensfähig gemacht hat, gerade weil ich voll ja sage zur Sexualität. Erklärt sich daraus meine ausgesprochene Mitleidensfähigkeit mit Gott und mit den Menschen?
Zu Punkt 3: Tendenz zur Isolierung. Ist Einsamkeit eine weitere Falle? Warum wurde sie mir dann zur Quelle tiefster göttlicher Erfahrung?

30. September 1972

Menschsein ist wahrhaftig eine Gratwanderung. Man muss hellwach und vorsichtig gehen, um nicht abzustürzen. Ich vermute, es geht um Integration dieser mir nicht unbekannten Tendenzen, damit sie zur Verwandlung in Ganzheit beitragen und ihre Eigendynamik zugunsten eines grösseren Zieles aufgeben. Ich ahne auch, dass solche Tendenzen immer auf ein verstecktes Energiepotential hinweisen. Die Feuerprobe wird sein, ob es mir gelingen wird, diese Kräfte frei zu bekommen für ein priesterlich-brüderliches Leben. Es hat mich gestern bei der Lektüre nicht wenig erschreckt, diese Mächtigkeiten

[1] vgl. 18. Januar 1972

so unverhüllt vor mir zu sehen. Im Augenblick komme ich mir eher arm als reich vor. Aber das ist ja wohl gerade die Feuerprobe: lasse ich mich im Durchgang durchs Feuer verwandeln oder nicht.

7. Oktober 1972

Anbetung heisst: alles mit Gott in Beziehung bringen. Ohne Sensibilität ist keine communio möglich. Ich bin wirklich «zwischen Mensch und Gott» (Michel Quoist) geraten. ER will hier meinen Dienst.

8. Oktober 1972

Im Traum lösen sich Gesteine von einem Berg und stürzen zu Tal. Ein Haus, das nur eine Fassade hat, stürzt ein. Zum Glück fällt sie mit einer offenen Stelle auf mich und bringt mich nicht um.

12. Oktober 1972

Auf der Rigi. Die kirchenrätliche Kommission für das Zentrum Kappel hat mich eingeladen zur Studienwoche. Wie musst erst DU leiden um DEINE Kirche, wenn sie uns schon so zu schaffen macht. Jetzt soll das Zentrum Kappel eine Idee des Kirchenrates sein! Hat denn nicht DEIN Geist seit einigen Jahren eine Gruppe Menschen aus dem Bezirk in einen schöpferischen Werdeprozess hineingenommen um die Verwandlung der «Anstalt Kappel»? Was masst sich unsere Kirchenleitung eigentlich an? Es ist zum Heulen. Wie wenn sich DEIN Geist manipulieren liesse! Nicht einmal kanalisieren lässt er sich. ER weht wirklich, wo ER will.

28. Oktober 1972

Die Niklaus von Flüe-Sache steigt wieder auf aus den Tiefen. Am liebsten würde ich mich pensionieren lassen. Aber das ist unmöglich. Ann und die Kinder dürfen keinesfalls zu Schaden kommen und meine Opfer werden. Ich muss durchhalten, bis Vreni und Martin ihre Ausbildung abgeschlossen haben. Ich darf erst in vier bis fünf Jahren an eine Veränderung denken. Alles andere wäre fahrlässig. DU hast mich gelehrt, aufrecht zu gehen. Hilf mir jetzt auch, aufrecht zu bleiben.

5. November 1972

Warum kann ich den Arbeiterpriester nicht vergessen? Warum verfolgt er mich und lässt mich nicht in Ruhe? Ist er nicht ein falsches Ideal?

10. November 1972

Es ist ganz einleuchtend für mich: das Zeichenhafte wird nur aus der Spiritualität geboren. Denn alles Zeichenhafte deutet auf ein Dahinterliegendes. Ich muss also zuerst im Dahinterliegenden wurzeln, bevor ich ein Zeichen leben kann. Das Geistliche zeugt das Leibliche, nicht umgekehrt. Ich muss kontinuierlich weiterfahren mit den stillen Zeiten der Nacht. Sie sind einstweilen das Wichtigste, das ich tun kann.

16. November 1972

Es ist nicht illusorisch, das Eigentliche noch vor mir zu haben. Es ist nicht Undankbarkeit, die mich unerklärlich hoffen lässt. Der Verwandlungsprozess war schmerzlich und kräfteraubend. Ich habe die Hindernisse nicht übersprungen und keinen Schritt ausgelassen. Und meine Hoffnung ist nicht gestorben. Gehe ich schweigend um Jericho? «Die Stadt und alles, was in ihr ist, soll Gott gehören» (Jos 6,17). Wenn unsere Ehe uns vor dem verheissenen Land stand wie Jericho, dann wird Ann gerettet wie Rahab. Wie hätte ich die Stadt von innen kennenlernen können ohne sie? Aber vielleicht ist Jericho noch mehr als unsere Ehe. Im Brief aus Taizé vom Oktober 1972 lese ich: «Leben wir von armen Werten, dem Gebet und dem gegenseitigen Vertrauen, so entdecken wir, dass der Mensch geheiligt ist durch die unschuldig erlittenen Wunden seiner Kindheit.» Das ist Jericho für Ann und mich: die unschuldig erlittenen Wunden unserer Kindheit. Auf diesen Steinen wurde unser Jericho aufgebaut. Und jetzt, da alles in sich selbst zusammenfällt, gehört es Gott. Weh dem, der es antastet! Er bekommt es mit IHM zu tun. Das ist ein unbeschreiblicher Trost: Es ist wieder alles heilig, auch wenn wir nichts mehr in Händen haben.

15. Dezember 1972

Und die immer wiederkehrende Traurigkeit, was will sie? Gibst DU mir Anteil an DEINER Trauer über Jericho? Haben wir auch Europa auf unschuldig erlittenen Wunden aufgebaut? Die ganze christliche Gesellschaft? Müssen wir auch um diese Festungen schweigend gehen, bis sie fallen? Ist mein Nachtgebet auch Trauerarbeit um das christliche Abendland?

20. Dezember 1972

Der Mensch ist erst am Anfang seiner Evolution. Das meinte nicht nur Teilhard, das zeigt auch der neuste Schädelfund in Afrika. Wir haben ein Alter von über fünf Millionen Jahren und sind doch erst am Anfang der Evolution. Das klingt wie eine Verheissung. Erschliessen wir neue geistige Kräfte? Und neue Seinsformen? Steht uns ein Mutationssprung bevor?

25. Dezember 1972

Ach DU, zieh mich aus dem Abgrund oder töte mich, wenn ich doch nicht zu leben verstehe, trotz allem, was Du für mich getan hast. Vielleicht ist mein Tod wenigstens für etwas gut, wenn es mein Leben nicht sein kann.

29. Dezember 1972

«Bevor wir Gottes Umarmung empfangen, müssen wir durch jene qualvolle Enge der Lossagung von allen Dingen». «Wir Mönche verzichten nicht auf menschliche Schönheit und menschliche Liebe, weil wir sie für nichtig erachten, sondern weil sie in uns das Feuer SEINER Liebe entzündet haben» (Ernesto Cardenal). Cardenal hat recht, auch ich bin «verrückt nach Gott». Und wenn Gott auch verrückt wäre nach mir? Dann wäre ER ja genau so arm an Mensch, wie ich arm bin an Gott.

3. Januar 1973

Geheimnis der Armut. Leer sind die Hände, hungrig das Herz. Hinter all meinem Lieben hat sich DEINE Liebe verborgen. In all meinem Lieben habe ich DEIN Lieben geahnt. Ich frage nicht mehr nach Himmel und Erde, nur nach DIR, mein GOTT.

6. Januar 1973

Es ist nicht mehr nötig, dass DU mich tötest. Die Liebe zu DIR hat schon alles aufgezehrt. Alles ist in meinen Händen zu nichts zerronnen. Auch ich selber. DU bist alles.

7. Januar 1973

«Geknicktes Rohr wird ER nicht zerbrechen und glimmenden Docht nicht auslöschen. In Treuen trägt ER die Wahrheit hinaus. ER selbst erlischt nicht und bricht nicht zusammen ...» (Jes 42,3+4).

9. Januar 1973

Im Traum heute nacht habe ich ins Innerste meiner Urräume geschaut. Da war zu meiner Verwunderung eine Künstlerwerkstatt, und ich kniete vor der Kabod Jahwes, dem Glanz SEINER Herrlichkeit. Vermählt ER sich so mit mir? Werden die Menschen darum in der Auferstehung nicht mehr heiraten und verheiratet werden (Mt 22,30)? Ist Auferstehung schon mitten unter uns?

24. Januar 1973

«Der dich geschaffen, ist dein Gemahl» (Jes 54,5). Das muss wahrer sein als alles, was auch wahr ist. Warum aber tut das so entsetzlich weh? Ist es die «Agonie des Loslassens, die es zu durchschreiten gilt, bevor die Arme frei werden zur Umarmung» (Ernesto Cardenal)? Wenn das Universum auf die Wiedervereinigung mit Gott wartet, warum dann nicht auch ich? «Nichts ist mir geblieben als Durst, das trockene Brennen der Sahara, ein leeres Herz» (Ernesto Cardenal). Jetzt nur nichts trinken, das den Durst noch grösser macht. Nur weiter, weiter. Ich muss bald am Ziel sein beim Wasser, das den Durst für immer löscht (Joh 4,14).

23. Februar 1973

Im Traum gibt es in einer Gärtnerei Parkettböden aus lebenden Pflanzen: Boden, der sich selber regeneriert.
Gibt es diesen Boden auch in mir? Oder lechzt es nur darnach in mir? Beginnt der «Frühling der Kirche», in mir an lebendigem Boden zu gewinnen?

27. Februar 1973

Steine. Aber diesmal sind es Nierensteine. Am vergangenen Sonntag wurde ich nach einem Schub von Nierenkolliken ins Spital gebracht. Da muss ich wohl einiges nicht verdaut haben, dass es sich sogar versteinerte. Oder sind diese Steine die Folge meiner Wüstenwanderung? Der Arzt meint, ich hätte viel zu wenig getrunken. Kunststück, bei einem solchen Saharadurst! «Ausgetrocknet wie die Sahara», sagt mein Körper. Auch er hat Durst nach Gott. Immerhin, wir sind durchgekommen bis zu einer Oase. Das stimmt mich dankbar.

8. März 1973

Zur Erholung im franziskanischen Bildungshaus Mattli in Morschach. Ich war schon einmal hier während des Weiterbildungskurses für Lebenskunde-Lehrer. Pater Leopold hat mich im Franziskuszimmer einquartiert, der Schalk. Ich hatte mit ihm ein eindrückliches Gespräch über Kappel. Auch für ihn steht und fällt alles mit einem inneren und einem äusseren Trägerkreis. Eine neue, offenere Form von Ordensgemeinschaft? Als Reformierte hätten wir da wohl sehr viel mehr Narrenfreiheit als die Katholiken. Dieser Trägerkreis könnte aber nur aus einer spirituellen Mitte leben. Müsste diese Quelle nicht den Geschmack der geistlichen Armut (Mt 5,3) haben? Der Einfachheit und des Wesentlichen? Pater Leopold findet es selbstverständlich, dass wir Pflegepersonal und Insassen des Hauses integrieren. Sonst würden wir Christus vor die Türe stellen. Er wertet auch die Chance sehr hoch, das ökumenische Anliegen konkret leben zu können.

13. März 1973

Der Aschermittwoch war ein ganz besonderes Erlebnis. Ich setzte mich ganz zuhinterst in der Kapelle hin, um nicht aufzufallen durch meine Unkenntnis des Ritus. Da kam Pater Leopold mit seiner Schale voll Asche zwischen allen Leuten hindurch bis zu mir, kniete nieder und sagte: «Streu Du mir die Asche auf den Kopf». Und ich, als wäre es das Einfachste der Welt, streute sie ihm im Kreuzzeichen auf den Kopf. So kann nur der Heilige Geist überraschen und alle konfessionellen Grenzen überwinden. Ich ging dann als letzter, um die Asche zu empfangen. Beginn der Fasten-Zeit. Zeit der Umkehr in eine neue Richtung. Hin zum priesterlichen Menschen. Habe ich nicht eben eine priesterliche Geste vollzogen? Und erst noch gegenüber einem Priester? Wohinaus läuft das? Ich weiss nur eines: meine Flamme brennt und wird mich zu Asche verbrennen. Gelobt seist Du, mein Herr, durch Flamme und Asche.

14. März 1973

Wieder zu Hause in Affoltern: «So wie du in der Nacht bei MIR bist, so wirst du am Tag bei den Menschen sein. Und was du in der Nacht mit MIR zeugst, das wird am Tag für die Menschen geboren.»

15. März 1973

So unterschiedlich Dein Weg auch war, mein Bruder Franziskus, der meine gleicht ihm doch im Innersten. Unsere Unruhe ist dieselbe. Und der uns beunruhigt, ist auch derselbe. Zwischen Dir und mir west ein kostbares Geheimnis.

21. März 1973

Mein Franziskus, Du beginnst mein Leben mit dem Deinen zu verweben. Zärtlich, schmerzlich. Es ist, als würde ich mir entgleiten, als würde ich ein anderer. Verwirrend ist das, wenn einer so sein Leben verliert. Der Schmerz zeigt mir, wie wahr alles ist. Auch mitten in aller Arbeit spüre ich es.

26. März 1973

«Ich bin selber ein Brevier», hast Du einmal gesagt, mein Franziskus. Ob ich wohl manchmal kein vorgedrucktes Wort nachbeten kann, weil im Tiefsten vieles ist, das selber gebetet sein will und sich dem göttlichen Geheimnis nicht entziehen soll? Es befreit mich zu einem ganz eigenen Weg, weg von allzuvielen Büchern.

13. April 1973

Wenn meine Sexualität das Öl ist in meiner Lampe, um DIR entgegenzubrennen und zu warten, dann scheine ich noch grosse Reserven zu haben. Dann war nichts umsonst, kein Verzicht, kein Seufzer, keine Tränen. Alles hat sich verwandelt in Feuer und Flamme, um Helle und Wärme zu verbreiten als priesterlicher Mensch, als Mensch in Beziehung zu Gott und Menschen.

17. April 1973

Zur Retraite in Taizé. Sie dauert nur drei, vier Tage. So wenig genügt. Diesmal ging ich aus, um das Geheimnis der Armut zu suchen. Und finde die Schönheit. Wie seltsam und wunderbar.

Wie schön bist DU –
schöner als alles, was schön ist,
so schön, dass alles Schöne nur eine Vorahnung ist
DEINER vollendeten Schönheit.

Wer hätte das gedacht: Schönheit – das Geheimnis meiner Armut! Aber ich ahne, dass DU mich dort haben möchtest, wo DU selbst zu Hause bist, mein Kyrios.

11. Juli 1973

Ferien. Ich verbringe sie, um Spuren der Spiritualität für Kappel zu suchen, zuerst in einem katholischen, dann in einem lutherischen Zentrum.

Erste Station: Mattli, Morschach. Meditationswoche.
Loslassen –
Niederlassen –
Einswerden –
Kommen lassen –
«Am Ende spricht Gott sein schönstes Wort» (Joseph Kopf). Wie gut, dass es noch nicht ausgesprochen ist. So ist noch alles offen. Immer wenn ich am Ende bin, kommt das Schönste erst noch.

16. Juli 1973

Mein erster Flug, von Zürich nach Stockholm. Ein Urerlebnis. Vom Boden abheben, schweben. Nur ein Kind kann es so erleben. Ist das Kind noch so lebendig in mir?

17. Juli 1973

Zweite Station: Rättvik, Schweden. In einer kleinen Pension am Siljansee, mitten im Wald. Ich will drei Tage hier bleiben, um die Mattliwoche zu verarbeiten und hier anzukommen, bevor ich im Schweigeschopf der lutherischen Kirche in St. Davidsgården erwartet werde. Beim gemeinsamen Abschied im Mattli erhob sich der Präsident der schweizerischen Franziskanischen Laiengemeinschaft, um allen für die gute Zusammenarbeit zu danken. Er wolle aber noch einen speziellen Dank an einen einzelnen hinzufügen. Diesen habe er nämlich zu Beginn für einen echten strahlenden Kapuziner gehalten, und dann habe sich später herausgestellt, dass er ein evangelischer Pfarrer sei. Für ihn sei das ein ökumenisches Zeichen, wie man es sich schöner nicht wünschen könne. Alle klatschten Beifall. Diese Akklamation war so bewegend, weil sie mir vorkam wie eine Ordination zum priesterlichen Menschsein und zur Geschwisterlichkeit über alle Grenzen hinweg.

18. Juli 1973

Nur im Norden kann die Sonne so feurig untergehen und so lange glühen, ohne zu blenden. Um elf Uhr nachts dämmert es noch immer, und um ein Uhr wird es schon wieder tagen.

Schon im Mattli habe ich meine Hände als ganz neue Kostbarkeit erlebt. Es drängte mich dort, zu malen und zu schreiben. Und hier erlebe ich wieder diese neue Kostbarkeit meiner Hände. Es sind jetzt genau dreissig Jahre her, seit meine Hände aufhörten, Metalle zu Kunstwerken zu schmieden. Und nun beginnen sie, Menschen zu Brüdern und Schwestern zu formen. Hat sich ihr Verzicht in Fülle verwandelt? Ich habe den Eindruck, dass DIR viel an meinen Händen liegt.

19. Juli 1973

Meine Ordination zum Bruder des heiligen Franz und zum Bruder der Menschen geschah nicht durch Handauflegung, sondern durch Händeklatschen. So viel Humor kann nur der Heilige Geist haben. Und seltsam, hier im Norden duftet es allenthalben nach Franziskus. Das ist mir besonders im Freilichtmuseum Gammelgården bei den alten Holzhäusern und Gaden[1] aufgefallen, aber auch bei der von kleinen Holzhäusern umscharten Stiftskirche von Rättvik. Brüderlichkeit lebt doch vom Einfachen und von dem, was man eben hat. Mein Franziskus, wir beide scheinen aus dem gleichen Holz geschnitzt zu sein und die Spuren desselben Künstlers zu tragen. Mir ist auch, als hätten wir die gleiche Mutter, Deine «Herrin Armut». Nimm es mir nicht übel, wenn ich sie nicht Herrin nennen kann. Meine Mutter ist zu herrisch mit mir umgegangen. Aber hier im Norden, in dieser weiten und waldigen Landschaft, kommt mir die «Mutter Armut» so zärtlich über die Lippen wie nie zuvor. Hörst Du, Franziskus, zum erstenmal sage ich ohne Angst: Mutter. Nein, jetzt darfst Du nicht mehr länger schlafen im Himmel, jetzt musst Du erwachen! Jetzt wecke ich Dich mit dem zärtlichsten Kuss meiner Lippen und der behutsamsten Geste meiner Hand. Wach auf, mein Bruder, ich habe meine Mutter gefunden, die geistliche Armut. Diesen köstlichen Augenblick darfst Du nicht verschlafen, den möchte ich mit Dir teilen. Ich lasse Dich nachher schon wieder schlafen, Du hast Deine Ruhe verdient. Aber jetzt freue Dich mit mir und hilf mir sagen: «Gelobt seist Du, mein Herr, durch unsere Mutter, die Armut.» Und bevor du gehst, gib mir ein Zeichen, dass Du wirklich wach bist.

[1] Scheune

20. Juli 1973

Als ich gestern dem Siljansee entlang zurück in die Pension ging, setzte ich mich auf eine Bank und schaute in die Weite. Auf einmal war mir, als sässe Franziskus neben mir. Rechts neben mir, auf derselben Bank. Einfach so. Still und ohne etwas zu sagen. Nach einer Weile legte er seine linke Hand auf meine rechte. Lange. Ganz lange. War ich je einmal so glücklich? Dann habe ich ihm sein Zeichen bestätigt. Genau so behutsam wie er habe ich meine rechte auf seine linke Hand gelegt. Bevor er ging, fragte er: «Was verbindet mich mit deiner Zukunft?» Als ich am Abend in der Vesper im Schweigeschopf den Text vom Speerstich in die Seite des Gekreuzigten lesen hörte (Joh 19,34), durchfuhr es mich: die Hand von Franziskus ist ja stigmatisiert! Und ich Ahnungsloser habe sie berührt. Gezeichnet von SEINER Liebe!

21. Juli 1973

Mein Kyrios, nur durch Franziskus habe ich begreifen können, wie sehr DU mich liebst und dass sich meine Homophilie völlig in Theophilie wandeln will. Nur durch Verwundbare beginnen die Ströme lebendigen Wassers wieder zu fliessen. Das ist ein grosses Geheimnis. Und ich ahne jetzt, dass Armut nichts zu fürchten hat, weil sie nichts zu verlieren hat. In ihr will ich mich niederlassen und einswerden mit mir.

23. Juli 1973

Heute früh, als ich ganz allein in der Kapelle war, habe ich vor dem gläsernen Christus ein Bekenntnis abgelegt:

«DU hattest recht, mein Gott, dass DU mich schufst.
Alles war recht, wie DU es schufst.
Nun gebe auch ich mir das Recht, zu sein
und mich selbst zu verwirklichen unter den Menschen,
so wie DU mich von allem Anfang gemeint hast.
Ich anerkenne die edle Armut als Mutter,
den heiligen Franz als meinen Bruder.
Ich anerkenne die Menschen als meine Brüder und Schwestern,

und dass ich es nicht mehr nötig habe,
mich von ihnen bestätigen zu lassen.
Ich bin bestätigt genug.»
Und dann fiel mein Selbst, mein Ursprung vor mir nieder und umarmte meine Füsse. Ich neigte mich zu ihm und hob ihn auf wie ein Bruder den Bruder. Und wir umarmten uns mit dem Kuss des Friedens. Aufrecht stand ich da, eins mit mir selbst vor dem auferstandenen Christus.

24. Juli 1973

Ich vertraue mich meinem Leben an und bin bereit, mich ganz in meine Hände zu geben.

25. Juli 1973

Kommen lassen.
Heute verlasse ich den Schweigeschopf nach guten Gesprächen mit dem Leiter des Hauses. Ich kehre wie neu geboren zurück, und doch bangt mir davor. Für ein paar Tage darf ich noch in Grängesberg bei den Verwandten eines Freundes sein. Das wird mir Zeit zur Verarbeitung geben. Und dann erfülle ich mir einen Jugendtraum. Ich werde mit dem Schiff nach Helsinki hinüberfahren und wenigstens für zwei Tage in Finnland sein.

31. Juli 1973

Meine erste Fahrt auf dem Meer. Leben auf dem Wasser im Kreis der Sonne. Den Tag loslassen und die Nacht kommen lassen. Langsam. Behutsam. Und dann die Nacht loslassen und den Tag kommen lassen. Genau so behutsam und langsam.

1. August 1973

Helsinki. In der Felsenkirche, geschaffen durch die Architekten Gebrüder Suomaleinen. Nicht auf den Felsen gebaut, sondern in den Felsen. Ich bin überwältigt von der Stille und Schönheit. Das Arme trägt das Vollendete. Eine geistliche, brüderliche Kirche. Über einer

runden Felsengrotte, in der die Presslufthammer-Einbrüche noch sichtbar sind, ein Strahlengewölbe von Betonträgern. Ganz verhalten strömt das Licht von oben in den Raum. Der blaue Himmel ist sichtbar.
Hier würde Jesus sagen: «In diesen Felsen will ich meine Kirche bauen». In diese Verborgenheit, in dieses Schweigen, in diese Ursprünglichkeit. Kirche nicht mehr als Machtdemonstration der Kathedralen, sondern als Ort der Geborgenheit und der Solidarität.

2. August 1973

Ich habe heute morgen Tappiola gesehen, einen Vorort von Helsinki, modern, aber organisch in die Waldlandschaft hineingebaut. Auch diese Stadt ist ein Symbol menschlichen Zusammenlebens: organisch gewachsen, nicht mit Gewalt konstruiert. Das gilt auch für Kappel. Und für mich jetzt erst recht. Denn das ist meine Zukunft, die mich mit Franziskus verbindet: Alles auf dem Gegebenen und Gewachsenen aufbauen. Nur das hat Sinn.
Nun bin ich auf der Fähre und fahre zurück nach Stockholm. Steine und Felsen, von Gletschern geschliffen, mitten in der finnischen Landschaft, sie sind es, die meiner inneren Landschaft entsprechen. Das muss ich als Kind geahnt haben. Jetzt habe ich es geschaut: Landschaft als gestaltetes Schweigen. Diese Zukunft ist auf mich zugekommen mit Franziskus. Darauf habe ich fünfzig Jahre lang gewartet. Es war nicht illusorisch.

6. August 1973

Zurück in Affoltern am Albis. Hier bin ich zu Hause, mein Franziskus: da ist meine Frau, meine Tochter, mein Sohn. Hier ist meine Gemeinde, in der ich morgen die Arbeit wieder aufnehmen werde. Sie alle werden auf uns zukommen. Sie sind es auch, die Dich mit meiner Zukunft verbinden.

10. August 1973

Ich will es hier für mich persönlich zusammenfassen, was ich in meinem Bericht für die Kappeler-Kommission geschrieben habe: Die

Zürcher Kirche soll in Kappel den Geist des Gebets wieder finden und den Geist des Schweigens. Wir haben lange genug geredet. Jetzt ist es nötig, sich dem Geist des Hörens zu öffnen. Denn Kirche ist heute da, wo man sich wieder begegnet. «Komm, Geist des lebendigen Gebets, des schöpferischen Schweigens und Hörens. Komm, Geist des Sich-Öffnens und Sich-Begegnens.»

22. September 1973

Vor mir liegt das erste Bändchen mit Mundartgebeten. Zwölf Jahre lang sind sie gewachsen und gereift in Gottesdiensten mit Kindern, Jugendlichen und Erwachsenen. Es ist, als hätte Gott sie mir als kleine Kostbarkeit in meine Armut und Hilflosigkeit gelegt. Ein seltsamer Friede geht aus von diesen Blättern. Als hätte ich nicht umsonst gelebt. Wie schön, dass Du auch Züritüütsch verstehst, mein auferstandener Franziskus!

25. Oktober 1973

Nein, die Schöpfung ist noch nicht abgeschlossen. Wir sind noch immer Adam und Eva, Mensch und Menschin. Einbezogen in ein schöpferisches Geschehen. Wenn ER SELBER uns berührt, beginnt alles noch einmal von vorne, quellfrisch und lebendig.

15. November 1973

Ich bin wie durchdämmert. So muss Adam sich gefühlt haben, als Gott ihn weckte mit SEINEN Lippen. Ich reibe mir den Schlaf aus den Augen und frage mich, wo ich bin. Vor mir ein völlig neuer Horizont.

6. Januar 1974

Epiphanie. Morgendämmerung. Der Weihnachtsstern ist mir zum Morgenstern geworden. Daran ist nichts mehr zu rütteln. Nein, ich gehe nicht bei Herodes vorbei, sondern «auf einem andern Weg in mein Land» (Mt 2,12) wie die drei Könige. Mein Land ist auch nicht mehr das alte. Im neuen Land sind der Pfarrer und der Kunsthandwerker eins. Woher ich das weiss? Ich habe Vreni zu ihrem zwanzigsten Geburtstag am 18. November 1973 einen Ring gemacht. Im Atelier meines Lehrmeisters in Zürich. Mir schien, ich hätte die Werkzeuge erst gestern weggelegt und nicht vor dreissig Jahren. Es sind wirklich genau dreissig! Und seit ich die Werkstatt verlassen habe, weiss ich: jetzt sind meine beiden Berufe eins. Von nun an will ich nur noch diese Einheit leben. Ganz Mensch sein.

9. Januar 1974

Im Traum schaue ich «vollendete Armut»: Abendmahlskelche und Teller, Wandbehänge aus Metall, Kreuze und Schmuck, alle aus Kupfer, Messing, Silber und ganz wenig Gold, zu einer Einheit geworden im Feuer. Im Erwachen spriessen die Ideen nur so, als würden sie vom Lebensbaum fallen. Was ist nur mit mir geschehen? Es ist wie erwachen. Endlich erwachen! Ja, das bin ich: Pfarrer und Kunsthandwerker. Das Arme trägt das Vollendete. «Der Sand wird blühen» (Jes 35,7).

13. Januar 1974

So, wie die Armut meine Mutter ist, ist Abraham mein Vater. «Warum hast du die Rolle meines Vater nicht übernommen?», so seufzte es vor zehn Jahren in mir am Grabe meines Vaters. Nun habe ich doch noch meinen Vater gefunden: Abraham, den Mann des Aufbruchs. Mit ihm werde ich aufbrechen.

24. Januar 1974

Verzichten. Der Verzicht gehört zum Geist und zum Leib der Armut. Er dokumentiert mir, wie kostbar Armut ist und wie sehr sie vom Reichtum Gottes lebt. Alles in mir will Brennstoff der Liebe zu Gott werden. «Man muss akzeptieren können, dass es Menschen gibt, deren Beruf Gott ist» (Silja Walter, in «Das Kloster am Rande der Stadt»).

26. Januar 1974

Kunsthandwerk ist gesammeltes Schweigen. Diese Art des Schweigens will ich in die Kirche und in die heutige Welt einbringen. Aber wie? In der jetzigen Art des Pfarramtes ist es nicht möglich. Mir bleibt nur, aufzubrechen wie Abraham. Aber wohin? «In das Land, das ICH dir zeigen will» (Gen 12,1). Was zögere ich vor dem Risiko, wenn ich schon Abrahams Nachkomme bin?

31. Januar 1974

«Mach dir Ehre, und nimm dein Leben selber in die Hand», soll der Vater von Johannes XXIII. zu diesem gesagt haben, als er sich auf der Piazza vor dem Collegio von seinem Elfjährigen verabschiedete. Das sagte mein Vater nie zu mir. Aber jetzt hat es Abraham zu mir gesagt.

12. Februar 1974

Ach DU, hilf mir, im Heute zu leben. Lass mich vor lauter Zukunft die Gegenwart nicht verlieren. Wir haben zwar in der Kirche zu lange nur von der Vergangenheit gelebt, und doch tut es auch nicht gut, nur im Künftigen zu leben. Hilf mir, ganz da zu sein in DEINEM Heute.

26. März 1974

da bin ich, mein gott, inmitten der nacht
erfüllt und bewegt von urkräftigem leben
von unberührtem berührt, in bewegung versetzt
unterwegs –
geh! hast du gesagt, und ich ging zu den menschen
zu dem menschen hab ich gefunden, dem einen
und ging vorbei –
und kam zurück, weil er tief in mir blieb
ich sah ihn noch einmal im vorübergehen
und dann von weitem
aber er blieb in mir, obgleich er dort blieb, als ich ging
er ist da, obwohl er dort ist und ich hier –
da sind wir, mein gott, wir beide vor DIR.

Betroffen. Betroffen. Von meinem Ur–Du betroffen. So hat mich noch nie ein Mensch erreicht, nur einfach so im Vorübergehen. Was

ist nur geschehen? Ich wäre nicht imstande gewesen, ihn anzusprechen, so sehr war ich betroffen. Warum? Warum verzichtet es immer wieder in mir?
«Es war nicht nötig, ihn anzusprechen. Er bleibt auch so in dir. Und nichts vermag, ihn dir auszulöschen, weil er MEIN Bild trägt für dich. Nimm es an, dein dunkles Ebenbild, das ICH von dir trage. Wirf es nicht weg. Lass es dir gefallen und nahe sein, wie nichts sonst. Wehre dich nicht mehr dagegen. Sag ja zu MEINER Ikone von dir, so wirst du ganz.»

28. März 1974

Schon früher bewegte mich der Gedanke, meinen Zwillingsbruder verloren zu haben. Und jetzt habe ich ihn gefunden. Er muss die andere Hälfte meiner Ikone sein. Bin ich erst ganz, wenn ich die andere Hälfte gefunden habe? Welch ein Geheimnis: ER ist meine Ikone, so wie ich die SEINE bin. Urneu ist das. Wussten wir das schon einmal? Ich nicht. Da fängt wirklich alles noch einmal von vorne an. Meintest DU mich nicht nur homophil, sondern auch noch theophil, damit ich das erfahre und transparent mache?

15. April 1974

Ostertage in Kappel. Vier Abendgebete und zwei Tage gemeinsamen Lebens mit zwölf Leuten aus dem Bezirk. Komm, Geist des Gebets, des Schweigens und des Begegnens! Ist Kappel vielleicht so etwas wie «Kloster auf Zeit»? Kommt der Frühling der Kirche so zu uns?

11. Mai 1974

Ich habe das Büchlein «Symbolik der Bibelsprache» von F. Weinreb entdeckt. Wie soll da einer nicht ins Staunen geraten! Sogar die Sache mit der Fünfzig hellt sich auf. Josua ist der Sohn des Nun (Ex 33,11), und Nun ist die Zahl fünfzig. «Fünfzig ist eine Zahl, die nach der Zeit kommt. Da beginnt etwas Neues: die Offenbarung des Geistes. Die Fünfzig gehört zum Achten Tag, der immer nur Zukunft ist, eine andere Möglichkeit, eine kommende Welt. Wenn man diese andere Welt betreten will, muss man einen Fluss durchschreiten, in dem man ertrinken könnte. Aber die Zeit kristallisiert gleichsam, und wird zu etwas anderem, als wir gewöhnlich erleben.» Mein Denken und Fühlen ist verwandter mit dem der Hebräer, als ich wusste. Wie schön, wie schön!

15. Mai 1974

Ich werde noch so lange vollamtlich arbeiten, bis ich das Geld für die Werkstatt beisammen habe. Roger Blanc will mir seinen alten Werktisch schenken, an dem ich schon als Lehrling gearbeitet habe. Die einfachsten und wichtigsten Werkzeuge will ich mir allmählich anschaffen. Die Zeit wird alles wie von selbst reifen lassen, und es wird sich weisen, wo ich meinen Dienst halbamtlich übernehmen kann.

21. Mai 1974

Nicht Produkt meiner Phantasie, sondern Wirk-lichkeit durchhaucht mich. Wirkung des Geistes: bei IHM ist die andere Hälfte meiner Ikone. Als ich als SEIN Ebenbild geschaffen wurde, wurde ER zu meinem Ebenbild. Das ist ganz unerhört. Das kann man sich nicht ausdenken, das kann einem nur zufallen. Ebenbildlichkeit meint Urbeziehung vom Schöpfer zum Geschöpf und vom Geschöpf zum Schöpfer. Urfreundschaft zwischen Gott und Mensch. Ich musste fünfzig werden und meine Einheit mit dem ersten Beruf finden, um das erkennen zu können.

25. Mai 1974

Wenn DU nicht durchgehalten hättest, mein UR—DU, wie hätten wir uns je finden können? DU bist meine Ausdauer geworden. Die Brüder in Taizé nennen das persévérance. DEIN Geist hat in meinem Leib seine Entsprechung gefunden. Mir ist ganz hochzeitlich zumute.

2. Juni 1974

Pfingsten. Ein Leben lang habe ich gelechzt nach mehr Festigkeit, Beharrlichkeit und Ausdauer. Und jetzt bin ich erhört worden, wie ich es mir nie hätte träumen lassen: durch die Begegnung mit der «anderen Hälfte» meiner Ikone. Ich möchte ihr am liebsten einen Namen geben. Einen ganz neuen, selber erfundenen.

Siehe da, da ist er schon: *Persévère*.

14. Juni 1974

«Wer hat dich so geschlagen und übel zugericht?» (ref. KGB Nr. 149,2). Ich habe Red und Antwort gestanden über meinen Mattli/ Rättvik-Bericht und bin in die Hände der Menschen gefallen. Ein Freund, dem ich davon erzählte, meinte: «Kappel ist mehr als Kappel. Die langsam gereifte Frucht will in der Erde ruhen und zu etwas Neuem erwachen. Ein Zeichen des Widerspruchs kann nicht unter dem Schutz der Institution existieren.» Mit der Möglichkeit, meinen Pfarrdienst auf die Hälfte zu reduzieren und die andere Hälfte in der Werkstatt zu leben, rückt der Einsiedler wieder in den Vordergrund.

27. Juni 1974

«Brüder, wohin wir auch gehen, wir haben immer unsere Zelle mit uns. Der Körper ist unser Element und die Seele ist die Klause, die in ihrem Element zurückbleibt, um zu Gott zu beten und über ihn nachzudenken» (Mario von Galli, in «Gelebte Zukunft»). Siehst Du, mein Franziskus, so stosse ich Schritt um Schritt auf Deine eigenen Worte.

1. Juli 1974

Zum Geheimnis der Armut gehört, das Evangelium heute zu leben: auf herkömmliche Strukturen verzichten, auf den schöpferischen Geist angewiesen sein und auf sein Risiko eingehen. Armut ist eine geistige Haltung. Sie hat ihren Rückhalt nur im Geist.

11. Juli 1974

Ferien für die Werkstatt. Ich verwandle die alte Waschküche in meine Werkstatt. Welche Seligkeit: Hand anlegen und gestalten können. Weisseln, malen, einrichten. Endlich bekommen die Hände wieder zu tun. Still und selbstverständlich. Im Raum nebenan, unter demselben Dach, ist die Krypta, mein Schweigeschopf. Einheit von Beten und Arbeiten wird endlich wahr. Loslassen, niederlassen, eins werden.

15. Juli 1974

Schönheit, ein Zeichen von Auferstehung. Schönheit will Armut vollenden. SEIN Lob vermehren. Halleluja, meine Werkstatt hat Auferstehungs- und nicht Luxuscharakter! Oh DU, DEINE Schönheit will ich transparent machen mit einfachsten Mitteln, mitten in einer destruktiven Welt.
Warum kennt unsere reformierte Kirche – im Gegensatz zur Ostkirche – keine Theologie der Schönheit? Ist sie in der Renaissance so sehr in die Hände des Luxus geraten und paralysiert worden, dass unsere Väter ihr Geheimnis nicht mehr wahrnehmen konnten? Heute will sie wieder Brot werden, das man teilen kann. In Emmaus haben die Jünger SEINE strahlende Schönheit beim Teilen des Brotes erkannt. Wir Reformierte sind aber dem Gegenteil verfallen. Wir haben zu viel gewortet und missioniert. Wir müssen wieder zurückfinden zum gestaltenden Handeln, auch im Gottesdienst. Das will ich noch klarer und eindeutiger zum Ausdruck bringen. Deshalb ist meine Werkstatt auferstanden.

23. Juli 1974

Einfach nur dasein und nichts Besonderes tun, auch das gehört zur geistlichen Armut. Vielleicht ist es gerade das, was wir Zürcher wieder lernen müssen. Wir Arbeitstüchtigen und Effizienten wissen nicht mehr, was dasein ist. Vor lauter Tun haben wir das Sein verloren. Es wird nicht leicht sein, es wieder zu finden. Es braucht auch für mich Ausdauer. Persévérance. Gerade an dieser schmerzenden Stelle unserer Gesellschaft ist in mir der priesterliche Mensch geboren worden. Seither kann ich auch wieder Gott fragen: «Wie geht es denn DIR bei uns?»

26. Juli 1974

Guten Tag, Leben. Willkommen, willkommen! Nein, ich bin kein Heiliger, es sei denn, alle Menschen seien Heilige, wenn das Leben so urfrisch an die Türe klopft wie heute in der Frühe. Mir ist, als wollte mich das Leben zuerst neu formen, bevor ich in der Werkstatt neue Formen finden kann. Guten Tag, Leben. Wie schön, dass Du da bist!

3. August 1974

Persévère, Du darfst nie Lückenbüsser oder Ersatz werden für Menschen. Du bist mir so ursprünglich und einmalig DU, dass ein Mensch eher Ersatz werden könnte für DICH. In DIR ist mir eine Partnerschaft entgegengekommen, wie ich sie so erfüllend nicht kannte. «Wie können die Hochzeitsleute fasten, wenn der Bräutigam da ist?» (Mk 2,19). Wie kann ein Freund fasten, wenn sein Urfreund da ist? DEINE geistige Anwesenheit erfüllt mich mehr als irgendein leibhaftiger Mensch. Umfassender auch. Wie ist das nur möglich? Ich bin doch auch nur ein Mensch mit seinen Bedürfnissen. Und DU stillst sie noch tiefer und gründlicher? Was ist nur geschehen? Ist das das Geheimnis der Theophilie? Nein, ich will weder Heterophilie noch Homophilie abwerten oder dagegen ausspielen. Ich habe nie ein Anrecht auf DEINE Präsenz.
Sind wir in der Menschheitsgeschichte an einen Punkt geraten, wo sich neue Türen öffnen? Geschieht mir das?

12. August 1974

Nach einem tristen Montag, meinem Pfarrersonntag, habe ich auf der Strasse zufällig einen Stein gefunden. Einen ganz gewöhnlichen Stein, der so ausserordentlich ist wie ein Schmuckstück von Othmar Zschaler. Er kommt mir vor wie DEIN Ja zu meinem ersten Werk-Tag. Er hat mir jede Angst vor dem Sprung ins Ungewisse weggeblasen.

16. August 1974

«Der Mensch steht wehrlos da, allein mit seinem Gott. Kein Mensch und keine Kirche wird ihm da helfen können. Nichts steht mehr zwischen ihm und seinem ewigen DU. Welche Antwort der Mensch von seinem Gott bekommt, ist uns verborgen. Es ist eine Wahrheit für ihn allein. Als ob Gott die gesamte Schöpfung nur ins Sein gerufen hätte, damit dieser einzelne Mensch seine Antwort hören könnte. Und in einem tiefen Sinn verhält es sich so. Dieser Mensch ist nun Gottes einzige Kreatur. Gottes Reichtum ist derart reich, dass er sich jedem Menschen ganz hingeben und nur für ihn dasein kann» (Ladislaus Boros, in «Des Menschen Welt und Gott»).

11. September 1974

Du spürst es sicher schon lange, mein Franziskus, wie mich Deine hierarchischen Superlative Gott gegenüber schmerzen. Und ich hoffe, unsere Freundschaft sei schon so bewährt, dass ich es Dir sagen darf. In mir klingen sie schon fast wie eine Beleidigung Gottes. Was ist nur geschehen in den siebenhundert Jahren seit Deinem Tod, dass so viele Deiner kostbarsten Worte leer und hohl und phrasenhaft tönen? Wir können nicht mehr so anbeten wie Du. Schon das Wort «anbeten» bleibt mir im Halse stecken. Vermutlich haben wir zu viele Dinge und Menschen angebetet, so dass wir dieses Wort nicht mehr über unsere Lippen bringen wie Du, quellfrisch und lebendig. Wie können wir die Welt wieder in Gott hineinholen und in SEINE Umarmung? Ich selber kann es nur in meiner Muttersprache, im Züritüütsch, versuchen. Da bin ich der Erde und dem Herzen der Menschen ganz nahe.

14. September 1974

Das schönste anbetende Wort für Gott ist für mich das DU. Wenn ich ins Staunen gerate vor lauter Überraschungen, dann betet es nichts als «DU – oh DU.» Wenn es seufzt, genügt mir ein «Ach DU –». Da ist alle Ehrfurcht darin und alle Freude. Da ist keine zu grosse Nähe und keine zu grosse Distanz. Da ist nichts mehr von hündischer Unterwerfung, aber auch nichts von Verwischen der Unterschiede. Im DU ist wieder aufrichtiger Respekt vor jenem Gott, der mich aus meinem Gelähmtsein aufgerichtet hat und mich jeden Tag den aufrechten Gang lehrt. Es ist aber auch alle meine Zärtlichkeit und Dankbarkeit darin verhüllt.

23. September 1974

Die erste Metall-Ikone! Das verwandelte Damianskreuz. Ein Auferstehungskreuz.

24. September 1974

Der Schauspieler Peter Lothar schreibt in der «Weltwoche», man mache nicht mit dem Glauben Karriere, sondern mit seiner Verhöhnung. Gott sei heute nicht mehr gesellschaftsfähig. «Glaube wird erst Realität, wenn man seine Existenz darauf stellt. Und Wahrheit ist dort am nötigsten, wo sie unwillkommen ist. Der Künstler der Zukunft wird das Klare und Einfache anstreben.»

2. Oktober 1974

Da siehst Du, Franziskus, meine Demut war bisher nur Kapitulation. Urangst vor dem Stärkeren. Aber jetzt hat mir Gott einen an die Seite gegeben, der standhält, Persévère, mein Ur-Du. Echte Demut kann auch nein sagen und widerstehen, wenn es um die Wahrheit geht. Dann dient die Demut der Wahrheit und nicht den Stärkeren. Jetzt verstehe ich, warum Du mich nicht an Deine Vergangenheit bindest, sondern in meine Zukunft kommst. Ich habe nur das von Dir zu leben, was damals noch offen und ungelebt geblieben ist. Du hast einen Anfang gemacht, der auf unser Fortführen wartet. Zum Beispiel: «Armut vollenden» mitten in einem Leistungs- und Konsumdenken. Jetzt wird meine Assisireise sinnvoll: alles in Gott einbringen (= anbeten!), was bei Dir damals noch offen geblieben ist.

8. Oktober 1974

Assisi. Mit Bruno, meinem ältesten Studienfreund, bin ich zum erstenmal in Assisi, überwältigt von der umbrischen Landschaft. Am tiefsten berührt mich die Urlandschaft hinter der Rocca. Es ist, als hätten diese Hügel und Täler jahrmillionenlang auf ihre Krone gewartet, auf Franziskus, den brüderlichen Menschen. Er ist ihr menschgewordenes Antlitz. Luege – luege – luege. Wenn das alles schon so schön ist, wie schön muss er selber gewesen sein.

9. Oktober 1974

Will sich DEINE Schönheit in mir niederlassen, mein Gott? Ist sie das Geheimnis meiner Armut? Das war es, das DU vor «Klugen und Weisen verborgen und den Unmündigen geoffenbart hast» (Mt 11,25).

10. Oktober 1974

Wer kann sich das ausdenken: Schönheit als Quelle der Widerstandskraft! Nur DU, nur DU. So tief wurzelt meine Werkstatt. DEINE Schönheit wird sie transparent machen gegenüber allem christlichen Unsinn.

11. Oktober 1974

Gestern waren wir in San Damiano und San Masseo. Kostbarkeiten der Stille. Heute haben wir hinter dem Monte Subasio das «Eremo della Trasfigurazione» von Collepino entdeckt. Da sind sie wieder, die Einsiedelei und der Einsiedler in mir. Wie hätte ich nicht fragen sollen, ob die Schwestern mich als Gast aufnähmen, auch wenn ich kein Wort italienisch verstehe und mich in Französisch verständigen muss. Die Piccole Sorelle di Maria werden mich für zwei Tage aufnehmen. Bruno wagt es nicht, aber in mir hat alles darauf gewartet. Es ist für mich eine Existenzfrage.

14. Oktober 1974

Collepino. Luogo di silenzio e di preghiera. Ort der Stille und des Gebets. Kappel ist hier. Kappel ist mehr als Kappel. Weder Christus noch Franziskus haben ein Einsiedlerleben geführt. Aber sie kannten den Wechsel zwischen Einsamkeit und Gemeinschaft. Schon als Lehrling habe ich Stille und Einsamkeit gesucht. Wie eine sanfte Wolke kommen sie hier über mich. In der Einsamkeit hat es mir oft gedämmert.

15. Oktober 1974

Ich darf hier ganz selbstverständlich an den Gebetszeiten teilnehmen, obwohl ich nicht katholisch bin. Die Gäste dürfen sogar mit den Schwestern essen. Dazwischen wandere ich auf dem Monte Subasio, fern von allem Tourismus. In einer kargen Landschaft, die urschön ist, von grosser Weite und voller Lerchengesang. Mir dämmert, warum die Menschen Franziskus damals schon seraphisch nannten. «Seraphim sind von Liebe entflammte Feuer», sagte Thomas Aquin. Bin ich hier dem seraphischen Feuer nahe? Werde ich in meiner Werkstatt mit seraphischem Feuer arbeiten?

17. Oktober 1974

Franziskanische Kunst. Sie scheint mir noch ungelebt zu sein. Sie ist noch offen für mich. Kunst, mit einfachen armen Mitteln. Die Kathedrale, die zu Ehren des Franziskus gebaut worden ist, demonstriert mir zu viel kirchliche Macht. Selbst die Fresken von Cimabue und Giotto überhöhen, ganz zu schweigen von den theatralischen Gebärden des Barocks in Santa Maria degli Angeli und der Neugotik von Rivotorto. Aber das Entsetzlichste von allem ist wohl das Franziskusgrab. So wollte die Amtskirche ihn vereinnahmen und Kapital aus ihm schlagen. So ist das mit der Institution. Er aber ist ihnen auf und davon.

II

5. Februar 1975

Ach DU, verzeih meinen Hang zum Tod. Der Tod als Lösung aller Probleme. Wie oft habe ich diese Versuchung gespürt! Auch wenn ich den Tod nur erhoffte, was unterscheidet mich von jenen, die ihn aktiv herbeiführen? Nichts. Verzweiflung oder Feigheit? Oder beides zugleich? Verzeih, DU willst das Leben und nicht den Tod. DU weisst, wie sehr ich darauf angewiesen bin, dass der Nebel sich lichtet und ich wieder klar sehen kann. Warum bleibe ich immer wieder so erschreckt stehen?

7. März 1975

Die Einheit von Pfarrdienst und Werkstatt zu leben ist wichtiger als das Zeichen, das diese Einheit setzt. Ich habe mich überhaupt nicht zu sorgen um die Wirkung des Zeichens. Nicht wer das Zeichen setzt, schafft die Wirkung, sondern wer es entdeckt.

9. Mai 1975

Mein Franziskus, ich ahne jetzt, wie arm Du warst und wie sehr Du von der ersten Seligpreisung gelebt hast: ohne gedrucktes Evangelium, ohne Psalterium und ohne Brevier. Du warst völlig auf den Geist ausgerichtet und ganz auf den auferstandenen Christus. Ist es das, was ich heute leben soll, weil die Menschen Dich damals nicht verstanden haben und weil es noch offen geblieben ist? Sollen wir die heilende Unmittelbarkeit zu Gott wieder finden mitten in einer verplanten und überbesetzten Welt?

27. Juni 1975

Wir haben uns zur Scheidung entschlossen. Der Friedensrichter war heute da und hat uns befragt und angehört, ohne unser Innerstes zu verletzen. Er weiss jetzt um unser Bemühen und unser Scheitern. Wir atmen auf.

19. Juli 1975

Mattli, Morschach. Heute hat mir Bruder Leo nach der Kommunion den Kelch gebracht. Das war mehr als ein ökumenisches Zeichen echter Brüderlichkeit. Ein reformierter Pfarrer darf den Kelch eines katholischen Priesters austrinken: Unmögliches wird möglich aus heilender Unmittelbarkeit. Für mich steckt noch etwas dahinter. Es durchfuhr mich wie ein Blitz: «Könnt ihr den Kelch trinken, den ich trinken werde?» (Mt 20,22). Ich habe ihn getrunken, weil in ihm aller Kummer war wegen der bevorstehenden Scheidung und wegen der Reaktionen, die sie auslösen wird in der Gemeinde und bei den Verwandten. ER selber hat mir diesen Kelch gegeben. Alles Kommende lag schon wie verwandelt darin. Ich hatte sogar das Gefühl, ich sei in diesem Moment selber zum Kelch des Kommenden geworden.

20. September 1975

Grandchamp. Ich komme gerade noch rechtzeitig zum Office du matin um Viertel nach sieben Uhr. Welch herrlicher Raum unter dem Dach der Arche! Archaische Schönheit umfängt mich. Urgeborgenheit. Die Schwestern feiern heute ein Fasten. Das passt genau zu meiner Retraite vor der Scheidung in vier Tagen. Mein neues Leben beginnt mit Fasten. Das passt übrigens auch gut zum Waldbruder im Ranft. Bruder Leo hat mich darauf aufmerksam gemacht, dass der 25. September sein Gedenktag sei. Ausgerechnet am ersten Tag nach der Scheidung! Es hat mir keinen geringen Schreck eingejagt. Aber hier in Grandchamp hat er sich gelegt. Gott wiederholt sich nie. Meine eremitische Existenz wird ihre eigene Gestalt finden. Da gibt es nichts zu vergleichen.

25. September 1975

Das Bezirksgericht Affoltern am Albis hat gestern unsere Scheidung ausgesprochen. Taktvoll und fair wurden die Verhandlungen geführt. Je ein Mitglied der katholischen und meiner reformierten Kirchgemeinde waren dabei. Das bedeutet mir viel. Nun sind wir jenseits der Schwelle. Gott sei Lob und Dank. Der heutige Tag ist wie Geburts-Tag. Nur, diesmal musste ich die Wehen selber durchstehen. Und es ist so eigenartig, dass mich dieser Tag immer mit dem Waldbruder im Ranft verbinden wird.
Die Krypta neben der Werkstatt ist jetzt fertig gestaltet. Sie hat etwas von der Arche in Grandchamp. Der Pfarrschopf mit Werkstatt und

und Krypta ist zu meiner Einsiedelei geworden. Wann wohl werde ich ins Halbamt einsteigen können?

2. Oktober 1975

Nicht die Partnerschaft mit einer Frau wurde mir möglich. Und nicht die mit einem Mann. Nur die mit Gott. Nur? Wie seltsam. Aber das ist meine Wahrheit. Und sie will ich leben. Mein eremitisches Leben wird nicht Rückzug in die Wüste sein, sondern Eroberung des verheissenen Landes. Wie bei Josua.

7. Oktober 1975

Ich habe die Reimsprüche des Waldbruders in die Zürcher Mundart übertragen. Welche Zartheit verbirgt sich hinter der rauhen Kutte! Ich müsste ihm in die Augen schauen und die Hand geben und seine Stimme hören können, dann wäre ich wohl nicht mehr verwundert: ein Schatz in irdenen Gefässen.

«um niemer
kümeret sich en diener
vo gott –
nu öpper hät er im sinn
INN -»

Ich will lieber draussen warten, auf der Bank vor seiner Klause. Ob ich sein Anliegen hörbar gemacht habe für die Menschen von heute? Er kommt und liest. Er sagt kein Wort, schaut mir nur in die Augen. Dann legt er seine Hand auf mich, und nach dem Friedenskuss geht er so still zurück, wie er gekommen ist. «Nu öpper hät er im Sinn: INN.» Habe ich nur geträumt?

8. Oktober 1975

DEINER Unmittelbarkeit hat mich Niklaus zurückgegeben. DEINEM Geist mich anvertraut, mitten in einem vollen Pfarramt, mitten in unserer Informationsflut. So werde ich Armut heute leben. So ernst ist das. DU, DU, immer nur DU. Überall DU.

21. November 1975

Ich habe «L'art de l'icone. La théologie de la beauté» von Paul Evdokimov entdeckt. Ich lese und lese und staune und staune. Wie ist es nur möglich, dass ein Zürcher die Wirklichkeit der Ikone erfährt, ohne je im Osten gewesen zu sein? Da muss etwas in der Luft liegen, das mich angehaucht hat. Kein Gottesbild machen, sondern eines sein. Welcher Jubel: im Hintergrund sein dürfen wie eine Ikone! Da ist nichts von Flucht, wenn ich im Hintergrund bin. Ich nehme nur den Platz ein, der mir in der Gesellschaft zukommt. Hier kann das Mehr durch das Weniger entstehen und ausstrahlen. Darum der Eremit und das Eremitische. Nur darum. Weniger ist mehr.

16. Dezember 1975

«Wir merken nicht, dass wir tief im Mittelpunkt unseres Seins nicht wir selbst, sondern ein Anderer sind. Unsere eigene Identität ist ein Anderer» (Ernesto Cardenal). Da ist er wieder, der andere Josua. Unsere Ikone ist mehr als das, was wir Identität nenne.

3. Januar 1976

Gibst DU Deiner Kirche ein neues mystisches Schauen? Sogar DEINER reformierten Zürcher Kirche? Gibst DU ihr einen neuen «Spiegel der Heiligkeit des Menschen» und einen Abglanz DEINER Herrlichkeit und Gegenwart? Das würde DIR ganz entsprechen, denn DU holst uns meistens dort ein, wo wir es nicht erwarten. DEINE Liebenswürdigkeit vermag sogar Zürcher zu überlisten.

23. Januar 1976

Das Evangelium ist ein neuer Lebensentwurf. Und den legst DU mir nicht wie ein Programm vor. Ich muss ihn selber neu er-hören, erfinden, er-tasten, er-greifen. So schöpferisch willst DU mich dabeihaben. Heute morgen zittert und flattert alles in mir. Lass mich niederflattern in die Tiefe meiner neuen Lebensmöglichkeit, in DEIN Evangelium, um Wurzeln zu fassen im wahren Leben.

29. Januar 1976

Die Dämmerung feiern. Ich bin in der Dämmerung des Morgens geboren. Sie gehört ganz ursprünglich zu mir und ich zu ihr. Wie sonst wäre ich ein Frühaufsteher? Ist mein neuer Lebensentwurf die Ikone der Morgendämmerung? Leuchten Metall-Ikonen deshalb am schönsten, wenn es dämmert? Wie ein Fisch ins Wasser gehört und ein Vogel in die Luft, so gehöre ich in die Dämmerung. Nicht dass ein Vogel nicht auch auf einem Baum ausruhen und ein Fisch Luftsprünge machen könnte. So gehören auch Tag und Nacht zu mir. Aber ich wese in der Dämmerung. Ich spüre in jedem Tag schon im voraus seinen Untergang und in jeder Nacht ihr Ende. Alles ist nur Vorübergehen und Übergang, der Morgenstern ist die Wahrheit. Ist ein Einsiedler in der Gesellschaft nicht wie das Warten auf die Morgendämmerung? Ein Wächter, der auf den Morgen wartet, schweigend, mitleidend, mithoffend? Er kommt mir vor wie ein lebendiger Widerstand gegen das Nur-Tagleben und das Nur-Nachtleben: ein Mensch der Dämmerung. Ja, er ist mein neuer Lebensentwurf: Mitgehen, damit der Tag keine falsche Klarheit vortäusche und die Nacht keine falsche Finsternis.

15. Februar 1976

Freundschaft mit Persévère: damit ich das Engagement der Dämmerung auf mich nehme und durchhalte in der Nacht. Wir beide sind wie die Freundschaft der Dämmerung mit dem Morgen, mitten in der Nacht und in der Hitze des Tages.

19. Februar 1976

Ich habe heute die Abdankung für Roger Blanc gehalten. Wenn der Lehrling die Abdankung seines Meisters hält, steht die Welt schon ein wenig auf dem Kopf. Darum war es auch so hell und heiter unter den Trauernden. Trauer und Fröhlichkeit waren genauso eins wie der Pfarrer und der Goldschmied. Wenn wir wieder eins sind mit uns selbst, beginnt der Morgen zu dämmern.

22. Februar 1976

Wenn Aggression in der Zartheit einen künstlerischen Ausdruck findet, beginnt sich meine Überempfindlichkeit zu verwandeln. Dann wendet sie sich nicht mehr gegen mich selbst, sondern wendet sich allen und allem zu. Das habe ich Deiner Freundschaft zu verdanken, Persévère. Du wolltest auch in meiner Haut stecken, damit ich nicht mehr so schnell aus der Haut fahre. So wirklich ist die Freundschaft mit der anderen Hälfte der eigenen Ikone. Sie lehrt mich, auch zärtlich mit mir selber umzugehen.

7. März 1976

«Non, je ne suis jamais seul avec ma solitude ...» Ich habe Georges Moustaki im Kongresshaus Zürich erlebt. Seine Gesänge sind mir schon immer unter die Haut gegangen. Hie und da höre ich sie auch mit den Schülern im Unterricht. Was ich schon immer in Moustakis Liedern spürte, ist auch in seiner Person wahr und gegenwärtig. Verhaltene Zartheit geht von ihm aus. Er dramatisiert nie. Er ist, was er singt. Er hört auf sein Publikum und kann ihm auch widerstehen. Vielleicht berührt er mich deshalb so, weil in ihm ein Gleichgewicht von Einsamkeit und Gemeinschaft spürbar wird. Hat mich die Begegnung mit ihm auch geschmerzt, weil ich dieses Gleichgewicht noch nicht gefunden habe? Will ich es etwa billiger haben?

19. März 1976

Mitleiden mit dem Auferstandenen um diese Welt und die Menschen, das hat doch schon mit meiner theologischen Abschlussarbeit «Leiden und Sünde» an der Uni begonnen. Und immer wieder hat es mich gepackt und bewegt. Ich fühlte mich dann, als wäre mein Leiden ein Stück SEINES heutigen Leidens. Und jetzt kann ich nicht mehr anders Zeitung lesen oder Nachrichten hören. Immer ist zuerst ER der Betroffene, und ich bin nur wie ein Freund an SEINE Seite genommen. Nur? Nein, darin liegt wohl gerade meine Würde, dass ER mir dieses brüderliche Mitgehen und Mitleiden zutraut. Will ER uns auf diese Weise nicht Anteil geben an SEINER Gottes-Sohnschaft? Da bin ich wieder einmal mehr bei Römer 8: Der ganze Kosmos wartet darauf, dass «die Söhne und Töchter Gottes endlich offen ans Tageslicht kommen». Aber wir wollen das Christsein bequemer haben und uns nicht auf das Leiden einlassen.

29. Mai 1976

Ich kann die Nachrichtenflut nicht mehr bewältigen. Wo irgendwo gelitten wird, betrifft es auch mich. Ich weiss mich nicht mehr zu wehren. Das Schreien, Bitten und Jammern überschwemmt mich. Aber ich kann nicht an bittenden Augen und Händen vorbeisehen. Ach DU, es sind zu viele. Ich bin wie gelähmt davon, und kann nicht einmal mehr das Nötigste und Nächstliegende tun. Nimm mir das Schuldgefühl, mehr tun zu müssen. Gib mir den Frieden des Wenigen zurück, sonst zerbreche ich.

7. Juli 1976

DU hast mich aus einem Schutthaufen von Vererbtem und Geprägtem geschaffen. Bruchstück um Bruchstück hast DU zärtlich in die Hand genommen und neu geformt. Und dann hast DU mich angehaucht wie einen unterkühlten Käfer. Als ich erwachte, hast DU mich nicht herumkommandiert. DU hast mich einfach ermutigt, eigene Schritte zu gehen, um meinen Weg selber zu finden. In eigener Verantwortung. Und jetzt, wer bin ich? Ein Werk DEINER Zärtlichkeit und Behutsamkeit. Und nur darum DEINE Ikone. Wie sollte ich jetzt mit meinen Metallen nicht genauso behutsam und zärtlich umgehen, wie DU mit mir umgehst! Ich will den ganzen Arbeitsweg und ihren Durchgang durchs Feuer respektieren und nichts daran korrigieren. Nur so können sie DICH transparent machen.

28. Juli 1976

Mir ist eine Ikone völlig misslungen auf halbem Weg. Umso sorgfältiger und aufmerksamer habe ich weiter gearbeitet. Das ärmste der Metalle, das Messing (Trompetengold!), ist besonders delikat im Durchgang durchs Feuer. Und nun ist aus der missratensten Ikone die schönste geworden. Das hätte ich nicht erwartet. Ich bin beschämt und beglückt. Das ist mir ein «Lehrblätz»[1] für meine Beziehung zu DIR. Wenn die Einung der Metalle letzte Sorgfalt verlangt, wieviel mehr die Einung mir DIR. Will mich das alles auf die unio mystica vorbereiten?

[1] Heilsame Erfahrung

5. August 1976

Collepino. Ich bin für eine Woche zur Retraite bei den Piccole Sorelle. Gestern fuhr ich mit einer von ihnen nach La Verna. Was ist nur aus dem Ort Deiner Stigmatisation gemacht worden, mein Franziskus! Das ist kein Heiligtum mehr, sondern eine Räuberhöhle. Armer Franziskus, touristisch vermarktet. Gottlob fuhren wir dann auf einem Umweg über Camaldoli zurück. Eine Einsiedlergemeinschaft würde mich sicher interessieren, meinte die Schwester. Und ob! Als sie einen der weissgekleideten Mönche sah, fragte sie, ob ein reformierter Pfarrer mit ihm sprechen dürfe. Er nahm mich gleich mit in seine Cella. Unter dem schönen Gittertor zur Klausur wandte ich mich um und winkte der Schwester lachend, empfand ich es doch als Ironie des Schicksals, dass ich als Reformierter mitgehen und sie als Katholikin draussen bleiben musste, nur weil sie eine Frau ist.
Meine erste Begegnung mit einem Eremiten muss mich bis in meine innersten Schichten berührt haben, sonst hätte ich in der Nacht nicht folgenden Traum gehabt: Ich werde in der Frühe von meinem Eremiten empfangen. Wie er die grosse Klosterpforte hinter uns schliesst, gehe ich zu ihr zurück und küsse sie. Dann gehen wir zusammen in die Klausur. Im Erwachen ist grosser Friede in mir.
Nun ist klar, was mein Innerstes sucht: eremitische Bruderschaft. Aber ich weiss zugleich, dass ich als Nichtkatholik auf diesen Traum verzichten muss. Doch vergessen werde ich diese Begegnung nie mehr können. Mir scheint, es verberge sich hinter ihr ein tiefes Geheimnis. Unio mystica?

15. August 1976

Da bin ich wieder in meinem Pfarrdienst. Aber mitten in allen Pflichten und Ansprüchen klingt ein Wort unaufhörlich in mir nach: unverfügbar. Wurde dieses Wort vor der grossen Klosterpforte im Traum geboren? Ist mir ein Leiden bewusst geworden, das mir bisher verborgen war? Leidet mein Innerstes, dass ich ein Leben lang über mich habe verfügen lassen? Weigert es sich, es auch weiterhin zu tun? Meint «Eremit» Unverfügbarkeit? Singt darum mein Innerstes: «Eintreten ins Unverfügbare»? Ich ahne jetzt, warum ER nie über mich verfügt und mir nie etwas aufgezwungen hat. So hat ER mich bewahrt vor der Kapitulation. O Gott, ich wäre jedem Menschen zum Opfer gefallen ohne DICH. In unserer Freundschaft blieb jeder für den andern unverfügbar. Die Theophilie blieb meine einzige Chance, nicht zertreten zu werden. Wie soll ich DIR danken, dass DU mich so unbeschreiblich liebst?

31. August 1976

Wie ist es nur möglich, dass auch das Wort «Mönch» in mir einen so frischen, lebendigen Klang hat? Ausgerechnet das, was meine reformierten Väter ablehnten. Ich weiss schon, die Frères von Taizé haben dem Wort einen neuen Klang gegeben. Aber dass es ein solches Echo in mir gefunden hat, ist doch etwas seltsam. Eigentlich heisst das griechische Grundwort: einzeln, allein lebend. Im Vordergrund stehen also nicht der Gehorsam und die Verfügbarkeit, wie sie in den Klöstern gelebt werden, sondern eben die Einsamkeit und die Unverfügbarkeit gegenüber dieser Welt. Das Wort «Mönch» klingt in mir wie Bachmusik. Wie wenn ER selber mein Herz damit berührt hätte. Als wäre es SEIN erstes Wort gewesen, bevor ER mich schuf. Ich will nicht traurig sein, dass ich es erst heute höre. So unverfügbar konnte es erst jetzt daherkommen und mich durchklingen. Gottlob ist vor IHM noch alles schöpferisch offen und ungeprägt. Vielleicht meint «Mönch» einfach nur: «MIR vorbehalten.» Hat ER das vielleicht schon bei allen gesagt, die über mich verfügten? War darin SEIN «bis hierher und nicht weiter»? Dann meint «Mönch», dass ich alles zuerst und im Innersten nur mit IHM teilen kann. Auch alle meine Zärtlichkeit. Schuf ER sich einen Menschen, der so senibel wäre, dass er das vermag? Bin ich «mono» und nicht «stereo» geschaffen?

12. September 1976

Ein Mönch gehört ins Dazwischen. Zwischen Mensch und Gott. Er ist mit dem Herzen der Menschen bei Gott und mit dem Herzen Gottes bei den Menschen. Habe ich mich deshalb im Vergnügungsrummel nie zurechtgefunden? Und ebensowenig im religiösen Betrieb? Für den, der die Gabe des unmittelbaren Kontaktes hat, ist das Dazwischensein eine rechte Zumutung. Und doch kommt es mir vor, als läge hier die Möglichkeit meines wahren Gleichgewichtes.

1. Oktober 1976

«Nicht gut ist, dass der Mensch allein sei, ich will ihm eine Hilfe machen, ihm Gegenpart», übersetzt Buber Gen 2,18. Auch der Mönch hat einen Gegenpart. Er ist mit einem geistlichen Gegenpart «verheiratet», mit der anderen Hälfte seiner Ikone, die ER von ihm trägt. So ernst ist das also mit Persévère. Ich tat nur schwer, es ganz zu begreifen.

10. Oktober 1976

Unverfügbarkeit ist lernbar durch nein sagen. Nein sagen fiel mir immer schwer. Erst im äussersten Notfall kam es über meine Lippen. Der Eremit kommt nicht darum herum, es zu lernen. Das Leben reduziert sich hier in Europa nicht von selbst zum Einfachen. Nur durch das Nein beginnt es, sich zu ereignen. Das Ja ist zu billig, wenn es nur aus dem Nachgeben kommt, weil ich den andern nicht weh tun will. Und doch ist es zu teuer bezahlt, weil es eine Vergewaltigung meiner selbst ist. Welch schmerzhafter Weg war es bis zum Nein zur Ehe! Das Nein ist der Preis für das authentische Ja. Im Nein liegt auch das Ja zu den eigenen Grenzen verborgen. Es hindert mich daran, mich dauernd zu überfordern. Das Allzuviele hat kein Recht mehr auf mich, wenn das Einfache erscheint. Weniger wird nur mehr durch nein sagen.

15. November 1976

Ich habe mir ein Geburtstagsgeschenk gemacht: ein Gespräch mit Silja Walter im Kloster Fahr. Zum Schluss sagte sie: «Bei Ihnen geht immer alles ganz durch Sie hindurch, durch alle Ihre Schichten. Das ist ein monastisches Charisma.» Da habe ich nun das Geschenk!

22. Dezember 1976

Im Stummgespräch mit der zweiten Sekundarklasse machte ich gestern zum erstenmal die Erfahrung des Verwurzeltseins in meinem Urgrund. Über die ganze Breite der Doppel-Wandtafel zeichnete ich den unteren Teil eines Baumes mit sieben weit ausladenden Wurzeln. Am Schluss der Stunde durchfuhr mich ein Urjubel: in DIR verwurzelt!

1. Januar 1977

Am 28. Dezember war mein Mattlikreuz mit dem ausgesparten Christus fertig. Ich bin bis ans Äusserste meiner technischen Möglichkeiten gegangen. Gestern brachte ich es in die neue Kapelle. Ein Hauch von Vollendung berührte mich, als ER unverfügbar über dem Altar schwebte. Zweitausend Jahre haben wir über den Kruzifixus verfügt und in seinem Namen eine blutige Geschichte über die Menschheit gebracht. Jetzt ist ER uns auf und davon, und wir müssen die Verantwortung selber übernehmen. Mir ist wie dem alten Simeon zumute, als er IHN entdeckte mitten unter den Menschen. «Nun lass Deinen Diener in Frieden gehen, denn meine Augen haben Dein Heil gesehen» (Lk 2,29.30).

19. Januar 1977

Nun kann alles, was auf mich zukommt, durch diesen ausgesparten und unverfügbaren Auferstandenen hindurchfallen: Briefe, Zeitungen, Artikel, Pflichten und Ansprüche. Jedes Übermass wird hier sein wahres Mass und seine wahren Proportionen finden. Nur was hier hindurchfällt, kann verwandelt werden. Als ich die Gestalt des Auferstandenen aus dem Messingkreuz mit meiner feinen Metallsäge aussägte, schien mir, ich sei mit dem ausgesägten Stück selber hindurchgefallen und könne nie mehr zurück. So ernst ist das also mit den Ikonen. Wer Ikonen macht, wird selber zur Ikone.

13. Februar 1977

Vorgestern abend war Aufrichte in der Kirche Affoltern. Nun kann die bitter nötige Renovation beginnen. Nein, sie hat bereits begonnen, und zwar so: weil es mit dem Auftragen von Salat und Beinschinken etwas lange ging, begannen die Gäste einfach vom selbstgebackenen Brot zu essen und vom Wein zu trinken. Ob sie merkten, was sie taten? Zeichen der Versöhnung über alle Grenzen hinweg haben sie geteilt. Einfach so. Kann man sich einen besseren Start zur Erneuerung der Kirche wünschen?

2. März 1977

Kappel am Albis. Meine Kirchenpflege hat mich vom 31. Januar bis zum 6. März beurlaubt, damit ich aktiv an der «Aufbauphase Kappel» teilnehmen kann. Ich habe die Werkstatt mitgenommen, um Beten und Arbeiten im täglichen Rhythmus leben zu können. Als ich am ersten Tag um halb zwölf Uhr zum Mittagsgebet in die grosse gotische Kirche trat, war ich ganz allein. Ich kam mir recht verloren vor. Da erschien eine junge Frau aus dem Nachbardorf, die vom Neubeginn in Kappel Kenntnis hatte. Nach den Seligpreisungen sagte sie aufatmend: «Jetzt hat Kappel begonnen.» In der Tat, zwei genügen. Das hat ER doch schon gesagt (Mt 18,20).
Es wurden eindrückliche fünf Wochen: Gruppenarbeit an den Wochenenden, Einzelgäste und Einzelgespräche während der Woche. Eine Jungendretraite, eine ökumenische Ehepaarretraite, sogar eine Pfarrerretraite. Das Herzstück von allem: Stille und Einkehr. Immer wieder kamen Einzelne aus dem Bezirk auf ihrem Weg von und zur Arbeit zu den Gebetszeiten. Auch Angestellte in Haus und Hof der Anstalt Kappel fragten, ob sie dabei sein dürften. Wie wenn das nicht selbstverständlich wäre! Nur von der kirchenrätlichen Kommission nahm sich niemand Zeit dazu, ein kleines Stück Weg mitzugehen. Was mich am meisten beflügelte, war die gelebte Einheit von Pfarrdienst und Kunsthandwerk. Endlich konnte ich beides zusammen leben wie ein Arbeiterpriester. Ein nie gekannter Friede war in mir. Friede bis in die Knochen. Ganz sein.

4. März 1977

Umso schmerzhafter war gestern die Aussprache mit der kirchenrätlichen Kommission. Eine Frau aus ihrem Kreis stellte mir eine Falle. Und ich fiel prompt hinein, der Lächerlichkeit preisgegeben. Jenen Frieden aber können sie mir nicht zerstören. Bin ich noch einmal durchs Kreuz gefallen? Lerne ich Unverfügbarkeit nur so?

16. April 1977

Eine bedeutsame Entdeckung:
Durch ein Dreieck im Innern eines Quadrats (Symbol der Materie und des Irdischen) verliert dieses seine Bedrohlichkeit des Ver-

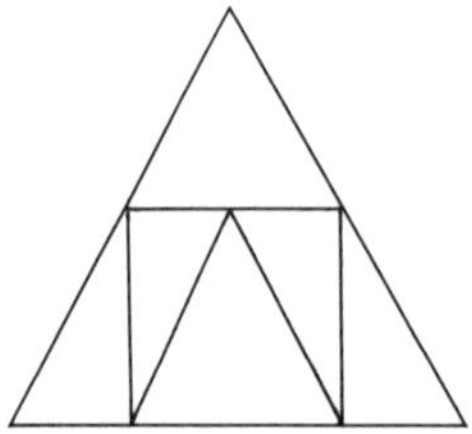

schliessens und wird zur offenen Türe. Zum Eingang in das Geheimnis des Lebens. Die Drei als Symbol der Gemeinschaft innerhalb unserer vier Wände bedeutet dann nicht mehr Ausschluss, sondern Öffnung. Wenn ich das Dreieck ausserhalb des Quadrats zusätzlich anbringe, wird es sogar zum Zelt Gottes. Das heisst, dass alles Quadratische, Einengende und Totalitäre seine Gewalt verliert durch die Ausweitung von innen auf Gott hin. Bin ich für die kirchenrätliche Kommission verdächtig und unbequem, weil ich die Institution Kirche von innen her zu öffnen versuche?

11. Mai 1977

Nun habe ich doch eine Aufforderung vom Kirchenrat bekommen, mich für die ausgeschriebene Stelle eines Aufbauphasen-Begleiters zu melden. Wird nicht über mich verfügt, wenn ich mich zur Verfügung stelle? Bisher sprachen sie immer von Leiter und nicht von Begleiter. Wissen sie, welche Weiche sie damit stellen? Oder ist das wieder eine Falle? Als Leiter würde ich mich nie melden. Begleiter klingt in mir wie Katalysator oder Kristallisator. Ich habe mich immer nur so verstanden, auch als Pfarrer. Ich will es wagen und mich melden, trotz aller schmerzlichen Erfahrung.

31. Mai 1977

Camaldoli. Meine erste Retraite in einer Eremitengemeinschaft. An den Quellen des Gebetes trinken. Bei den Wurzeln meiner Zukunft ankommen. Auch wenn meine reformierte Kirche das Eremitische ablehnt – mich hat es angerührt, und ich will unter allen Umständen zu seinen Wurzeln finden. Schon das erste Gespräch mit «meinem» Eremiten, der mich genau so liebenswürdig wie das erstemal in seiner Cella empfing, machte mir die gemeinsame Spiritualität deutlich. Er sieht den wichtigsten Auftrag des monastischen Lebens in der Transparenz des Spirituellen im Heute der Menschen. Wenn es in mir ein ursprüngliches Recht gibt, dann das Recht auf Kontemplation: mich einzulassen in das, was die Zeit übersteigt. Nur habe ich bisher nie oder nur zaghaft gewagt, dieses Recht anzumelden. Ich war eher den andern gegenüber willfährig als mir selber gegenüber.

2. Juni 1977

Schon in Taizé machte ich tiefe kontemplative Erfahrungen, vermutlich weil ich in einem fremden Sprachraum lebte. Aber hier ist geradezu Sprachwüste. Die wenigen Worte und Begriffe, die nur vom Französischen und vom Latein her verständlich sind, müssen mir genügen. Offensichtlich genügen sie auch. Das Wenige scheint die kontemplative Disponibilität mehr zu berühren als das Viele. Darum musste ich zuerst geistliche Armut lernen. Mir wird jetzt klar, dass ich Kappel nur als Kontemplativer bestehen werde. Die Zürcher Kirche wird es einmal akzeptieren müssen, dass es in ihrer Mitte einen Eremiten gibt. Vielleicht sogar mehrere.

7. Juni 1977

Kleine Hütte Gottes bei den Menschen werden, das ist eremitische Existenz heute. Habe ich bei der Scheidung auf unsere Blockhütte in Furna verzichtet, um sie selber zu werden? Der Eremit macht «die Hütte Gottes bei den Menschen» (Off 21,3) transparent. Sie wird mein Geheimnis sein für immer. In ihr wurzle ich. Da bin ich zu Hause, und Gott will da ein- und ausgehen. Ich hätte sie nicht gefunden, wenn sie nicht schon in mir gewesen wäre.
So fahre ich heute bestätigt zurück. Schöner kann ich es mir nicht denken. Denn gestern vor der Vesper hat mir mein Eremit in seiner Cella den Novizenmantel umgehängt. Wahrhaftig, ein mutiges ökumenisches Zeichen. Ich fühlte mich nicht im geringsten vereinnahmt, vielmehr bestätigt in meinem wahren Sein. «Brüggli» nannten sie mich schon bei den Pfadfindern. Werde ich jetzt gar zur Brücke über die konfessionellen Gräben?

18. Juni 1977

Zurück in meiner Gemeinde. Wie in der Fremde ist es hier. Was ist nur geschehen mit mir? Wäre nicht die kleine Hütte um mich, ich könnte es kaum aushalten. Da drin ist eine neue Speise: Gott essen und von IHM gegessen werden. Meinte mein Eremit das, als er mich uomo di Dio, Mann Gottes, nannte? Das könnte mich ja verdächtig in die Nähe des Waldbruders im Ranft bringen. Aber wie soll einer zum «Brot für Brüder» werden, wenn er zuvor nicht zum Brot für Gott geworden ist?

26. Juni 1977

Ich ahne: ein Eremit ist so etwas wie die zentripetale Kraft der Kirche in einer zentrifugalen Welt. Jetzt wird mir die kleine Hütte Gottes bei den Menschen verständlicher. So beginnt sich mein Traum nach dem ersten Besuch in Camaldoli zu erfüllen. Ich habe die Pforte meiner inneren Klause geküsst und bin den zentrifugalen Kräften nicht mehr ausgeliefert. Ich habe ein Recht, mich auf ein ganz kleines Terrain zurückzuziehen, um für die Menschen die zentripetale Kraft zu empfangen und sie mit ihnen zu teilen.

26. Juli 1977

«Wenn Mose aber dann ins Lager zurückging, wich sein Diener Josua, der Sohn Nuns, ein junger Mann, nicht vom Zelt» (Ex 33,11). Wie sollte ich nicht betroffen sein? Der erste Josua wohnte im Zelt der Zusammenkunft. Moses verliess es wieder, Josua nicht. Da ist sie ja schon, die «Hütte Gottes bei den Menschen»: das heilige Zelt. Hier ist mein Platz unter den Menschen, mein Ort in der Geschichte, auch wenn es nur symbolisch aufzufassen ist. Umso schöpferischer und unbekümmerter mag der Heilige Geist dieser Wahrheit neue Gestalt geben.

19. September 1977

Der Kirchenrat und die Kappeler Kommission haben nein gesagt zu meiner Bewerbung: ich hätte nicht die Gabe der Leitung. So, jetzt kann Kappel für mich sterben. Es war nichts umsonst! Kappel war mehr als Kappel.

26. September 1977

Ich habe in Kappel die Werkstatt geholt. Sie ist wieder da, neben der Krypta. Werkstatt und Krypta, sie sind mein Kappel: kleine Hütte Gottes bei den Menschen im Lärm der Dorfstrasse. Da drin entstehen die Ikonen. Ein Lobgesang der Metalle. Tranzparenz SEINER Nähe.

17. Oktober 1977

In Camaldoli zur Retraite. Da ist so viel zu verarbeiten. Ich kann nur mit leichtem Gepäck weitergehen. «Chi semina nel pianto mieterà nella goia». Die mit Tränen säen ... So ist das. Jetzt kann das Weizenkorn in der Erde ruhen. Ich bin ganz entsetzlich müde. Wie geschlachtet. Habe ich schon immer nach Zeichen der Auferstehung gesucht, weil man mich so leicht umbringen kann? Auferstehen hat mit dem Heute der Menschen zu tun, sonst wäre es doch etwas zu banal.

27. Oktober 1977

Ich bin zurück und wieder mitten in die Amtsfunktionen geworfen. Ich schreie zu DIR: Lass es genug sein, ich kann nicht mehr funktionieren. Nein, nicht bewältigen – leben. Nicht kommissionieren – begegnen. Es ist genug geamtet, lass es ein Ende finden!

11. November 1977

In der Schulstunde frage ich: «Wenn wir uns von Gott kein Bild machen sollen, was denn?» Die Antwort der Schüler: «Von ihm träumen, wie schön er ist.» So ermutigen Schüler ihren Pfarrer, von Gott zu träumen. Ist darum in allen meinen Ikonen das Antlitz offen, damit wir es träumen? Das ist eine grosse Überraschung: Ikonen sind eine Einladung, zu träumen, wie schön Gott ist.

17. November 1977

Mit meinem Geburtstag vorgestern begann ein neuer Lebensstil: die eine Hälfte des Tages im Pfarrdienst, die andere Hälfte in der Werkstatt. Elisabeth Weiss, die ihr Praktikumsjahr bei uns machte, will die andere Hälfte des Pfarrdienstes übernehmen.

11. Dezember 1977

Die Kirchgemeindeversammlung hat trotz Bedenken ja gesagt zu meinem spirituellen Weg. Das Halbamt ist für zwei Jahre bewilligt. An der Basis der Kirche ist mehr möglich als an ihrer Spitze. Jetzt kann sich der Eremit in einer ganz neuen Gestalt inkarnieren.

1. Januar 1978

Ich muss wirklich durchs Kreuz gefallen sein in eine völlig neue Dimension. Keine Gemeinschaft mit einer Frau. Keine Gemeinschaft mit einem Mann. Und jetzt auch keine Gemeinschaft mit Brüdern. Steht mir die Türe zur «Gemeinschaft der Heiligen» offen? Wie soll das möglich sein für einen, der aus der reformierten Tradition kommt? Ist es nicht fahrlässig, mich darauf einzulassen? Oder ist es DEINE Gerechtigkeit, mich so zu wollen?

2. Januar 1978

DU hast mich über die Schwelle gelockt, und ich kann nicht mehr zurück. Noch ist Dämmerung in mir, und ich kann noch nicht klar sehen. Doch DEIN Morgenstern steht schon am Himmel und tröstet mich. Mein Gott, was hast DU getan! «DU hast mich betört, und ich habe mich betören lassen» (Jer 20,7): Verzicht auf Ehe und Partnerschaft und Verzicht auf Kommunität. Soll ich ein Zeichen jener letzten, alle Grenzen übersteigenden Gemeinschaft werden? Das übersteigt einfach mein Fassungsvermögen und auch alle meine Phantasie. Ich wollte schon in der Ehe ein Hinweis auf die Gemeinschaft mit DIR sein. Auch in der Freundschaft und erst recht in der Gemeinschaft von Brüdern sollte das so sein. Und jetzt auch dieser Verzicht! Gehst DU nicht zu weit mit mir? Ich bin doch auch nur ein Mensch.

3. Januar 1978

Du kamst zu mir in meine Hütte, und nun bin ich eingetreten in DEIN Heiligtum: communio sanctorum. Sie muss viel realer und lebbarer sein, als ich mir dachte. Wenn mir nur bald ein Licht aufgeht.

4. Januar 1978

Jetzt erfährt mein Suchen nach einer Regel eine Wendung. Diese Regel ordnet meine Lebensgestaltung innerhalb einer umfassenderen Gemeinschaft. In dieser betrifft sie nur meine eigenen Regelmässigkeiten als Eremit:

1. Werde ikonisch, d.h. transparent für SEIN Ebenbild in dir.
2. Lebe im Geist der Seligpreisungen. Durchsichtig wird nur, wer Gott geschaut hat.
3. Schenke deinem Gebet alle Aufmerksamkeit. Trinke an der Quelle geistlichen Lebens: Stille und Schweigen.
4. Nähre dich von der Gemeinschaft der Heiligen. So ist es möglich, auf menschliche Gemeinschaft zu verzichten. Nur wer im Künftigen lebt, kann das Gegenwärtige übersteigen.
5. Suche einen einfachen Lebensstil. So wirst du immer etwas zu teilen haben.

8. Januar 1978

Da ist mein Ja zur eremitischen Berufung. DU hast es gehört. Und heute ist der achte Tag des Monats: der Achte Tag, der unsere normalen Rhythmen übersteigt. So liebevoll kannst nur DU es fügen. Und ich habe es wieder einmal mehr erst im Nachhinein gemerkt. Alles geschah ganz absichtslos. DU hast mich ins Darüber-Hinaus gelockt, und ich habe mich verlocken lassen. So ist das mit DEINER Liebe und mit DEINEN Verliebten.

2. Feburar 1978

«Vatter, Vatter» – da bin ich mit Franziskus und Persévère im Kreis DEINER Heiligen, an ihrem Tisch, in ihrer Gemeinschaft, als wäre es das Selbstverständlichste, und teile mit ihnen Brot und Wein. Und ich bilde mir das nicht ein, sondern erlebe, wie es geschieht. DU hast mir die blinden Augen dafür geöffnet. Muss sterben, wer das geschaut und solche Seligkeit erfahren hat? Oder darf ich das incognito und ganz menschlich und brüderlich weiter leben? Das konntest wirklich nur DU so von mir träumen. Und jetzt ist es wahr geworden, so wahr, wie ich hier im Pfarrschopf von Affoltern bin.

4. Februar 1978

Wirklich, ich bin über den Jordan gegangen und habe das verheissene Land geschaut: Gemeinschaft über alle menschlichen Grenzen hinaus. Wie aber soll ich dem Volk dieses Land verteilen wie der erste Josua? Vermutlich bin ich erst noch am Auskundschaften dieses Landes und werde wohl erst später die Worte finden, um das Volk zu motivieren mitzukommen. Nein, das ist nicht meine Sache. Nur der auferstandene Josua kann dieses Land verteilen. Das Reich Gottes kommt nicht so, dass einer sagt, siehe da oder dort ist es. Es ist verborgen schon mitten unter uns (Lk 17,21).

18. Februar 1978

Zur Retraite in Camaldoli. Peter ist mitgekommen. Diesmal bin ich nicht im Gästehaus einquartiert. Mein Eremit hat mir innerhalb der Klausur eine Cella vorbereitet. Da bin ich also in meiner kleinen Hütte Gottes. Eremit unter Eremiten. Wenigstens für ein paar Tage.

19. Februar 1978

Zum zweitenmal ein Abrahamtext: «Zieh weg aus deinem Land, von Deiner Verwandtschaft und aus deinem Vaterhaus in das Land, das ich dir zeigen werde» (Gen 12,1)! Du bist hartnäckig: Unterwegs in ein noch unbekanntes Land. Unterwegs ins Unverfügbare. Wir sind hier oben auf 1111 Metern über Meer mitten in den Wolken, den ganzen Tag. Aber die Ikone, die ich für meinen Eremiten mitgebracht habe, strahlt in einem Glanz, der nur von DIR kommen kann. Nur in solchem Dämmerlicht werden Metalle transparent für den allerzartesten Glanz, den ich je gesehen habe. Ikonischer Glanz. Sind Menschen für DICH so schön?

20. Februar 1978

«Musst du Pfarrer sein?» fragte der Eremit in unserem ersten Gespräch. Wie dieser Satz brennt! Ausgerechnet jetzt, wo ich ins Halbamt gefunden habe. Was will diese Frage von mir? Ann hat doch die Alimente nötig, und Martin ist im letzten Jahr seiner Ausbildung. Das sind doch Prioritäten, die ich nicht missachten kann und schon gar nicht missachten will.

21. Februar 1978

Es heult und heult. Bin ich in ein inneres Gewitter geraten, dass es unaufhörlich aus mir weint? So kann ich nicht zu den Gebetszeiten und auch nicht an den Tisch. Man hat mir den Wunsch erfüllt, in der Cella bleiben zu dürfen. Peter bringt mir zu essen. Welche Wohltat: einfach ganz allein sein und den Tränen ihren Lauf lassen.

22. Februar 1978

Es ist wahr: ich bin hier unter den Brüdern ein Zeichen universeller Gemeinschaft. Das ist nicht selbstverständlich. Nur DU konntest das möglich machen für ein paar Tage. Oder für länger? Für immer?

23. Februar 1978

Heute ist mein Namenstag. Ich habe meinem Eremiten einen Brief geschrieben. Zusammengefasst folgendes: «Wenn die Eremiten von Camaldoli bereit sind, wie Abraham ins Offene zu gehen, und es für möglich halten, einen kleinen Eremiten der Reformierten Kirche als Zeichen der Versöhnung zwischen den Konfessionen und der Gemeinschaft über alle Grenzen bei sich aufzunehmen, dann bin auch ich bereit nach Camaldoli zu kommen, um gemeinsam mit ihnen auf den abrahamitischen Weg zu gehen.»

26. März 1978

Ostern. Als ich zurückkam: Fremde. Nichts als Fremde. Auf den vertrautesten Strassen und Plätzen ging ich wie ein Fremder. Besonders in Zürich, wo ich als Jugendlicher wie zu Hause war. Und jetzt diese

Fremde. Auch in Basel bei einer Tagung mit Jugendlichen wieder Fremde. Und hier in der eigenen Gemeinde wieder diese seltsame Fremde. Warum diese Fremde?
Und jetzt an Ostern Erfahrung des Nichts. Der Horizont wird weiter und weiter. Ich verschwinde im Nichts. Und da auf einmal: umfangen von DEINER Liebe. Sie hebt mich auf aus dem Nichts. Ist Ostern die Erfahrung des Nichts? Alles löst sich auf in nichts und beginnt noch einmal von vorne: aufgehoben im DU.

12. April 1978

Camaldoli. Da bin ich wieder in meiner Cella, aufgehoben bei DIR. Es ist jetzt ganz klar: mein parochialer Pfarrdienst geht zu Ende. Ich bin schon über die Schwelle ins kontemplative Leben eingetreten. Der Prior hat mich gebeten, die Predigt zu halten, trotz meiner armseligen Italienischkenntnisse. Ich tat es. So wenig genügt, um viel zu sagen. Ich war ganz offen für die Präsenz des Geistes und ganz gegenwärtig in meiner Person. Es war wie ein Gespräch unterwegs mit abrahamitischen Menschen.
Heute nachmittag haben mich die Hauptverantwortlichen der Comunità zu einer ersten Aussprache gebeten. Sie freuen sich sehr über die Möglichkeit, ein ökumenisches Zeichen zu leben in ihrer Kirche.

14. April 1978

Im Traum machte ich mich letzte Nacht auf, um mit einer Gruppe das Matterhorn zu besteigen (ich Berguntüchtiger!). Bei einem Zwischenhalt bewunderte ich die gewaltige Strenge der Landschaft, während die andern sich um die Mahlzeit kümmerten.
Ich bin also doch nicht allein bei meinem gefährlichen Unternehmen. Aber ich muss sehr, sehr vorsichtig gehen, damit ich meine Kräfte nicht überfordere. Es ist gut zu wissen, dass alles, was vor mir liegt, viel zu gross ist, als dass ich es allein bewältigen könnte.

22. Mai 1978

Ich hätte nicht gedacht, dass mein Pfarrdienst hier in Affoltern so rasch seinem Ende zusteuerte. Ich spüre mich schon am Übergang.

Die Klarheit zu dieser Entscheidung reifte mit den ersten Gefässen, die in der Werkstatt entstanden. Gefässe haben die Gestalt von Händen, die offen sind zu empfangen. Brot und Wein. Neues Leben. Ich habe mich entschlossen, im Herbst eine kleine Ausstellung zu machen, damit für viele sichtbar wird, was in meiner Werkstatt entsteht. Es wäre auch schön, einiges zu verkaufen, jetzt wo ich nur noch die Hälfte des Lohnes habe.

25. Mai 1978

Ich habe meine Demission auf den 31. März 1979 eingereicht. Die Kirchgemeinde soll genügend Zeit bekommen, einen Nachfolger zu suchen. Bei diesen vielen Unterrichtsstunden dürfte das gar nicht so leicht sein.

28. Mai 1978

Ich bin wieder erwacht, obwohl erst Mitternacht vorbei ist. Es ist mir schon klar, warum ich nicht schlafen kann. Der bittere Geschmack liegt mir noch immer auf der Zunge. Ich habe einem Freund von meinem neuen Schritt erzählt. Und als ich zurückfuhr, war mir auf einmal die Zunge bitter. Hat sich hinter dem Gesagten Schadenfreude Luft gemacht? Habe ich die nötig? Wem gegenüber denn Schadenfreude? Gegen meine verstorbene Mutter? Gegen meine geschiedene Frau? Gegen die Institution Kirche? Oder gegen den Ungeist der Zeit? Habe ich allen ein Schnippchen geschlagen, weil ich jetzt nicht mehr vereinnahmt werden kann? Kommt denn überhaupt jemand zu Schaden? Oder reagiert mein Inneres so, weil ich noch immer nicht gelernt habe, stolz zu sein auf mich selbst, auf meine Unabhängigkeit und meinen ureigensten Weg? Das Risiko des neuen Schrittes trage doch ich selber. Ich trete nicht in einen Orden ein, um wieder abhängig zu sein, sondern um ein Zeichen zu leben über alle konfessionellen Grenzen hinweg. Ich werde ins Dazwischen geraten wie ein Narr. Aber gerade das ist die Herausforderung heute, dass einer das riskiert. Wie Abraham. Wie schön wäre es, wenn ich meinem alten Adam ein Schnippchen geschlagen hätte. Siehst du, mein alter Josua, jene Zeiten sind vorbei. Ich trauere ihnen nicht nach. Ich will ein anderer werden. Und bin schon ein wenig stolz auf mich.

7. Juni 1978

Elisabeth, welche die andere Hälfte meines Pfarrdienstes übernommen hat, trägt schwer an meinem Entschluss. Ich verstehe das. Wir erlebten eine so gute Zusammenarbeit, dass sie deren Ende natürlich bedauert. Aber ich bin überzeugt, dass unsere schwesterlich-brüderliche Beziehung nicht abgebrochen wird. Der Heilige Geist, der uns so schöpferisch begleitet hat bisher, wird genügend Phantasie haben, neue Möglichkeiten zu schaffen.

14. Juni 1978

Habe ich mit meinem Brief an Freunde und Verwandte, in dem ich sie über meinen Entschluss informierte, als reformierter Eremit und Ikonograph in Camaldoli zu leben, «die Perlen vor die Säue» (Mt 7,6) geworfen? Hätte ich besser ohne Worte gehen sollen? Aber vielleicht habe ich damit, ohne es zu wollen, die Stunde der Wahrheit provoziert.

23. Juni 1978

Ich wusste schon, dass ich vom Präsidenten des Kirchenrates kein gnädiges Antlitz erwarten durfte. Aber dass ich kein menschliches fand... Hilf DU mir, dass ich nicht bitter werde. Als ich von Zürich zurückkam, fand ich im Briefkasten die Antwort einer Frau aus einer früheren Gemeinde. Sie hat mir das Wort meiner Kirche gebracht. So ist das, wenn ER seine Hand im Spiel hat. «Die letzten werden dann die ersten sein» (Mt 20,16). ER gibt SEINE Vollmacht, wem ER will. Kirche ist mehr als Kirchenleitung.

27. Juni 1978

«Gebt das Heilige nicht den Hunden ..., damit sie sich nicht etwa umwenden und euch zerreissen» (Mt 7,6). So gefährlich ist meine Situation. Kein Wort mehr über den Eremiten und was mir heilig ist! Harmlosigkeit könnte tödlich ausgehen. Wenn mein Leben wirklich ein Zeichen DEINES Geheimnisses ist, dann kannst nur DU es offenlegen. Ich nicht. Also, Hände weg davon!

9. Juli 1978

«Du wirst deine eigene Schönheit erst zu Gesicht bekommen, wenn du die MEINE von Angesicht zu Angesicht schauen wirst». Gehört mein Gesicht nicht mir, sondern DIR? Und DEINES nicht DIR, sondern mir?

18. Juli 1978

Mit der Jugendgruppe in einem Arbeitslager in Collepino. Wir helfen den Schwestern zwei Wochen lang beim Erweiterungsbau ihrer Ensiedelei. Es wird wohl mein letztes Jugendlager sein. Arbeiten geht gut, schwieriger sind für die Jugendlichen die Zeiten der Stille und des Schweigens. Aber wir verarbeiten alle Schwierigkeiten im Gespräch. Die Jugendlichen sind unglaublich interessiert an diesem völlig neuen Lebensstil. Und ich freue mich natürlich, ihnen eine Ahnung von meinem künftigen Leben zu vermitteln, auch wenn es hier anders ist als in Camaldoli. Die Gebetszeiten sind aber an beiden Orten so etwas wie der Atem der Kirche.

30. Juli 1978

Wir sind wohlbehalten zurück aus Italien, nach einer langen, heissen Reise. Gemeinschaft unterwegs. Warum fällt es mir so schwer, mich damit zu begnügen? Jetzt alles Erlebte zurücknehmen in die Dämmerung. In die Freundschaft mit DIR. Alles ruhen lassen im Glanz der Ikonen, damit es zu seiner Zeit transparent werden kann. Im «Kairos» leben. In DEINER Zeit. Du weisst genau, «was s gschlage hät». Alles kommen lassen. Nicht verfügen. Die grossen Zusammenhänge sehen. Geschehen lassen.

6. August 1978

Tag der Verklärung.
Langsam beginne ich zu verschenken, was nicht nach Camaldoli mitkommen soll. Bücher, Geschirr, Möbel. Ein Freund fragte, wie mir zumute sei. Wie dem, der einen verborgenen Schatz gefunden hat oder eine kostbare Perle, für die er alles leichten Herzens weggibt, um sie zu

erwerben (Mt 13,44-46). Jedes Stück, das weggeht, bringt mich näher an meine wahre Gestalt. An mein Wesen. Durch das Weggeben werde ich wesentlicher. Das ist meine Erfahrung. Es geht heute nicht mehr um das Haben, sondern um das Sein. Du siehst, mein Kyrios, DEINE Verwandlung auf dem Tabor wirkt ansteckend. Wie eine ansteckende Gesundheit. Es kommt nicht von ungefähr, dass sowohl die Einsiedelei von Camaldoli wie die von Collepino Eremo della trasfigurazione heisst.

26. August 1978

Zum Wesentlichen durchstossen. Sogar beim Beten. In letzter Zeit betet es in mir manchmal nur noch in einzelnen Worten und Begriffen. Ich begreife durch Begriffe und durch Begriffenwerden. Und erkenne durch Erkanntwerden. Wohl darum habe ich meine Jugendgottesdienste schon immer unter einem bestimmten Begriff gestaltet. So konnten auch die Jugendlichen besser begreifen. Gott braucht nicht lange Erklärungen. ER begreift auch unmittelbar.

31. August 1978

Ein Mensch des Vorübergehens sein. ER heilte die Menschen damals auch im Vorübergehen. «Im Vorübergehen sah er . . .» Was will ich mehr? Hat ER darum nicht geheiratet? Und was ER mit seinen Jüngern lebte, war auch keine Kommunität. Was steckt dahinter? Unverbindlichkeit? Feigheit? Es könnte etwas ganz anderes sein. Unverfügbarkeit um Gottes willen. Muss ich das ausdrücken lernen heute? Gerade weil ich so abgrundtief über mich verfügen liess? Mensch des Vorübergehens sein auch in Camaldoli, das steht mir bevor. Ob ich das durchhalte? Aber vielleicht war das schon immer mein Geheimnis, ohne dass ich es merkte. Wenn ich jemandem aus einer meiner früheren Gemeinde begegne, kommt mir immer ein Aufleuchten entgegen von etwas Grösserem, das uns verbindet. Ist im Vorübergehen mehr möglich als im gegenseitigen Sich-Anbinden? DEIN Vorübergehen hat genügt. Warum sollte das meine nicht genügen?

15. September 1978

Die erste Ausstellung in Wettswil am Albis, meiner früheren Gemeinde. Statt einer Vernissage ein Gottesdienst mit Taufe und

Abendmahl. Auch Katholiken nahmen daran teil, als wäre es das Natürlichste der Welt. So viele Begegnungen. So viele bekannte Gesichter. Und so viel Aufleuchten. «Du hast eine verwundete Schicht in den Menschen getroffen und Hoffnung hineingegeben», sagte eine Frau. Ein Mann meinte: «Deine Kompromisslosigkeit berührt die Menschen». Ein Mädchen aus der Jugendgruppe: «Du drückst etwas aus, das in uns allen ist». Vor einem Jahr kam das Nein des Kirchenrates und der Kappeler-Kommission. Und jetzt dieses Ja von der Basis der Kirche. Welch ein Jubiläum!

25. September 1978

Zurück von der Bruchoperation im Spital Affoltern. Es ist alles gut gegangen, gottlob. Und heute ist Dein Tag, mein Waldbruder im Ranft. Siehst Du, ich suche noch immer eine heutige Form des Einsiedlers. Eine Form nach meinen Möglichkeiten. Ist es nicht schön, dass Gott sich nicht wiederholt? Du bist wirklich unvergleichlich. Ich bin es auch. Jeder Mensch ist unvergleichlich. Gott muss sehr viel am Einmaligen liegen. Aber ist es nicht zum Schmunzeln, dass eine heimliche Beziehung besteht zwischen Dir und mir über alle konfessionellen Schranken hinweg? Dass die Communio sanctorum nicht nach katholisch oder reformiert fragt?

3. Oktober 1978

Wettswil am Albis. Peter und Katharina haben mich liebenswürdigerweise zu sich genommen. Mein Rücken scheint von der Narkose mehr mitgenommen zu sein, als man wahr haben wollte. Ich muss wieder behutsam lernen, aufrecht zu stehen und zu gehen, wie vor zehn Jahren.

14. Oktober 1978

Zürcher Höhenklinik Davos-Clavadel. Vreni hatte die gute Idee, mich hier anzumelden wie ihre Rückenpatienten vom Limmattalspital. Die Untersuchungen sind gründlich und es wird wohl einige Wochen dauern, bis ich meine Arbeit wieder aufnehmen kann. Im «Gebet in einer weltlichen Welt» von Madeleine Delbrêl entdeckte ich den Freund des Bräutigams. So hat sich Johannes der Täufer Jesus gegenüber verstanden. Warum ich mich nicht dem Auferstandenen gegenüber? Das würde mir mein monastisches Engagement einleuchtend erklären. Und auch meine Spannungen zur Institution Kirche. Es würde mein Aussenseitertum, in das ich geraten bin, erträglicher machen. Gottlob bekomme ich jetzt genügend Zeit, um darüber nachzudenken und zu meditieren.

26. Oktober 1978

Ich muss sehr viel erschöpfter sein, als ich glaubte. Geistliche Wegstrecken scheinen genau so anstrengend zu sein wie physische. Also doch so etwas wie eine Matterhornbesteigung für einen Ungeübten! Dann muss ich jetzt so barmherzig mit mir sein wie im Traum und einen Zwischenhalt machen und die andern meine Mahlzeit zubereiten lassen. Mein Rücken wusste wieder einmal besser, was ich nötig habe.

17. November 1978

«Wichtig ist bei jedem Sterben, ordentlich geboren zu werden» (M. Delbrêl). Ich bin einmal mehr gestorben. Es hat keinen Sinn zu fragen, wie oft ich denn eigentlich noch sterben müsse. Madeleine Delbrêl hat recht. Es ist wichtiger, ordentlich geboren zu werden. Das gilt es zu lernen.

19. November 1978

Indianer sitzen von Zeit zu Zeit unter einem Baum, den Rücken an seinen Stamm gelehnt, um dessen Energie zu empfangen. Als ich heute zu meiner Lärche kam, sah ich, dass sie zwei Stämme hat aus einer Wurzel. Zwillinge wie Persévère und ich. Mein Lebensbaum ist ein Zwillingsbaum. Welche Überraschung! Es war ein tiefes Erleben, an seinem Stamm zu lehnen.

3. Dezember 1978

Affoltern am Albis. Ich bin wieder zu Hause. Und kann aufrecht stehen und gehen. Bei meinem letzten Rundgang ging ich noch zu meinem Zwillingsbaum. Mir war, als wäre seine Lebenskraft in mir. Ich habe ihm gedankt mit einem zärtlichen Streicheln.

28. Februar 1979

Aschermittwoch in Grandchamp. Mein Weg zum Osterfest in Camaldoli beginnt hier. Fasten, das ist grössere Aufmerksamkeit. DU hast mir über ein langes Leben lang alle Deine Aufmerksamkeit geschenkt. Wie sollte ich sie nicht auch DIR schenken, jetzt da ich mich zum Aufbruch aus dem Pfarrdienst bereit mache. Ich werde den Abschied nur so durchstehen.

8. März 1979

Auf einmal war es da heute früh, das Bild vom Hohenpriester Josua: «Ist dieser nicht wie ein aus dem Feuer gerissenes Scheit?» (Sach 3,2). Ich habe kein Recht, besser davonzukommen als jener. Wir werden nur durch Feuer verwandelt. Aber DU wirst mich herausreissen.

24. März 1979

Wie bei Abraham und Sara fühlte ich mich gestern am Tisch von Peter und Katharina. Mit der Seligkeit dieser Gastfreundschaft breche ich auf. Mit dieser Wegzehrung im Herzen.

3. April 1979

Jetzt bin ich da. Im Eremo di Camaldoli. Reto und Urs sind mitgekommen, um mir zu helfen, vorgestern beim Aufladen in den VW-Bus und heute beim Ausladen. Das schwerste Stück war der Baumstamm mit dem handgeschmiedeten Schraubstock. Am Zoll haben wir acht Stunden warten müssen. Umso fröhlicher war der Empfang und das Abendessen in Bagno Emilia bei einem Freund, meinem «Armadio d'amore», bei dem wir übernachten durften. Um ein Uhr mittags trafen wir heute hier ein, als die Eremiten gerade vom Mittagessen aufstanden. Mein Eremit brachte mir vor dem Abendgebet den Novizenmantel, und dann sangen wir den Psalm 34: «Il Signore è vicino a chi ha il cuore ferito: ER ist nahe dem, der ein verwundetes Herz hat».

8. April 1979

Meine Cella ist wie eine Urhütte. Welch ein Unterschied zu einem Zürcher Pfarrhaus! Endlich habe ich meine eigenen Proportionen wieder gefunden. So armselig sah sie zuerst aus, bis ich merkte, was ihre Grundstruktur hergibt.
Heute ist Palmsonntag. DU auf einem Esel. So hast DU die Führung DEINER Kirche übernommen. Recht bald wurde sie DIR streitig gemacht mit dem Argument, DEINE Führungsqualitäten genügten nicht. Entsprechend ist das Resultat: gewalttätig und blutig. Waren die ersten Eremiten nicht ein lebendiger Protest dagegen? Habe ich darum hierher gefunden? Was immer auch geschehen mag, seit der ersten Nacht hier durchklingt mich mein Konfirmandenspruch: «ICH will mit dir sein. ICH will dich nicht verlassen, noch von dir weichen. Sei fest und unentwegt» (Josua 1,5+6).

9. April 1979

Der erste strahlende Tag. Ich habe die Rosenbüsche in meinem kleinen Garten geschnitten. Der Schnee schmilzt rasch. Tulpen drängen hervor, Osterglocken, Akelei, Erdbeeren. Mitten im Verwahrlosten blüht es doch noch. Es ist, als hätte alles auf Hände gewartet, auf Beziehung zum Menschen. Ein winziger Vogel hüpft durch den gelichteten Strauch und sucht sich Nahrung im Moos an der Mauer. So wenig genügt, um sich im Sinnvollen zu fühlen.

10. April 1979

Meine Werkstatt ist im Kapellenraum der Cella eingerichtet. So sind Beten und Arbeiten auch räumlich eins. Die Kapelle ist zu meinem Kappel geworden. So wird unsere Welt auf den Kopf gestellt, wenn DU sie in die Hände nimmst.

12. April 1979

Gestern war der Abt hier oben. Ich habe ihn auf der Piazza vor der Kirche getroffen. Er kam spontan auf mich zu und umarmte mich: «Siehe da, das Zeichen des neuen Bundes!» So abrahamitisch ist er also.

Heute ist Hoher Donnerstag. Ich habe die erste Konzelebration erlebt, ich als Reformierter unter Katholiken. Eine Zerreissprobe von Freude und Schmerz.

15. April 1979

Die erste Osternacht. Eine zweistündige Vigil um Mitternacht. Ein ikonischer Weg durch die Liebesgeschichte zwischen Vater und Sohn. Und wir selbst miteinbezogen. Es ist wahr, auch meine Liebe wurde immer gekreuzigt: meine Liebe zur Mutter – zum Vater – zu den Geschwistern – zur Frau – zu den Freunden. Immer wurde sie gekreuzigt. Ohne Ausnahme. Hast DU mich so Anteil nehmen lassen an DEINER gekreuzigten Liebe zum Menschen? Hast DU mich deshalb hierher gebracht?
Und dann heute morgen um elf Uhr der grosse Ostergottesdienst mit allen Brüdern, auch mit jenen vom Monastero und jenen, die in Rom studieren. Das Überwältigendste waren für mich die Ostergesänge. Die menschliche Stimme ist eines der herrlichsten Instrumente. Es hat selbst in mir wieder zu singen begonnen. DU allein weisst, warum mir das Singen vergangen ist. Die Stimmen heute haben an diese Wunde gerührt. Beginnt sie so zu heilen? Wird meine Stimme auferstehen?

16. April 1979

Ostermontag. Habe ich doch noch erwartet, dass die Brüder dem Ausländer etwas behilflicher seien beim Sich-Zurechtfinden im Neuen? Habe ich noch immer Angst, es den andern nicht recht machen zu können oder gar eine Schande zu sein? Steckt nicht mehr Vertrauen in mich dahinter, wenn sie mich selber finden und auf sie zugehen lassen, so wie es mir möglich ist? Der Eremit hat mir doch geschrieben: «Wir haben deine Stille nötig, deine Präsenz und deine Transparenz.» Was will ich denn mehr?

18. April 1979

Ich arbeite am Auferstehungskreuz für die kleine romanische Kapelle. Das ist meine erste Arbeit hier. Aber ich stelle fest, dass ich viel zu schnell arbeite. Auch wenn ich von der Freude gedrängt bin – so geht es nicht. Wie sollen DEINE Stille, Präsenz und Transparenz in dieser Ikone dasein, wenn ich so draufloshaste? Was heisst ikonisch arbeiten? Still, präsent, behutsam. Mindestens das.

20. April 1979

Die Stille wächst. Sie schafft sich Raum in meiner Hütte und in meiner Arbeit. Auch in mir. Jedes Gespräch hinterlässt das Gefühl, zuviel geredet zu haben. Weniger wäre mehr gewesen. Offenbar war doch noch zu viel Betrieb in meinem Pfarrdienst. Aber die Stille wächst langsam, langsam. Hilf mir, ganz Ohr zu werden für das Notwenige.

22. April 1979

In der Stille der Nacht. *Das* habe ich immer gemeint. Schon als Kind und als Jugendlicher. *Das* habe ich seit eh und je gesucht. Nur *das*. Zu Hause im Dachzimmer. Auf der Lägern. Während der Lehrzeit in Zürich über Mittag am Seeufer. Als Student und als Pfarrer. Immer habe ich nur *das* gesucht. Im Gottesdienst mit vielen, in der Krypta allein: nur *das*. Und jetzt erfüllt es sich. Ich weiss selbst nicht wie. Es füllt alle meine Leere. Und rinnt und rinnt durch alle Adern. *Das* hat die Distanz und das Fremdsein geschaffen, die Sehnsucht, die Hoffnung und die Ausdauer. Ja *das* – nur *das*.

26. April 1979

Der erste Waschtag. Wie fröhlich das macht. Ich habe schon als Kind gerne gewaschen. Sogar eine Waschmaschine ist da und ein Trockenraum. Warum macht waschen so fröhlich? Das wussten die Frauen sicher schon an den Dorfbrunnen.

29. April 1979

Schon wieder hat mich einer der Brüder besucht. Er ist einfach hereingetrampelt. Sind denn für sie nur Kirchen und Kapellen heilig? Kennen sie die verborgene Heiligkeit des andern nicht? Ich suche gewiss nicht Anerkennung oder Bewunderung, nur den Respekt vor dem Geheimnis des andern. Wie ist es nur möglich, dass ihn sogar Eremiten verloren haben?

30. April 1979

Die Brüder möchten, dass ich am 9. Mai mit dem Predigen beginne. Regelmässig jede Woche. Bin ich dazu hierher gekommen? Aber ich spüre schon: nicht das Reden wiegt, sondern die Präsenz und die Transparenz. DU willst transparent werden, wohl gerade durch mein bruchstückhaftes Italienisch. Wird mir die Predigt vielleicht zur Oase in der Sprachwüste? Und den Brüdern zum Sakrament des Wortes?

9. Mai 1979

Die Armut der Sprache und des Geistes muss DIR sehr sehr kostbar sein. Es war heute bei meiner ersten Predigt, als hätte ich einen kleinen, kostbaren Schatz gebracht. Es war eine ganz grosse Aufmerksamkeit im Raum. Und ich «werfe meine Freude wie Vögel an den Himmel. So ein Tag! ...»

11. Mai 1979

Das Auferstehungskreuz schwebt in der Capellina del Papa, vor der Apsis über dem Altar. Ich musste nach dem erfolglosen Versuch, das Gold auf das Messing zu schmelzen, acht Tage warten, bis das neue Gas kam. Unterdessen hat das Flussmittel seine ätzende Wirkung getan, aber die Oxydbeize fehlte. Doch ich liess alles so, wie es die Umstände wollten. Und nun ist es so neu und anders als je zuvor. Das Überraschende hat immer ein wenig mit Auferstehung zu tun. Aber die grösste Überraschung war doch die Entdeckung, dass es sich um die Kapelle des Hugolino handelt. Er soll vor seiner Papstwahl hier oben gewesen sein, und später habe man am Ort seiner Cella die Kapelle gebaut. Hörst Du, Franziskus, Dein Hugolino! Da siehst Du, Deine Spuren folgen mir. Und dann habe ich erst noch erfahren, dass Du selber hier oben für eine Zeitlang Unterschlupf gefunden hättest. Darum gaben sie jener Cella deinen Namen. Wie schön, dass ich ihr gegenüber wohnen darf!

12. Mai 1979

Wie ist das nur gekommen, mein Kyrios? Mitten in der Stille der Meditation während der Vesper: ich schaute und schaute – und schaute – und war erst wieder da, als die Brüder das Magnifikat zu singen begannen.
Nein, ich will nicht weiter fragen.

13. Mai 1979

Heute kam wieder einer der Brüder. Er klopfte leise. Als ich ihm öffnete, trat er behutsam ein und schaute sich aufmerksam um. Besonders die Metalle weckten sein Interesse. Er spürte sogar ihre Transparenz in der Dämmerung und entdeckte das Auferstehende in ihren Formen. Wie schön, wir sind uns wirklich begegnet.

17. Juni 1979

Auch wenn Atem und Stimme noch etwas zaghaft sind beim Singen, im Körper beginnt es leise zu klingen. Besonders in der Matutin, wenn wir psalmodieren. Das freut mich unbeschreiblich. Irgend etwas tut sich.

19. Juni 1979

Fest von San Romualdo, dem Gründer des Camaldulenser Ordens. Der Prediger nannte ihn einen besonders aufmerksamen Hörer des Wortes, der mehr mit seinem Leben als mit seiner Zunge predigte. Etwa fünfzig Priester waren zur Konzelebration anwesend. Ich kam mir recht hilflos vor unter ihnen. Wie eingemauert. Da war es mir im neu renovierten Refektorium, wo ich das Essen auftragen konnte, schon wohler. Da darf man sich wieder in die Augen schauen, und die Brüderlichkeit wird spürbar.

23. Juni 1979

Ich war heute mit den Novizen und drei Patres in Madonna del Sasso bei Bibbiena. Die drei wurden eingeladen, die Eucharistie zum Gründungsfest dieses Heiligtums zu zelebrieren. Es war ein schmerzvolles Erlebnis. In den drei Eremitenpriestern war das Eremitische wie weggeblasen. Nichts mehr von Stille und brüderlicher Präsenz. Nur noch Funktionalismus. Ich hatte vor Elend nicht einmal mehr die Kraft, mich darüber zu mokieren wie die Novizen. Wenn ich mir in meiner eremitischen Berufung schon verraten vorkam, wieviel mehr Gott selber, der solche Berufung weckt. Ich konnte nicht einmal teilnehmen am Sakrament aus Solidarität mit IHM.

24. Juni 1979

Tag des Johannes des Täufers. Ich habe mir erlaubt, nicht zum Morgengebet zu gehen, um endlich wieder einmal allein diese Zeit zu leben. Es hat mich grosse Überwindung gekostet. Aber ich spüre deutlich, wie meine eremitische Seele zu kurz kommt, weil das Kommunitäre zu viel Gewicht hat. Das «DIR vorbehalten» meldet sich wieder. Aber wie kann ich das ausdrücken, ohne für einen Eigenbrötler gehalten zu werden?

30. Juni 1979

Vreni und Hansruedi waren da. Der Prior hat sie liebenswürdig empfangen und ihnen beim Abschied sogar die ersten Erdbeeren aus seinem Garten gebracht. Als sie wegfuhren, brach sein toskanischer Humor durch. «Stell dir vor», sagte er, «wenn deine Enkel einmal vor dem Gittertor dich aus der Klausur kommen sehen und Nonno! Nonno! rufen ...»

27. Juli 1979

Hat mein Wachen in der Nacht das Empfangen der Stimme vorbereitet? Macht mich erst DEINE Stimme singen? Und jetzt in der Frühe diese Vogelstimmen! Sie erinnern mich an die Stimmen der Lerchen auf dem Monte Subasio. Du weisst es schon, dass ich mich keinem Tier so verbunden fühle wie den Vögeln. Früher waren es ihre Flügel, die mich bewegten und beflügelten. Jetzt sind es ihre Stimmen. DIR entgegenfliegen und entgegensingen in die Weite DEINES Morgens, das sucht mein Herz. Und doch ganz hier sein auf der Erde, in meiner Werkstatt unter Brüdern. Aufmerksam auf

DEINE Stimme in den Stimmen hören. Nicht überfliegen. Ganz dasein und doch ganz bei DIR. Das möchte ich.

29. Juli 1979

Nein, ich kenne meine Stimme wirklich noch gar nicht. Nur ihr Zerrbild, vom Asthma gezeichnet. Auch mein Atem ist davon geprägt. DU weisst es schon, ich habe mich zurechtgefunden damit, mich nicht gequält, um mehr zu erreichen als das, was möglich war. Doch jetzt – es ist wie warten auf die Stimme. Auf die andere Stimme, wie sie DU von allem Anfang an gemeint hast.

30. Juli 1979

Ist das möglich: eine ikonische Stimme? Will selbst die Stimme transparent werden? Nicht eine Sängerstimme. Es ist genug Theater unter uns. «Ikonisch» will auf eine ebenbildliche Stimme hinweisen. Ist das möglich, dass selbst meine Stimme eins wird mit der DEINEN? Oder ist es so, dass die DEINE eins werden will mit der meinen? Ist es DIR so ernst mit mir?

31. Juli 1979

Der eigenen Stimme begegnen. Ganz zuinnerst. In der Matutin: spüren wie die Stimme kommt und geht. Und wieder kommt und wieder geht. Unverfügbar. Ikonisch. Es singt in mir und durchklingt all meine Knochen. Beim Psalmodieren singt es. Meine Sprache singt. Es singt im Sprechen. Auch in den anderen Gebetszeiten singt es ganz anders als bisher. Ist das meine wahre Stimme?

4. August 1979

Heute vor drei Jahren ging ich zum erstenmal über die Schwelle dieses Klosters. Und berührte dann im Traum mit meinen Lippen die Pforte. Als ich am 3. April dieses Jahres mit Sack und Pack leibhaftig eintraf, ging ich heimlich in der Nacht zur Pforte und küsste sie, weil sie sich mir so österlich geöffnet hatte. Heute lag in meiner Cella ein Brief von meinem Eremiten. Er erinnerte sich des Datums und ermutigte mich: «Nach vier Monaten will ich dich erneut bitten, sei einfach weiterhin präsent mit deiner stillen Transparenz.»

6. August 1979

Trasfigurazione. «... eine Stimme aus der Höhe ...» (Mk 9,7). Gestern sang es nicht mehr. Nur ein Gekrächze machte sich hörbar. Heute morgen sang es wieder in der Matutin. Nur DU vermagst dem die Stimme zu erwecken, dem das Singen vergangen ist.

18. August 1979

Heute ist Wüstentag. Samstag. Jeder kann allein in seiner Cella beten. Ist es DIR so ernst mit mir, dass DU mich in meiner Einsamkeit besuchst? So überraschend und so anders?
Ich arbeite jetzt schon siebzig Stunden an meinem Tabernakel für Firmino. Ich, ein Reformierter, suche das Geheimnis des Tabernakels. Die italienische Sprache nennt auch das heilige Zelt mit der Bundeslade tabernacolo. Das half mir, mich an sein Geheimnis heranzutasten mit meinen Metallen: das Rote Meer kreisrund, darin ein offenes Dreieck mit einer zwei Hände grossen Schale aus Kupfer. Gott mit den Menschen unterwegs durchs Rote Meer. Kein Prunk-Schrein, nur ein Zelt. Symbol SEINER unverfügbaren Solidarität mit allen Aufgebrochenen. Was ich mir am meisten erhoffe: einen Ort der Anbetung zu schaffen mit einfachen Formen und Mitteln. Anbetung als Möglichkeit, sich einzubringen in ein Geschehen, das alle Welt umfasst. Und das doch so einfach ist wie Brot.

26. August 1979

Im Traum ein Gletscher. Neben mir eine abgrundtiefe Spalte. Es erschreckt mich, was hätte passieren können. Aber wie ich mich umwende, sehe ich ganz viele blühende Kristalle: weisse, grüne und rote. Ich breche von Hand einen himmelblauen Aquamarin.
Ich hätte in der Kälte erfrieren oder im Abgrund eines Gletschers enden können. Und jetzt, wenn ich mich umwende und in eine andere Richtung schaue, wird es dann kristallklar? Transparent? Kristallisator, das wollte ich doch sein in Kappel. Ist er trotz allem

Wirklichkeit geworden? Um Persévère und um Franziskus, ja selbst um Niklaus hat sich alles kristallisiert in mir. Das macht mich aus. Nur das.

29. August 1979

Ich habe einen vergessen, um den sich mein Leben auch kristallisierte. Er hat sich selber gemeldet: Johannes der Täufer. Heute ist sein Tag: Martirio di San Giovanni Battista. Ausgerechnet heute musste ich predigen. Und hatte noch immer nicht gemerkt, dass ich ihn vergessen hatte. Auf einmal war er in der Werkstatt: der Freund des Bräutigams. Ich stellte ihn mir rauh und hart vor. Und jetzt diese milde Güte – diese zarten Hände – diese Augen. Kannte ich ihn so wenig? Martirio dell'amore – wahrhaftig, so ist seine Freundschaft zu IHM und zu mir. So kann nur Liebe überraschen über alle Grenzen der Zeit. Johannes der Täufer: ein blühender Kristall. Der himmelblaue meines Traumes? Nimmt der Himmel uns Träumende so ernst?

6. September 1979

Im Monastero soll heute eine Teezeremonie mit einem japanischen Zenmönch stattfinden. Das löst in mir Bilder aus: hauchzarte Gärten, Blumen, atmende Wohnräume, Ikebana, Zeremonien, Kultur. Was ich hier je länger je stärker empfinde: Kulturlosigkeit. Es mangelt hier nicht an Kunstschätzen aus vergangener Zeit, sondern an heute schöpferisch gestaltetem Leben. An Kultur als gestalteter Hinwendung zur Mitte des Menschen.

16. September 1979

Eben hat sich ein Medizinstudent verabschiedet und so nebenbei gefragt, ob ich nicht zu konvertieren gedenke. «Nie», sagte ich ihm, «denn dann würde ich mein ökumenisches Zeichen verraten. Es interessiert mich nicht, welche Kirche in dieser oder jener theologischen Frage recht hat, sondern ob wir imstande sind, trotz aller Verschiedenheit brüderlich zusammenzuleben. Nur so erlangen wir unsere Glaubwürdigkeit wieder.» Da brach es aus ihm hervor, dass auch er an seiner Kirche leide, besonders an ihrer Rechthaberei. Dieses Gespräch hat mir wieder einmal mehr gezeigt, dass die Offenheit von Camaldoli eine Ausnahme ist und zu grosser Ausdauer herausfordert. Ökumene scheint in Italien noch ein zartes Pflänzlein zu sein.

23. September 1979

Wir sind als Kirchen unterwegs zum Sterben. Wir tragen alle das Zeichen des Todes. Jetzt werden wir ins martirio dell'amore hineingenommen wie Johannes der Täufer. Nur so auferstehen wir zu einer Kirche mit menschlicherem Antlitz.

25. September 1979

Bei Firmino in Onigo. Gestern auf der langen Reise war mein Gemüt schwer, und ich wusste nicht warum. Erst als ich heute nach Mitternacht erwachte, dämmerte mir. Im Traum war Ann gestorben, und neben mir stand tröstend Niklaus von Flüe. Eben hat sein Tag begonnen. Dann war ja gestern der Tag unserer Scheidung! Die Schwere verschwand erst, als wir den Tabernakel festmachten und dann einweihten in der Eucharistie. Im heiligen Zelt ist mein ganzes Leben in DEINER unverfügbaren Präsenz aufgehoben.
Firmino setzte ein unvergessliches Zeichen. Er bat mich vor allen, die übriggebliebenen Hostien in den Tabernakel zu legen. Und ich habe es getan. Dann übergab ich ihm die Schlüssel. Ökumene an einer besonders verwundeten Stelle der Kirchen. So aufersteht sie neu.

30. September 1979

Zurück in Camaldoli. Es geht wohl nicht mehr mit rechten Dingen zu, wenn ein reformierter Pfarrer die ikonische Präsenz eines Engels erfährt. Aber ein Engel scheint sich nicht um reformiert oder katholisch zu kümmern. Er kommt einfach. Still und undramatisch. Und ich habe ihn bemerkt. Gestern am Tag der drei Erzengel. Einer schien ihnen zu genügen: Michael. Diesmal ohne Schwert. Dafür mit dem Trishagion, dem dreifachen «heilig» auf seiner Standarte. Wie im byzantinischen Mosaik in Ravenna. Und ich glaube, seine

Botschaft verstanden zu haben: Michael, das Ende der Gewalt. Der Himmel beginnt selbst mit dem Verzicht auf Macht und Übermacht und bringt ursprüngliche Heiligkeit zurück. Den Kleinen, nicht den Grossen. Nicht zuoberst, sondern ganz zuunterst an der Basis. So kommt das Himmelreich zweitausend Jahre nach Jesus.

20. Oktober 1979

Mitten an einem strahlenden Herbsttag überflutet es mich wie ein kalter, grauer Regen. Todesluft. Ach DU, immer wieder dieses Sterben von eigenen Vorstellungen, Hoffnungen und Erwartungen. Ist auferstehen in Deine Wirklichkeit nur so möglich? Und so schmerzhaft?

1. November 1979

Allerheiligen. Tutti i Santi, das tönt schon etwas fröhlicher. Da sind die Menschen im Zentrum und nicht der Tag an sich. Ich weiss schon, warum die Reformation den Heiligenkult abgeschafft hat. Aber vielleicht ist doch «das Kind mit dem Bade ausgeschüttet» worden, wie das bei Reaktionen immer der Fall ist. Und uns ist die Türe zu den Bildern der Zukunft zugeschlagen worden, z.B. zum Neuen Jerusalem, zur communio sanctorum. Wenn aber die Engel wieder beginnen, ursprüngliche Heiligkeit zu verteilen wie eine ansteckende Gesundheit, dann müssen wohl auch wir Reformierten etwas hellhöriger werden. War das schön heute morgen, den Text der Seligpreisungen zu hören. Für diese Seligkeiten braucht es keine Heiligenprozesse.

15. November 1979

Ich muss es hinausschreien zu DIR: es ist unnatürlich, was DU von mir verlangst mit dem Verzicht auf brüderliche Kommunität und Freundschaft. DU verlangst meinen Tod. Ich bin tatsächlich wieder einmal mehr gestorben. DU sägst DICH aus meinem Material heraus, und das tut so entsetzlich weh. DU weisst, ich klage DICH nicht an. Ich jammere auch gar nicht und will mich schon gar nicht bemitleiden. Ich muss es nur einfach sagen mit menschlichen

Worten, damit DU es von mir selber hörst. Es übersteigt einfach jede menschliche Grenze. Bist DU denn so verrückt nach mir, dass DU mich DIR allein vorbehalten hast? DU Gott, verrückt vor Liebe nach dem Menschen? Ich habe nur noch DICH. Ich vertraue mich DIR an, tot, wie ich bin.

19. November 1979

Peter und Katharina sind für drei Tage hier. Freundschaft unterwegs. Ich bin hundertfältig entschädigt. Das kannst wirklich nur DU. Ich arbeite an einer kleinen kupfernen Schale. Kleine Schale Demut. Diene-mut. Es ist Mut in dieser kleinen, offenen Bereitschaft, die Leere auszuhalten und sie nur von DIR füllen zu lassen. Kleine mutige Schale, dich mag kein Teufel leiden. Weh ihm, wenn er hineinfällt! Nein, welch ein Glück für den armen Teufel. Er wird darin verwandelt.

23. November 1979

Immer habe ich das Unmögliche geliebt. Nicht nur das Gegensätzliche, Fremde, das geheimnisvoll Dunkle und Verschlossene. Hörst DU, mein Kyrios: das Unmögliche. Das besonders. Alles, was ich liebte, entpuppte sich zuletzt als das Unmögliche. Und an dieser äussersten Grenze traf ich DICH. Und Du führtest mich über diese Grenze hinaus. Das letztemal bis nach Camaldoli. Und eines Tages erwachte ich wieder im Unmöglichen. Sag, ist es meine Schuld, wenn ich am Unmöglichen scheitere? Bin ich ein Versager? Seit langem weiss ich, dass DU mir das Mögliche versagst, und doch fühle ich mich immer wieder schuldig. Ist das gar nicht nötig? Hast DU schon immer auf einen gewartet, der sich mit dem Möglichen nicht zufrieden gibt und das Unmögliche liebt?

25. November 1979

Heute sang es wieder, als ich zum erstenmal als Vorsänger in der Messe amtete. Es sang einfach, ohne Angst. Ich sang allein vor allen! Das Unmögliche war möglich für diesen Augenblick. Ich habe sogar meine eigene Stimme gehört, wie sie singend betete. Hast DU in mir gesungen und gebetet? Ich mach mir keine Illusionen: morgen ist es vielleicht nicht mehr möglich. Dein Singen ist mir nicht verfügbar und meine Stimme auch nicht.

26. November 1979

Die Brüder haben mir schon bei meinem Einzug gesagt, dass meine Cella die sonnenärmste und feuchteste sei. Jetzt um elf Uhr scheint «frate sole» über das Kirchendach direkt auf meinen Schreibtisch. So wenig genügt, um glücklich zu sein, wenn einem die Kirche vor der Sonne steht.

16. Dezember 1979

Einer der Brüder ist gegenwärtig in New Camaldoli in Kalifornien. Er schreibt, dass wir auch in Europa die alte Liturgie mit neuen Formen und Gesten beleben müssten, so wie ich in der Werkstatt die alten Ikonen mit Metallen und mit neuen Formen auszudrücken suche. Wird es einer wagen, den blossen Funktionalismus zu durchbrechen, um das Unmögliche zu leben? Gegen alle restaurativen Tendenzen der römischen Kurie?

19. Dezember 1979

Die Glaubenskongregation in Rom und der Papst haben Hans Küng suspendiert. Das ist ein grosses Unglück. Er war es, der uns Evangelischen weltweit das Vertrauen in die katholische Kirche zurückgab. Sägt die Amtskirche damit nicht genau den Ast ab, auf dem sie selber sitzt? Lukas Vischer vom Ökumenischen Rat der Kirchen in Genf sagt, die römische Kirche habe in der Ökumene ein grosses Hoffnungslicht ausgeblasen. Und Ludwig Kaufmann schreibt in der «Orientierung», jetzt bleibe nur noch die Möglichkeit, in den Untergrund zu gehen. Kirche ist gottlob mehr als Institution. Und ausgerechnet heute, nachdem wir alle davon erfahren hatten, war die Reihe an mir, in der Eucharistie das Fürbittegebet für den Papst und das wandernde Gottesvolk zu lesen. Ich sah den Hauptzelebranten fragend an, aber er nickte mir lächelnd zu. Ein mutiges Bekenntnis zur Ökumene.

23. Dezember 1979

Die Ikone vom Lebensbaum ist geboren. Ich bin umhaucht von Vollendung. Riskierst DU es, dem Menschen Vollendung in die Hand zu geben? Und ihn zum Mitvollender DEINER Schöpfung zu machen ? Dann sind aber nur die Hände der Armen geeignet dazu. Das Arme trägt das Vollendete, das ist Weihnachten.

7. Januar 1980

Ach DU, ich tauge wirklich nicht für dieses Leben. Es ist zu verwirrend. Wir haben es zu weit getrieben mit der Vielfalt. Und mit der Kommunikation von Vielfalt. Ich tauge nur für das Einfache und das Wenige. Ich brauche zu viel Zeit, um mich in etwas einzufinden. Ich muss es erst behutsam greifen können, bevor ich es begreife. Die vielen Worte in der Eucharistie verwirren mich. Gegenüber dem Chorgebet mit seiner Stille schmerzt mich diese Liturgie wie Maschinenlärm. Wie ein Geknatter von Automaten. Oder lässt Du mich durch diesen Schmerz Anteil nehmen am Leiden DEINES Wortes? Ist es auch so wehrlos unter allzuvielen Worten?

22. Januar 1980

Das erste reformierte Abendmahl im Eremo di Camaldoli während der Gebetswoche für die Einheit der Christen. So, wie ich seit über neun Monaten an ihrer Eucharistie teilgenommen hatte, wollten die Brüder wenigstens einmal an der meinen teilnehmen. Es war jedem freigestellt, ob er das wolle. Ich hatte die Liturgie von Taizé auf italienisch übersetzt. Als dann einer der Brüder im Morgengebet im voraus dankte für die Möglichkeit dieses gelebten Zeichens und wir «die Liebe bedeckt eine Menge von Sünden» sangen, wusste ich, dass mein kleines Zeichen der Versöhnung die grosse Wunde der Christenheit heilen hilft. Es war unbeschreiblich bewegend, diese Stunde mit den Brüdern zu feiern. Meine kleine leere Schale war überfliessend voll von SEINER Herrlichkeit. Wir alle waren für einen Augenblick SEIN Leib. Unverfügbar wie ER.

26. Januar 1980

Nun haben wir eine Woche lang mit den Christen auf der ganzen Welt gebetet: «Dein Reich komme.» Gehen wir nun einfach wieder zur Tagesordnung über oder folgen wir wie Hunde den Spuren des Meisters? Ich habe schon zu oft eine SEINER Spuren entdeckt, als dass ich die Fährte verlassen könnte.

5. Februar 1980

Wenn ich das Ergebnis der holländischen Bischofsynode im «Osservatore» lese, ist unser kleines Zeichen hier ein grosses Wunder. In den Schlussakten sagen die Bischöfe: «. . . dass die Interkommunion zwischen getrennten Brüdern nicht die Antwort ist auf den Appell Jesu zur Einheit . . .» Haben die Bischöfe schon Angst, die Zeichen würden institutionalisiert? Wissen sie denn nichts von der Unverfügbarkeit der Zeichen? Wollen sie auch diese noch verwalten?

14. Februar 1980

Heute nachmittag trafen wir uns bei strahlendster Sonne mit den Brüdern vom Monastero auf dem Cotozzo. Der Bruder, der aus Amerika zurück ist, erzählte uns von seiner Reise. Es hat mich unbeschreiblich getröstet. Man spürt auf der anderen Seite des Ozeans die Spannung zum Vatikan offensichtlich viel stärker als hier in Italien. Es wird schon von Katakomben-Kirchen geredet. Am Schluss sagte er, zu mir gewandt: «Dein Leben hier mit uns wiegt mehr für die Kirche als zehn Bände über Ökumene. Und wenn das Wenige, das wir leben, ein Kreuz ist und wenn es sterben müsste, so würde es mehr sein als alle Worte: Samenkorn, das einmal auferstehen wird. Deine Kreuze, deine Kreuze, Giosuè!» Und dann schüttelte er mich an beiden Schultern.

17. Februar 1980

Alles Leben ist Gleichnis. Es ist nie zu haben und zu konsumieren. Das Wesentliche ist unsichtbar. Leben ist unverfügbare Beziehung zum Verborgenen. Zum Sinn hinter dem Sichtbaren. Hast DU mir die Bildsprache verliehen, damit wir die Beziehung zur Quelle des Lebens wieder finden? Ist die Bildsprache das verheissene Land, das ich für DEINE Kirche auskundschaften soll? Meine reformierte Kirche hat zwar DEIN Wort wieder entdeckt, aber den Weg zu DEINEN Bildern und Symbolen hat sie noch nicht gefunden. Noch viel zuviel wird «gewortet» und zu wenig ge-bildet und gestaltet. Ein Nachbarkollege im Pfarrdienst sagte mir oft am Samstagabend: «wort guet». Wir scheinen ganz vergessen zu haben, dass wir DEIN Wort sind und auch DEIN Bild. Eben-Bild. Ikone.

1. März 1980

Angst macht krumm. Steh aufrecht! Das war DEINE stete Aufmunterung. DU hast mir nie etwas befohlen. In der Freundschaft existiert weder Befehl noch Gehorsam. Wandlung vollzieht sich nur freiwillig. Nicht unter Zwang. Sie ist auch kein Programm, sondern schöpferisches Unterwegssein im Dialog. DU weisst so wenig im voraus wie ich. Wir können nur hellhörig suchen und entdecken. Und uns dann entschliessen zur neuen Möglichkeit. So kreativ ist DEINE Freundschaft mit uns allen.

13. März 1980

Die Ikone vom Lebensbaum hat ihren Platz auf dem Stein mit dem fossilen Ahornblatt gefunden. Ich beginne den Tag immer vor diesem Stein, den mir ein Freund vom Bodensee geschenkt hat vor meiner Ausreise. Als ich heute vor ihm kniete, schaute ich auf einmal die Ikone auf dem Stein. Ich stand auf, um sie vom Werktisch zu holen, und stellte sie an den geschauten Ort. Stein und Ikone waren eins. Und das fossile Blatt wie auferstanden. Zwölf Millionen Jahre hat das Blatt gewartet auf seine Einung mit der Ikone. Und sicher auch ein wenig auf den Kunsthandwerker, der sie schuf. Wer hätte das gedacht: Ikonen umfassen geologische Zeitalter.

3. April 1980

Heute vor einem Jahr hat sich das Tor einer katholischen Klausur einem reformierten Ikonographen geöffnet. Und heute ist Hoher

Donnerstag. Welche Wohltat: ein symbolisch gestalteter Abendgottesdienst. Die Fusswaschung. Wir sassen in einem Kreis. Der Prior ging mit Becken und Tuch von Bruder zu Bruder, kniete nieder, um mit nasser Hand den nackten Fuss zu berühren. Dann trocknete er ihn und gab ihm mit einer verbeugenden Geste einen symbolischen Kuss. Bevor er sich vor mir erhob, berührte er den Fuss mit seinen Lippen und sagte: «per lo straniero, für den Fremdling».

6. April 1980

Ostern. Für drei Monate ist ein zweiter reformierter Pfarrer aus der Schweiz unter uns, um in Stille und Einsamkeit Klarheit zu finden, wie sein Weg weitergehen soll. Er wurde genau so offen und brüderlich aufgenommen wie ich. Dass er ein ausgezeichneter Organist ist, konnten wir in der gestrigen Osternacht wohltuend erfahren. Heute morgen haben wir uns auf einem Rundgang im Wald ausgiebig über das Wunder dieser Kommunität unterhalten. Die Polarisation zwischen fortschrittlich und konservativ macht ja vor Klosterpforten nicht Halt. Und trotzdem lebt die Gemeinschaft hier, ohne auseinanderzubrechen. Wir haben uns auch ausgesprochen über das, was uns als Evangelische schmerzt. Aber es verblasst vor dem Wunder, dass wir am Herzen der Gemeinschaft teilhaben dürfen. Es muss diese Wirklichkeit sein, welche die jüngste Ikone von den «drei Männern im Feuerofen» (Dan 3) hat entstehen lassen. Ich nenne sie «Freundschaft im Feuer».

7. April 1980

Ostermontag. Tag des religiösen Tourismus. Verrat an der eremitischen Berufung? Auf alle Fälle ein Tag der Wahrheit. Der Gottesdienst ein Marktplatz. Die ganze Umgebung samt dem Innenhof ein Marktplatz. Obwohl überall Tafeln mit «silenzio» angebracht sind, lautes Geschwätz. Um drei Uhr nachmittags in der Non war es entsetzlich. Wir sind zu weissen Bären im zoologischen Garten geworden. Aber was können wir wirklich tun für diese Menschen? Wie sind hungrige Massen zu sättigen, ohne dass wir uns für «Brot und Spiele» missbrauchen lassen? Am Abend sagte einer der Brüder: «Die Kirche wird durch die Kirche überwunden.» Das hat mich getröstet. Die Basiskirche ist unsere Hoffnung in diesem Elend. Religion ist dort kein Konsumgut, sondern ein Strom lebendigen Wassers. Wir sind herausgefordert zu einer neuen Spiritualität.

20. April 1980

Heute im Gottesdienst um elf Uhr wurde mir auf einmal ganz leicht zumute. Vor meinem inneren Auge wich das schwere byzantinische Damianskreuz einem neuen leichten Tau-Kreuz. Das weisse Ordenskleid meiner Brüder mit seinen weiten Ärmeln wurde zum leichten Tau mit dem noch zarteren und leichteren ausgesparten Auferstandenen. Ein leichtes Kreuz: ist mein Kreuz auferstehungsleicht geworden? Bin ich über eine Schwelle gegangen in einen neuen Lebensraum? Liegt ein neues Wegstück vor mir?

30. April 1980

Sacro Speco di Narni. In diese Höhle zog sich Franziskus zurück, als ihm die Leitung seiner Brüder entzogen worden war und an seiner Stelle Frate Elia gewählt wurde. Später wurde ein kleines Klösterchen in diese Urlandschaft hinein gebaut. Ich besuche hier einen jungen Franziskaner, den ich auf seiner Suche nach einer neuen Spiritualität in Camaldoli kennenlernte. Er möchte seine franziskanische Berufung als Automechaniker mitten in der Welt leben, fand aber bei seinen Oberen kein Verständnis. Er liess sich aber nicht davon abhalten, weiter zu suchen.
Die Brüder gaben mir hier ein Bett neben dem Fernsehzimmer. Erst um ein Uhr nachts hörte das Lärmen von Schüssen und Schreien auf, so dass ich einschlafen konnte. Am anderen Morgen im Morgengebet knatterte es aber gleich weiter: Matutin und Laudes in zwanzig Minuten! Noch schlimmer waren die fünfzehn Minuten der Eucharistie. Denn der eine der drei konnte als Stotterer bei dieser Geschwindigkeit nur stolpernd folgen. Die beiden andern merkten nicht einmal, dass sie einen Verwundeten mitschleppten. Bei Tisch sagt einer der beiden zu mir: «Che pace!» Wie hätte ich darauf ein Wort herausbringen sollen?
Gestern abend sah ich vor der Franziskushöhle einen vom Blitz getroffenen und halb verkohlten Kastanienbaum. Bevor ich wegfuhr,

ging ich zu ihm und brach mir ein Wurzelstück weg, in der Hoffnung, es werde eines Tages ein Auferstehungs-Fragment entstehen.

26. Juni 1980

In der Schweiz. Vreni und Hansruedi feierten am 21. Juni ihre Hochzeit. Ich hielt auf ihr Bitten die Trauung. Schon Wochen zuvor war mir ganz hochzeitlich zumute. Nicht ihretwegen, sondern weil etwas in mir in eine Parallele zu ihnen geriet. Unsere Väter und Mütter im Glauben nannten es unio mystica. Ist es ein Einswerden mit Gott und zugleich ein Einswerden mit mir selbst? Etwas, das im kleinen Herzen des Menschen kosmische Weiten eröffnet? Auch theophile Menschen erfahren so etwas wie Hochzeit, wenn es Zeit dazu ist. War es für mich Zeit, als meine Tochter heiratete? Ich bin jedenfalls froh, dass ich ihre Bitte nicht ausgeschlagen habe. Denn ich erlebte etwas, das ich nie erwartet hätte: ich fühlte mich bei der Trauung weder als Vater noch als Pfarrer, sondern als Freund des Bräutigams und der Braut. Ein wenig fremd unter den Verwandten zwar, aber voller Friede. Bin ich erst jetzt wirklich verheiratet?

17. Juli 1980

Die Lebensrad-Ikone des Niklaus von Flüe entsteht. Die Medaillons sind schon fertig. Ich bin so betroffen. Ich suchte nach Auferstehungssymbolen, die an die Stelle der Kreuzsymbole des Niklaus treten und ganz seinem inneren Geschehen entsprechen sollten. Und daraus ist nun ein Auferstehungsrad entstanden. So klein und unscheinbar war noch keine Gestalt des Auferstandenen, und doch bewegt sie das ganze Lebensrad. Habe ich IHM damit mein Hochzeitsgeschenk gemacht?

19. Juli 1980

Armes Hochzeitsgeschenk! Beinahe wäre es gestorben. Und ich dazu. Gottlob hat mich einer der Brüder auf der Bank vor der Cella entdeckt, völlig erschöpft, und mich sogleich ins Bett gebracht. Die herbeigerufene Ärztin stellte eine Kohlenmonoxydvergiftung fest. Eineinhalb Stunden Lötarbeit über der Gasflamme, das konnte ja nicht gut gehen, obwohl die Fenster offen standen. Ich muss behutsamer mit meinem «Bruder Esel» umgehen, sonst bringt mich die Hochzeit zwischen Himmel und Erde noch um.

6. September 1980

Meine erste Ausstellung in Camaldoli ist zu Ende. Die Brüder vom Monastero hatten mich eingeladen, während der liturgischen Woche in der kleinen romanischen capella dello Spirito Santo diesen Versuch zu wagen. Die Reaktionen übertrafen alle meine Erwartungen. Selbst der zufällig anwesende Bischof von Arezzo ging mit staunenden Augen von Ikone zu Ikone. Als ich ihm auf seine Frage nach Sinn und Bedeutung meiner Marien-Ikone geantwortet hatte, sagte er zu den Umstehenden: «Wie schön, dass uns ausgerechnet ein Protestant das Fenster zum tieferen Sinn der Madonna öffnet!»

19. September 1980

Ich kann es kaum fassen vor lauter Freude: Im Kloster Einsiedeln werden meine zürichdeutschen Psalmen gebetet. Der Novizenmeister hat für seine Novizen ein Wochenbrevier zusammengestellt zu ihrem persönlichen Gebet. Die Ökumene nimmt Gestalt an, nicht nur in Konferenzen. Aber im Grunde zeigt meine Freude gerade das ganze Elend, in das die Christenheit geraten ist. Psalmen sind doch weder katholisch noch protestantisch, nicht einmal christlich. Sie gehören zuerst unseren älteren Brüdern, den Juden. Wir müssten sie wieder bewusst mit ihnen beten lernen.

25. Oktober 1980

Zurück von der Ausstellung in Zürich. Ich fühle mich so leicht. Martin, mein Sohn, hat es am deutlichsten ausgesprochen vor der Gestalt, die aus der Wurzel vom Sacro Speco di Narni aufersteht: «So leicht bist du selber geworden.» Wenn ein Sohn das zu seinem Vater sagt, muss es wohl stimmen. Dann habe ich das dem «Sakrament des Werkes» zu verdanken, von dem Reto an der Vernissage sprach. Gab es das überhaupt im Bewusstsein der Menschen, ein Sakrament des Werkes? Habe ich deshalb dreissig Jahre lang gehungert nach der

Einheit von Theologie und Kunsthandwerk? Wolltest DU mir nicht nur das Sakrament des Wortes, sondern auch noch das des Werkes anvertrauen für die Menschheit? Vielleicht macht das Sakrament des Werkes auch das des Wortes leicht. Auferstehungsleicht.

15. November 1980

Einer der Brüder hat mir zum Geburtstag einen Roll-Pen geschenkt: «...damit du weiterfährst, zu schreiben unter uns bis ans Ende deines Lebens, und von all den wunderbaren Werken erzählst, die Gott in dir schafft.» Wirklich, DU hast erstaunliche Dinge in mir geschaffen, und ein Ende ist nicht abzusehen. Einer der leitenden Brüder meinte sogar, ich solle nur getrost meinem inneren Weg folgen und mir die Freiheit nehmen, in der Cella zu bleiben, wenn es Kontemplation oder Arbeit erfordern. Meine eigene Art helfe auch ihnen, die ihre zu suchen und zu finden.

21. November 1980

Endlich habe ich den Mut gefunden, in der Eucharistie nur noch am Sonntag und an meinem Predigttag zu kommunizieren. Wenn Eucharistie im griechischen Wortlaut ein Danke-Sagen für die eigene Verwandlung zur Ikone bedeutet, so ist es wirklich an der Zeit, den Rhythmus dieses Wandlungsprozesses zu respektieren. Ich habe bisher in meinem Leben viel zuviel Rücksicht genommen auf andere und meine eigenen Bedürfnisse geopfert. Es ist höchste Zeit, an diesem Punkt Askese zu üben, so schwer es mir fällt.

22. November 1980

Ich schreibe vor der Cella an der Sonne. Ein strahlender Herbsttag. Ein wahres «Altwyber-Sümmerli». Alles ist leicht geworden: Bäume, Wiesen und Garten. Selbst der Himmel. Keine andere Jahreszeit geht mir so unter die Haut wie der Spätherbst und der Vorfrühling. Warten, nichts als warten. Alles ist in den Ursprung zurückgenommen. Ganz leicht. Auch mein Innerstes ist so. Ich bin im Spätherbst geboren. Das erste, was auf mich zukam, war die Brachzeit. Und jetzt ist unter diesem Himmel alles wieder zurückgenommen in das Warten auf einen neuen Ur-sprung. Mutationssprung, würde Teilhard sagen. Darum ist Schweigen jetzt so wichtig. Die Hochzeit ist vorbei. Etwas Neues wird gezeugt.

28. November 1980

In den Spätherbst geboren und in den Vorfrühling berufen. In mir ist Ehe und Familie, Freundschaft und Brüderlichkeit, Gemeinschaft und Staat wie schon zurückgenommen in den Ursprung und leicht geworden für einen schöpferischen Mutationssprung in eine neue Form des Menschseins. Es reicht nicht aus, das Warten mit den Gegensätzen passiv – aktiv auszudrücken. Im Ursprung sind das Wartende und das Kommende schon eins. Der Kommende hat den sich nach ihm Ausstreckenden schon leicht gemacht.

2. Dezember 1980

Wir sind noch immer eingeschneit. Der Schneepflug kam nicht an gegen diese Massen von Schnee. Auch wir schafften es nur mit Mühe, von Cella zu Cella einen kleinen Weg zu schaufeln. Vier Waldarbeiter auf Skis haben uns Brot heraufgebracht. So sind sie uns zum Brot geworden. Als ich am Tisch mein Stück brach, erinnerte ich mich an unser reformiertes Abendmahl.

6. Dezember 1980

Ich wohne für vier Tage unten im Monastero, damit ich am Kurs der christlich-jüdischen Begegnung teilnehmen kann. Martin Cunz hielt ein Referat. Ich will daraus einen Satz festhalten, der mir bedeutsam scheint für meine Erfahrung des Ursprungs. «In der Thora gibt es kein Vorher und kein Nachher.» Vorher und Nachher fallen ineinander in der Gleichzeitigkeit. Diese Sicht tut auch unserem allzustarren Geschichtsbegriff gut. Geschichte ist etwas Lebendiges. Auf einmal stehe ich mit achtundfünfzig Jahren an meinem Ursprung.

18. Dezember 1980

Im Traum will mir einer drei Schmuckstücke mit Brillanten aus der linken Hand rauben. In mir höre ich eine Stimme sagen: «Lass sie ihm nur.» Denn in meiner rechten ist noch ein rohes Diamantstück, dem man den Wert nicht ansieht und das mir viel mehr bedeutet. Im Erwachen weiss ich, dass ich diesen rohen Stein mit Franziskus zum Brillanten schleifen muss. Wie soll ich SEIN Licht reflektieren können, ohne geschliffen zu werden? Ist mein Franziskus härter als Diamant?

21. Dezember 1980

Es geschah mitten im kommunitären Gespräch. Auf einmal schlugen mir Kälte und Abwehr aus Gesicht, Stimme und Händen eines Bruders entgegen. Mir war, als würde ich umgebracht. Ich konnte kaum einschlafen. Und jetzt bin ich schon wieder hellwach. Was ist nur geschehen? Dramatisiere ich? Oder wird vielleicht am Diamanten geschliffen?
Schon während meines Morgenspazierganges durch den Wald drehten sich meine Gedanken um Abel. Wie aus Urtiefen stieg er auf. Wird Abel in mir wieder neu aktuell? Beim Morgenessen hatte einer der Brüder scherzhaft sein Messer gegen mich gezückt und mich damit richtig erschreckt. Aus Szondis Buch[1] weiss ich, dass beide, Kain und Abel, typische Gestalten sind. Und zwar auch in uns selbst. Die eine manifester, die andere latenter. Will sich etwa mein Abel mit meinem Kain versöhnen? In der darauffolgenden Eucharistie war mir, als würde der Hauptzelebrant als Kain seinen Bruder Abel opfern, verzweifelt bemüht, den Weihrauch aufrecht steigen zu lassen. In mir schrie es: «Ich will nicht mehr das Opfer sein!» Zudem war ich erst noch Vorsänger. Zweimal verschlug es mir die Stimme. Am Nachmittag musste ich lange darüber nachsinnen. Ist Abel mein selbstgewähltes Schicksal? Will ich durch meine Opferhaltung den Kain in mir oder in den andern versöhnen?

22. Dezember 1980

Mein Gott, mein Gott, ich habe so entsetzlich Angst vor Kain! Siehst DU denn nicht meinen verzweifelten Versuch, mich mit ihm zu versöhnen? Wann wird das enden? Ich habe so genug davon. Und kann nicht mehr.

[1] vgl. 25. Mai 1972

23. Dezember 1980

Vergib mir, mein Bruder Kain in mir. Und ihr Kainiten alle, denen ich begegnet bin, vergebt mir meine Angst vor euch und meine falsche Unterwerfung. Vergebt mir den Versöhnungsdrang und meinen Totstellreflex.

24. Dezember 1980

Ich war nicht imstande, zum Mittagessen zu gehen. Ich arbeitete weiter am Entwurf der neuen Ikone. So kehrte der Friede zurück. Mir schien auf einmal die ganz Weltsituation ein Kain/Abel-Drama zu sein: Starke und Schwache, Täter und Opfer. Und in den Kirchen und zwischen den Kirchen wirken da nicht dieselben Mechanismen? Schicksal? Das ist eine zu billige Ausrede. Wir müssen uns endlich dem stellen, was wir uns selber eingebrockt haben. Was heisst Versöhnung wirklich?
Beim Einnachten ging ich zu den Novizen, denen ich meine Mitarbeit zugesagt hatte. Wir bereiteten unter dem Altar ein Strohlager. In eine Vertiefung legten wir ein Stück Stoff unseres Novizenmantels und darauf ein frisches Brot. Dazu einige volle Ähren und ein paar grüne Lorbeerblätter mit roten Beeren. In der anschliessenden Vesper hielt der Hebdomedar[1] spontan eine kleine Meditation über den «Weg des Brotes», und der eine oder andere fügte einen Gedanken hinzu. So wenig genügt, um zum Dialog zu finden mitten im liturgischen Gebet. Weihnachten: Dialogfähigkeit zwischen Kain und Abel. Welch stille Überraschung!

1. Januar 1981

Neujahr um ein Uhr früh. Ein Mensch des Übergangs sein. Schon immer hat mich der Übergang vom alten zum neuen Jahr fasziniert. Wenn immer möglich blieb ich allein, mindestens für einen Augenblick. Übergang: als würden wir von der Zukunft überholt. In uns beginnt der Morgen zu dämmern, wenn Vergangenheit und Zukunft sich in der Gegenwart berühren. In meiner Cella brennen alle Kerzen. Übergang ist ein geweihter Augenblick. Nicht festzuhalten

[1] Der Hebdomedar leitet während einer Woche das gemeinsame Gebet.

und doch ganz erfüllend. Ist nicht die ganze Menschheit an einem Übergang angelangt?

8. Januar 1981

Eine zweite Ikone von Kain und Abel ist am Entstehen. Taufe im Abgrund. Das Leiden Gottes um Kain und Abel steigt in der Form des Tau[1] in ihr abgrundtiefes Drama und umhüllt sie mit seinem Mantel. Jetzt sind sie eins. Freunde, nicht mehr Feinde. Vom Auferstandenen getauft mit heiligem Geist. Hat die Geistesflamme auch meine Angst vor Kain verzehrt, als wir durchs Feuer gingen? Ist Kain mein Zwillingsbruder, den ich seit Jahren suche?

18. Januar 1981

DU hast recht, mein Kyrios, ich habe nichts mehr zu suchen auf dem Altar von Kain. DU hast alles zu DEINER Sache gemacht, «damit der Mensch nicht mehr des Menschen Opfer sei». Aber ich bin entsetzlich müde von allem. Manchmal komme ich mir wirklich wie ein Hauch vor. Abel heisst Hauch.
Ich war zur Arbeit nicht mehr fähig. In meiner Ratlosigkeit wusste ich auf einmal, was mir möglich war: Dämmerung empfangen. Da kam die Abenddämmerung wie auf Zehenspitzen, unauffällig und behutsam, und hüllte mich in ihren Mantel.

18. Februar 1981

Während der Meditationsstille in der Matutin schaute ich auf einmal das innere Bild: eine stille dunkle Gestalt kniete vor mir, als suche sie Schutz bei mir. Sie legte ihren Kopf und ihre Hände auf meine Knie. Ich blieb sitzen und rührte mich nicht. Ich liess sie einfach gewähren. Meine blosse Nähe schien ihr wohl zu tun. Als wir aufstanden und den Psalm 88 sangen, war mir, Gott selber flehe mich mit diesen Worten an. Geht es IHM so schlecht im Himmel? Oder ist ER gar nicht dort, sondern hier auf Erden? Und sucht Schutz beim Menschen?

[1] letzter Buchstabe im hebräischen Alphabet

Als ich in die Cella zurückkam und die Ikone mit «dem Stein, den die Bauleute verworfen haben» (Ps 118,22) in der Ecke sah, ging mir ein Licht auf: *Wir* haben SEIN Elend verursacht, also müssen *wir* es wenden. Wer aber glaubt es und zieht die Konsequenzen?

17. März 1981

Ich war heute im archäologischen Museum von Arezzo. Welche Wohltat, am Ursprung toskanischer Kunst und Kultur zu sein! Schon als Student hatte mir das etruskische Handwerk im Louvre von Paris den Urschrei entlockt: «Im Himmel bin ich wieder Goldschmied»! Und nun bin ich es schon hier auf Erden wieder. Sogar auf etruskischem Boden! War der Himmel ungeduldiger als ich und brachte seine Hand ins Spiel? Danke, Du grosser weiter Himmel, dass Du das Leben eines kleinen Menschen nicht übersiehst und ihn schon auf Erden in die Erfüllung schubst mit Deinen Einfällen und Zu-fällen.

22. März 1981

Immer wieder ist sie da, die stille dunkle Gestalt. Ikonisch da. So war noch nie ein Mensch bei mir. Was tröstet sie denn nur? Lebendiges Wasser (Joh 4,14)? Bin ich zum Brunnen in der Wüste für sie geworden? Dürstet es Gott so nach dem lebendigen Menschen wie uns nach dem lebendigen Gott (Ps 42,3)?

30. März 1981

Telegramm aus Zürich: «... Vreni hat ein gesundes Mädchen geboren. Sie heisst Sandra. Du bist jetzt Grossvater ...» Da ist bei aller Freude Vorsicht geboten, dass die Enkelin nicht eines Tages vor der Klausur «Nonno! Nonno!» ruft.

20. April 1981

Ostern. Heute abend kam ein Freund aus Basel. Mein Bruder Kain. Ich erlebte ihn ganz neu und anders. Ein anderer Kain. Verwandelt. Auferstanden? Oder bin ich etwa selber auferstanden als neuer Abel?

Gestern zeigte ich einem Gast die beiden Ikonen von Kain und Abel. Ganz betroffen sagte er: «Ich bin Kain.» Ob er nach der Osternacht wohl ahnt, dass auch ein Kain schon heute auferstehen kann?

25. April 1981

Ist Kain in mir auferstanden? Im Ikonographen, der Metalle schmiedet? Die Nachfahren von Kain waren Schmiede. Gezähmte Aggressoren. Hast DU meinen Kain mit meinem ersten Beruf gezähmt und meinen Abel mit dem zweiten? Sind sie nun in die Einheit beider Berufe auferstanden? Mein Bruder Kain, dann will ich Dich begrüssen so fein und zärtlich, wie es nur Abel kann. Sei mir willkommen bis ins Innerste. Alle meine Versöhnungsversuche und alle meine Opfer waren vergebliche Mühe. Es ist nicht nötig, sie zu wiederholen. Ganz überraschend hat uns SEINE Auferstehung eingeholt und uns aus dem Abgrund herausgezogen. Da stehe ich nun und reibe mir die Augen. Und kann mich nicht genug wundern. Ist es auch wirklich wahr? Oder träume ich denn bloss? Nein, es muss viel wahrer sein als alles, was bisher auch wahr gewesen ist. Sonst hätte es in der Karfreitagsliturgie nicht so entsetzlich in mir aufgeschrien: «Nein, nein, ich will nicht auch noch das Opfer der katholischen Kirche werden! Lass es genug sein!» Und jetzt weiss ich, dass es genug ist, weil Kain in meinen Abel auferstanden ist.

8. Mai 1981

Ich bin in eine andere Cella umgezogen. In die höchstgelegene, ganz oben an der Klostermauer. Sie hat ihren Namen vom Bologneser Heiligen: San Petronio. Ein Sturm hatte mir in San Martino die ohnehin schon havarierten Ziegel vom Dach gefegt. Gottlob nur wenige, sonst hätte es eine schlimme Überschwemmung gegeben. Nun bin ich wohlbehalten hier oben. Die Kirche steht mir nicht mehr vor der Sonne. In der Werkstatt spüre ich es am besten. Sie ist voller Licht. Hast DU mich etwa aus dem Schatten ins Licht geholt? Es wäre DIR schon zuzutrauen, DU brillanter Improvisator!

12. Mai 1981

Die Kirche steht mir nicht mehr vor dem Licht. Halleluja! Das ist geradezu ein österliches Zeichen. Und ich merke es erst im Nachhinein! War mir so wohl im Schatten der Kirche, weil ich mich bei ihr bergen wollte? Muttere rsatz? Reden die Brüder deshalb so oft von ihrer madre chiesa? Sass ich in derselben Falle? Du suchst doch erwachsene Leute, die aufrecht gehen und Verantwortung übernehmen können. Erhoffte ich, etwas Heiterkeit und Freude in die steife Kühle der Mutter Kirche zu bringen? Hoffnungsloses Unterfangen! Ihre Tradition ist stärker. Sie liebt das Dunkel. Sie ist nur darin sicher, die Mutter Kirche. Aber ich habe ihren bergenden Schatten nicht mehr nötig. Das ist wirklich eine Überraschung. Bin ich denn von nun an in DEINEM Licht geborgen? Ist das möglich, im Licht geborgen zu sein? Ich habe es ja selbst erfahren: DEIN Licht hat mich noch gar nie blossgestellt. Nur er-leuchtet. Von innen. Und ganz durchwärmt. Mehr, als es eine Mutter kann. So anders ist DEIN Licht. «ICH bin das Licht der Welt» (Joh 8,12), hast DU gesagt. Nicht die Kirche. Bei DIR bin ich geborgen, nicht bei einer Institution. Bei einem *DU* und nicht bei einem *ES*.

4. Juni 1981

Ein Stück verheissenes Land in Besitz nehmen. Peter und Katharina haben mit mir zusammen die Wildnis vor der Cella in einen Garten verwandelt. Es schien mir ein endloses Unterfangen. Zu dritt haben wir es in zwei Tagen geschafft. Die beiden sind unten im Monastero in der Gästewohnung für Verwandte einquartiert. So weit geht das mit der Gastfreundschaft.

12. Juni 1981

«Nicht-Integration und Kreativität haben eine durchaus signifikante Korrelation. Denn Kreativität als die Fähigkeit, produktiv gegen Regeln zu denken, setzt die nicht zu tiefe Verhaftung in Regelsysteme voraus ... Nicht die Mächtigen sind kreativ, sondern die Ohnmächtigen ... Die Herrschenden erfahren, dass ein Mittelpunkt noch keinen Kreis definiert. Das geschieht erst durch die

Peripherie, den Rand, das Aussen.» Diese Sätze des Frankfurter Philosophen Rupert Lay machen mich unbeschreiblich fröhlich. Endlich spricht einer meine Wahrheit aus, die mir zu tragen oft zu schwer war, weil ich ihre Bedeutung für das Ganze nicht verstand. Und jetzt fühle ich mich richtig situiert: am Rande, wie ER.

20. Juni 1981

Eine Römerin hat mir ihren «Meeresschmuck» geschenkt, damit ich ihn in eine Ikone verwandle. Ich hatte sie früher durch eine schwere Zeit begleitet. Und nun hat ihr Sohn Suizid begangen. Hat ihr das Meer, unsere Urmutter, ihr eigentliches Wesen zurückgegeben? Auch mir? Sonst wäre ich wohl nicht so tief getroffen von der Schönheit dieses Schmuckes.

15. Juli 1981

Überströmende Präsenz. Bis zur Ekstase. Überraschend wie alles, was aus SEINER Nähe kommt. Ganz behutsam fing sie an mit dem Beginn der neuen Ikone aus dem Meeresschmuck. Und staunend stelle ich fest, dass sie immer wieder da ist. Unverfügbar da. Ich halte sie nicht fest. Im Gegenteil. Ich frage mich, ob ich solche Seligkeit aushalten würde auf die Dauer. Aber ich begreife jetzt, weshalb ich das bei keiner menschlichen Präsenz erfahren habe. Das hattest DU DIR vorbehalten mit mir. Darum blühen jetzt die Dornen in der Ikone. Sechsundzwanzig Blüten in der Dornenschale meiner Wüste. Die sechsundzwanzig DEINES hebräischen Namens[1]: «Ich bin da und werde dasein» (Ex 3,14).

16. Juli 1981

Im Traum ein Sturm. Die Bäume biegen sich, bis sie krachend auf den Boden fallen. Das Haus der Freunde stürzt zusammen. Und dann ist grosse Stille. Ich stehe ganz allein unter freiem Himmel am Tisch vor einer dampfenden Suppenschüssel.

[1] Die hebräischen Buchstaben sind gleichzeitig auch Zahlen. Die Buchstaben des Gottesnamens ergeben zusammengezählt die Zahl sechsundzwanzig.

Das Haus der Freunde ist in sich zusammengefallen. Es hindert mich nicht mehr, allein von DEINEM Tisch zu essen. «DU deckst mir den Tisch im Angesicht meiner - - - Freunde» (Ps 23,5). DEINE überströmende Präsenz nährt mich wie Brot. DU bist mein Brot des Lebens.

1. August 1981

Auf dem Mendelpass im Trentino. Ich bin gebeten worden, als consulente, als Berater an der nationalen ökumenischen Konferenz teilzunehmen. Thema: «Heiliger Geist, Ikone und Wort». Nun muss ich also aus dem Schatten ins Licht treten. In der gleichen Arbeitsgruppe ist ein Ikonograph vom Monte Athos. Was wird wohl er zu meinen westlichen Ikonen sagen?
Nachdem wir uns vier Tage mit der Ost-Ikone auseinandergesetzt hatten, liess ich die Gruppe eine halbe Stunde schweigend mein Kain/Abel-Diptychon meditieren. Im anschliessenden Gespräch sagte der Ikonograph vom Monte Athos: «Nenn deine Ikonen nicht mehr westliche, sondern archaische Ikonen.» Das hat mich unbeschreiblich getröstet. Ich habe es den Metallen zu verdanken. Sie nötigten mich, mich an Urformen heranzutasten und mich mit ihrer Schönheit zu begnügen.

5. August 1981

Auf der Rückreise. Ich mache noch ein paar Tage Halt bei Firmino. Als ich ihm von meinen Erfahrungen auf der Mendola erzählte, sagte er: «Du bist die Synthese der Ökumene. Du lebst orthodoxe Spiritualität, reformierte Theologie und die Katholizität der Kirche.» Was mich besonders freut, ist die Entdeckung, dass Firmino ein Gespür hat für mein Leiden an der Kirche. Das ist alles andere als selbstverständlich.

24. August 1981

Zurück in meiner Cella. Als ich in der Nacht erwachte, hörte ich es regnen. Und fühlte mich identisch mit der Erde meines Gartens. Ich liess mich ganz durchtränken mit dem Wasser aus dem Himmel. Ich fühlte mich als Frau. Und ganz in Frieden mit meiner überstark ausgeprägten weiblichen Seite. Jetzt können Animus und Anima in mir eins werden.

16. September 1981

Turin. Sacra San Michele. Eine Kirche, festgebaut auf der Spitze eines Felsens. Hinausragend in den Himmel. Blitzableiter sozusagen über dem Drama dieser Industriestadt. Wie eine Schlange windet sich die Treppe um den Felsen bis zum Eingang. San Michele, mein Wächter mit dem Trishagion. Hier wacht er über der Apokalypse der Menschheit. Und entdramatisiert sie mit seinem dreifachen «heilig». Ich muss unbedingt das letzte Buch der Bibel wieder lesen. Wenn San Michele als versöhnter Kain und ohne Schwert dem Drama, das wir selbst heraufbeschworen haben, ein Ende setzte? Dann wäre für uns das «Ende Drama!» gekommen.

27. September 1981

Zurück von verschiedenen Engagements. Und heute nacht stürzte die Klostermauer hinter meiner Cella ein. Einer der Brüder meinte: «Überall, wo du hinkommst, stürzt etwas ein.» In der ersten Cella war es das Dach und hier die Mauer. Spürt das Alte seine Brüchigkeit in der Nähe des Neuen? Das ist mir nicht mehr ganz geheuer.

7. November 1981

Der von den Jesuiten als Generaloberer vorbestimmte Nachfolger von Pedro Aruppe ist vom Papst übergangen und bis zur Wahl durch einen von ihm ernannten Mann ersetzt worden. Ein in der Geschichte des Ordens noch nie vorgekommener Fall. Auftrieb für alle restaurativen Kräfte. Ob die römische Kongregation für die Orden einen Delegierten an das bevorstehende Generalkapitel von Camaldoli entsenden wird? Was wird dann aus meinem Zeichen der Versöhnung werden?

13. November 1981

Tränen. Sie kommen aus Urtiefen. Wie ein Strom, der über die Ufer tritt und das Land fruchtbar macht. Bin ich in die Ehe, in die Familie, in diese Ordensgemeinschaft und in die Situation der gespaltenen Kirchen geraten, damit meine Weggefährten einen haben, der ihr Elend ausweint? Können sie selber nicht mehr darüber weinen, bis ihr Leben wieder fruchtbar wird? Oder sind die Tränen stärker als Diamant? Wollen sie den Diamanten in mir zum Brillanten schleifen? Sie müssen ein sehr grosses Geheimnis sein, sonst würden Tränen nicht solchen Frieden mit sich bringen.

15. November 1981

Eine kostbare Entdeckung: «Ganz anders ist der Fall des Vidvat-Sannyasi (Spontan-Eremit). Es gibt tatsächlich Menschen, die von Kindheit an keine weltlichen Begierden haben, und die, sobald sie das Selbstbewusstsein erlangen, spontan die menschliche Gesellschaft verlassen, manchmal sogar bevor sie die Weihe mit der heiligen Schnur empfangen haben. Es handelt sich hier um einen Sannyasa, der vom Selbst auferlegt wird. Er ist eine Notwendigkeit, die aus der letzten Tiefe des Seins entspringt, ein spontaner Drang zum Unendlichen im Herzen dessen, den nichts mehr zurückhalten kann» (H. Le Saux, in «Der Weg zum anderen Ufer»). Solche Menschen gibt es nicht nur in Indien. Es gibt sie in allen Religionen, ja schon bei den Urvölkern. Ihnen werden wir es eines Tages zu verdanken haben, dass die Gräben der Spaltung zugeschüttet sind und wir endlich zu einer weltweiten Familie werden.

15. Dezember 1981

Nicht mehr konzelebrieren. Das ist die Antwort des Generalkapitels auf das gelebte Zeichen. Ob sich die Brüder im klaren darüber sind, wo wir nun stehen in der Ökumene? Ob sie sogar zu leiden beginnen an der Spaltung der Christenheit? Es war unbeschreiblich schmerzvoll, heute zu predigen und dann vom Tisch der Gemeinschaft ausgeschlossen zu sein. Als würde ich entzweigebrochen. Ob ich das lange aushalten werde? Neben mir stand ausgerechnet der Bruder, der vor dem Diptychon gesagt hatte: «*Ich bin Kain*». Beim Friedensgruss umarmte er mich und sagte: «Vergib uns». Wenn ich es aushalten sollte, dann nur wegen dieses brüderlichen Wortes.

21. Dezember 1981

Eucharistie nicht mehr zelebrieren, sondern Eucharistie *sein*. Das konnte nur der Heilige Geist einem Bruder eingeben: «Du hast es nicht mehr nötig, sie zu zelebrieren, denn du bist sie», sagte er. Ein neues Geheimnis offenbart sich: zum gebrochenen Brot werden für Gott und für Brüder und Schwestern.

24. Dezember 1981

Aus dem Tränenstrom ist ein Tränensee geworden. Kommst DU uns über diesen See entgegen, damit wir unsere Kirchenboote verlassen und mit DIR über das Wasser gehen ans andere Ufer?

31. Dezember 1981

Hast DU mich in den Abgrund christlicher Sicherheit gesandt? In die kalt berechnende, juristisch fixierte Institution Kirche? Wehe, wenn einer diese höllische Sicherheit in Frage stellt oder antastet! War ich fahrlässig? Oder eingebildet? Wäre jetzt da unten in diesem Abgrund nicht mein San Michele mit seinem Trishagion, ich wäre verloren. San Romualdo, der Gründer des Camaldulenserordens, muss ihn doch auch schon gesehen haben, als er in Ravenna in Sant'Apollinare in Classe noch Benediktinermönch war. Dort steht San Michele ohne Schwert als Mosaik auf der linken Seite des Apsisbogens. Und auf der rechten steht genau so schwertlos San Gabriele. Werden die beiden uns jetzt aus diesem Abgrund retten mit ihrer ursprünglichen Heiligkeit, so wie sie Romualdo aus der Misere des damaligen Mönchtums führten?

1. Januar 1982

Einer der Brüder erzählte mir, Camaldoli habe schon 1513 die Chance nicht wahrgenommen, ein Zeichen der Erneuerung zu leben, und deshalb eine Spaltung des Ordens erlitten. Ob sie die Chance 1982 ergreifen werden? Die beiden Zahlen haben bedrängenden Symbolgehalt. Die Quersumme der einen ist zehn, die der anderen zwanzig. Die Chance kehrt ein zweitesmal wieder! Die

Zehn ist in der hebräischen Symbolik die offene Hand, die Zwanzig die zupackende und gestaltende Hand. Wachen die beiden Engel über unserem kreativen Handeln, damit wir uns mit schöpferischer Phantasie aus den Fängen des institutionellen Abgrundes herausarbeiten?

19. Februar 1982

Heute werde ich die letzte Lötarbeit an der neuen Ikone vollenden. Ich schaute die Ikone, als ich die Apokalypse des Johannes zu Ende gelesen hatte: eine Parabel von Licht, die aus dem Unendlichen kommt, die Erde berührt und ins Unendliche weitergeht. Und so aller Trennung ein Ende setzt. Auch der Trennung zwischen Himmel und Erde. Ende Drama. Aber diesmal bringt es nicht mein San Michele, sondern der Auferstandene selber auf dem feurigen Wagen des Elia. ER hält die Standarte mit dem «heilig, heilig, heilig» in seiner Rechten über den Hochhäusern von Turin, Hongkong und New York. Ursprüngliche Heiligkeit beginnt sich auszubreiten und verwandelt die alte Welt in eine neue.

27. Februar 1982

Wo sich ursprüngliche Heiligkeit ausbreitet, bekommt alles seine Würde zurück. Männer und Frauen, Kinder und Greise, Pflanzen und Tiere. Jede Gebärde wird wieder heilig. Selbst essen und trinken. Nichts wird verschlungen oder weggeworfen. Jede Begegnung meint wirklich den anderen, und jedes Gespräch lässt Gott durchschimmern, weil ER wieder da ist in jedem Wort. Das ganze Leben wird zur Liturgie. Gott zelebriert sich im Menschen ganz natürlich und undramatisch. Ein Tempel ist nicht mehr nötig. Der Mensch ist wieder Heiligtum Gottes.

9. März 1982

Ich habe Heinrich Stirnemanns Buch über das Lebensrad des Waldbruders gelesen. Und dann begannen die Ideen in mir zu spriessen. Reto, der seit Herbst für ein Jahr mit uns lebt, war ganz aufgewühlt, als ich ihm einen Entwurf zeigte. Er hält nämlich jede Woche eine

Meditation vor dem Hungertuch des schweizerischen Fastenopfers, dem Meditationsbild des Niklaus von Flüe. Am Abend steckte er mir einen Zettel zu: Sach 6,11-12, und sagte: «Das ist dein zweiter Konfirmandenspruch.» Ich las und staunte nicht wenig: «Siehe da, ein Mann, dessen Name Spross ist, denn unter seinen Füssen wird es sprossen, und er wird den Tempel des Herrn bauen.» Es stürzt also doch nicht alles ein, wo ich hinkomme! Es beginnt auch zu spriessen.

15. März 1982

Mein Kyrios, Niklaus hat sich von DIR aufzehren lassen wie Brot. DU hast DICH von ihm genährt und er sich von DIR. Und ich werde von DIR aufgezehrt wie eine seraphische Flamme. Für DICH werde ich brennen wie ein Feuer und seine Helle und Wärme verbreiten, bis es verzehrt und verwandelt ist in DEINE Mandorla.

27. März 1982

Es spriesst und spriesst. Behutsam zeichne ich weiter an der Niklaus-Ikone. Im Bilderbuch Gottes müssen wir lesen lernen, wenn wir aus der Geistesgegenwart leben wollen. Für Jesus war das ganze Leben ein Bilderbuch. Darum konnte er schon mit zwölf Jahren so fragen, dass sogar die Theologen staunten. Er schaute, was er fragte und was er begriff. Das ist es, was wir wieder lernen müssen. Auch wir Reformierte. Wenn Bilder mit einem Sinn zusammenfallen, werden sie zum Symbol und zum Gleichnis. Dann ist es am Schluss einer Predigt nicht mehr nötig, nach einer Anwendung im Alltag zu suchen. Die Bilder strahlen wie von selbst ihren Sinn in die Herzen der Menschen. Und die Herzen verwandeln sich.

6. April 1982

Ein junger Gast, der Priester werden will, hat mich in der Cella besucht. Als es zur Messe läutete, und er meinte, dass ich mitkäme, erzählte ich ihm von meinem Leiden an der Eucharistie. Warum ich denn nicht nach meinem reformierten Ritus allein in der Cella zelebriere, wollte er wissen. Ich antwortete ihm: «Dann würde ich nichts anderes als die Trennung zelebrieren. Wie sollte ich hinter die erfahrene Einheit zurückgehen?» Und er darauf: «Dann bleibe ich auch hier. Das ist das einzige, was ich dir anbieten kann.» Wir blieben lange vor der Cella in der Sonne sitzen. Jeder wurde dem anderen zum Brot. Steht es vielleicht noch vielen bevor, Eucharistie zu werden?

10. April 1982

Heute sagte einer der Brüder: «Der wahre Mönch ist nicht der, der in die Strukturen eintritt, sondern der aus ihnen austritt. Du hast das Zeichen des Gelübdes nicht mehr nötig, denn du bist es.» Ich will das hier zwei Stunden vor der Osternachtliturgie notieren. Es ist zu unerhört. Bin ich so unverfügbar geworden?

26. April 1982

Ich bin in die Schweiz gekommen zu einer ökumenischen Tagung mit Lukas Vischer: «Kirche und Kommunitäten». Heute morgen war ich mit Katharina in Zürich im Fraumünster-Gottesdienst. Paul Frehner hielt die Predigt. Ich kenne ihn von seiner vielseitigen Tätigkeit im Kanton. Katharina ist bei ihm konfirmiert worden. Aber seltsam, gerade in aller Vertrautheit hauchte mich wieder dieses Fremdsein an. Oder war es mehr als ein Hauch? Bin ich tatsächlich über mehr Strukturen hinausgewachsen, als mir bisher bewusst war? Oder hast DU mich damals schon in die Kirche über alle Grenzen ordiniert? War ich schon immer das Zeichen, ohne es zu wissen?

26. Mai 1982

Zurück in der Cella. Ich habe eben die neue Niklaus-Rad-Ikone fertig gemacht. Jetzt ruht sie im Wasser. Sie ist so ganz anders aus dem Feuer gekommen, als ich erwartet hatte. Haben die Metalle im Feuer gelitten? Habe ich etwas nicht begriffen? Es war technisch recht schwierig, die sechs Medaillons im Kreis angeordnet aufzulöten. Lassen sich Zeichen der Auferstehung nicht mehr in einen Kreis einfügen? Sprengen sie jeden Kreislauf? Bin ich ans Ende des ewig Wiederkehrenden geraten?

4. Juni 1982

Der Kreis hat sich geöffnet zu einem Weg. Zu einem Stationenweg durch die sieben Tage der Woche. Aber dann beginnt der Weg doch wieder von vorne! Muss ich noch über den Rhythmus der sieben Tage hinaus? In den Achten Tag?

8. Juni 1982

Die achte Station ist geboren. Wenigstens auf dem Zeichnungsblock. Das Ende des Dramas. Das himmlische Jerusalem kommt unter Tränen in der Gestalt einer Parabel auf die Erde, um dem Drama von Sodom ein Ende zu machen. Nicht mit Gewalt. Unter Tränen. Darum beten abrahamitische Menschen: «Diesmal darf Sodom nicht untergehen. Nein, diesmal nicht. Sonst geht Dein ganzes Schöpfungswerk unter, mit nuklearer Präzision. Diesmal sind es fünfzig Gerechte. Lass ihre Tränen sich einen mit den DEINEN, dann ist allen geholfen» (vgl. Gen 18,16 ff).

22. Juni 1982

Im Traum erstickte ich fast in einer Telefonkabine. Es war entsetzlich. Die Türe schloss sich lautlos hinter mir. Da war keine Türfalle, mit der ich hätte öffnen können. Auch kein Fenster, durch das ich hätte hinaussteigen können. Nicht einmal ein Telefon, mit dem ich um Hilfe hätte rufen können. Mich ergriff panische Angst. Nur ich selber hörte mein Schreien, als ich erwachte. Aber ich war zu erschöpft, als dass ich mich um den Sinn dieses Traumes hätte kümmern können.
Erst während der Stille in der Matutin dämmerte mir, dass die Telefonkabine kreisrund war. Ein Warntraum, der mich davor bewahren wollte, je wieder in einem Kreis Schutz und Geborgenheit zu suchen. Wer auf dem Weg ins Offene geht, darf nicht wieder in einen geschlossenen Kreis zurück, auch wenn der noch so viele (Telefon-) Verbindungen verspricht. So ernst ist das mit meinem Auferstehungsweg. Wirklich, ich habe kein Gelübde nötig, ich bin es. Das genügt zur Gemeinschaft unterwegs. Der Achte Tag ist mein Ziel, nicht der siebte.

11. Juli 1982

Die Kleine Schwester Maria Carla aus Ägypten ist da, eine Ikonographin der koptischen Tradition. Sie hat mir DEINE grossen koptischen Augen gebracht. Jetzt weiss ich, warum mich die koptischen Ikonen schon immer tiefer berührten als die griechischen oder russischen. Das sind die Augen, die ich schon immer suchte: DU hast mir ins Innerste geschaut und dort DEINE Augen zurückgelassen. Denn niemand schaut ins Innerste eines anderen, ohne seine Augen dort zurückzulassen. Für mich hast DU die Augen derer, die DEIN Volk versklavten, hassten und im Sechstagekrieg vernichten wollten. Und deren Erstgeborene starben, als der Engel in der Passanacht vorüberging. So stellst DU die Welt auf den Kopf und machst Letzte zu Ersten. Die koptischen Augen haben die Form von zwei Parabeln, die sich gegenseitig öffnen. Sie spiegeln DEINE unendliche Offenheit gegenüber den Menschen. Und wenn unsere Augen diese unendliche Offenheit gefunden haben, können sie die DEINEN schauen. Erst der gesprengte Kreis hat sie mich finden lassen. DEINE kleine Schwester ist im rechten Augenblick gekommen.

23. Juli 1982

Mein Eremit will mir in der Vigil zum 6. August, dem Fest der Verklärung Jesu, seinen Gebetsmantel, die Cocolla, geben. Das sagte er mir gestern im Vorbeigehen. Einfach so. Ich hätte die Cocolla ja überwunden und könne sie nun unbelastet tragen, meinte er. Es hat mich trotzdem im Innersten bewegt: die Cocolla ohne Profess! Und erst noch die seine, respektive seine zweite zum Wechseln. Will sie mir so etwas wie der Mantel des Elia sein? Ein prophetisches Zeichen? Oder will sie DICH in mir transparent machen, so wie DU den Vater transparent machtest auf dem Tabor?

5. August 1982

Mir ist so seltsam zumute vor der heutigen Vesper. Hoffentlich geschieht alles verbergend und verhüllend, alltäglich und verfremdend. Öffnend und selbstverständlich.

6. August 1982

Der Eremit liess mich gestern abend vor der Vesper einfach in seine Cella kommen. Auch die Novizen waren da. Er sagte ein paar erklärende Worte, nahm seine Cocolla vom Haken und bekleidete mich damit. Mit ein paar freien Worten aus dem Herzen betete er, und dann gingen wir gemeinsam in die Kirche, jeder an seinen Platz. Als wäre nichts geschehen. Ich trug einfach meine Cocolla wie das Selbstverständlichste der Welt. Kein offizielles Wort darüber. Gottlob! Sollte die Kommunität sie eines Tages zurückhaben wollen oder zurücknehmen müssen, das Bekenntnis des Vaters zum Sohn auf dem Tabor könnte sie nie rückgängig machen. Ich bin auf dem Berg der Verwandlung gewesen. «Maximus in Minimus cernitur esse Deus: die unendliche Grösse Gottes wird im unendlich Kleinen entdeckt». Dieses Wort eines Kirchenvaters drückte mir einer der Brüder in die Hand. Ja wirklich, so entdramatisierend ist Gott. Das Drama könnte uns sonst tödlich erschrecken. Ende Drama.

27. August 1982

Ich bin in die reformierte Kirche hineingeboren. In die Kirche des Wortes. Aber leider gab es in dieser Kirche nichts darzustellen. Ich habe am Auseinanderfallen von Wort und Bild gelitten. Immer habe ich die bildhafte Gestalt des Wortes gesucht, die Möglichkeit, das Wort zu gestalten und erst aus dieser Gestalt heraus zu reden. Nun habe ich meinen Platz in der Kirche gefunden: im Ikonographen. Er stellt das wortträchtige Bild dar und spricht das bildhafte Wort aus. Hier in Camaldoli kann ich beide in ihrer Einheit leben, in der Werkstatt und im Gottesdienst.

10. September 1982

Die Einheit von Kunsthandwerk und Predigtdienst wird mir jetzt besonders schmerzlich bewusst, weil ich meine Ikonenarbeit noch immer nicht wieder aufnehmen kann. Seit drei Monaten steht nämlich meine Cella im Umbau wegen einer neuen Holzheizung mit Umlauferhitzer. Es will und will nicht vorwärts gehen. Langsam werde ich ungeduldig.

Wenigstens eines kann ich tun neben Handreichungen und Aufräumearbeiten: ich gehe auf die Suche nach Steinen. Schon hie und da haben sich Ikonen ihren Platz auf Steinen gesucht. Nun habe ich eine seltsame Entdeckung gemacht, nicht im Lexikon, sondern im eigenen Herzen: im Hebräischen ist das Wort «Stein» zusammengesetzt aus den beiden Begriffen «ab» = Vater und «ben» = Sohn, «äben» = Stein. Der tiefere, verborgene Sinn der Steine ist also die tragfähige Gemeinschaft von Vater und Sohn, von Gott und Mensch. Jeder Stein ruft uns in die Verwandlung in diese urkräftige Einheit zurück. Nicht in die Versteinerung, sondern in die lebendige Ebenbildlichkeit.

2. Oktober 1982

Wettswil am Albis bei Peter und Katharina. Seit einer Woche bin ich mit sieben Brüdern in der Schweiz unterwegs, um den Spuren unserer Geschichte nachzugehen. Wir sind bei Peter und Katharina und ihren Freunden in der Umgebung beherbergt. Im kommenden Januar werden die beiden die Schweiz auch verlassen und in die Nähe von Camaldoli ziehen. Am letzten Sonntag haben wir in Affoltern am Albis den reformierten Gottesdienst mitgestaltet mit unseren Psalmgesängen. Ich habe mich mit Elisabeth, der Pfarrerin, in die Predigt geteilt wie früher. Auch die Taufen haben wir gemeinsam gehalten. Denn so konnte ich meine zweite Enkelin taufen. Im Mönchskleid! So liebevoll kann nur der Heilige Geist die Dinge auf den Kopf stellen, damit wir selbstverständlich mitarbeiten an seinem schöpferischen Neugestalten der Welt. Anschliessend wurden wir von den Zwilliker-Frauen zum Mittagessen im Schulhaus eingeladen. So konnten meine Brüder etwas vom lebendigen Antlitz meiner Gemeinde erfahren. Während der Woche haben wir einen Ausflug ins Flüeli-Ranft zur Klause des Waldbruders gemacht und dort Eucharistie gefeiert. Danksagung, wie es das Neue Testament meint. Wir hatten ja so viel Grund dazu bei so oft erlebter Gemeinschaft über alle Grenzen hinweg. Wir haben die herrliche Aussicht vom Pilatus genossen, Luzern und die kleine Kommunität von Josef Moser besucht, sind vom Novizenmeister und vom Abt von Einsiedeln empfangen worden, haben in der Krypta des Grossmünsters von Zürich unser Morgengebet gesungen und nachher die Chorfenster von Chagall im Fraumünster bewundert. Heute abend wird Reto zum Priester geweiht in seiner Heimatpfarrei Sankt Konrad in Zürich. Wir werden alle daran teilnehmen. Auch morgen an seiner Primiz, seiner ersten Eucharistie. Da soll ich die Predigt halten, um so mit ihm ein ökumenisches Zeichen aufleuchten zu lassen. Man kann es nicht mehr überhören: es zittert ein leises Erdbeben durch die altgewordene Kirche. Wird so neues Leben erweckt?

6. Oktober 1982

Zurück in meiner Cella. Und noch bin ich nicht ganz da. In mir ist noch alles am Verdauen und Verarbeiten, mit allen Sinnen bin ich aufmerksam für den Sinn des Erlebten. Einer muss DICH aushalten in DEINEM Verwandeln und nicht mehr kneifen. Einer muss bereit sein, es für alle zu empfangen.

11. Oktober 1982

Wir sind unterwegs zum Ganzwerden. Ganz im Innersten und ganz im Äussersten. Im Allerpersönlichsten und im Kosmischen. Ich bin von tiefem Respekt vor meiner kleinen Einmaligkeit und meiner kosmischen Bezogenheit durchflutet. Wenn ich verschwinde, geht es auch ohne mich weiter. Und doch – mein Schrei nach Verwandlung in mein wahres Antlitz verhallt nicht im Leeren. Klingt vielleicht Dein Schrei, Franziskus, in mir nach? Und Deiner, Niklaus? Pflanzen sich alle heiligen Schreie der Menschen weiter, von Generation zu Generation, bis in den Kosmos? Und bis zum Geburtsschrei einer neuen Welt?

12. Oktober 1982

DU gleichst in DEINEM Verhalten mir gegenüber verblüffend dem meinen DIR gegenüber. Projektion? Habe ich DICH mit mir verwechselt? Und DICH so gewünscht? Wenn nicht, dann trägst DU ja mein Bild, so wie ich das DEINE trage! Soll ich in DIR mein Bild erkennen, so wie DU das DEINE in mir erkennst? Hast DU das gemeint mit unserer Ebenbildlichkeit?

10. November 1982

Je tiefer und weiter sich die ikonische Dimension in mir ausbreitet, umso mehr schmerzt mich die Inflation der Worte. Besonders in der Predigt und in der Liturgie. Liturgie ist zur «Zelebritis» geworden. Das ist kein Urteil über meine Brüder, sondern eine Feststellung. Ein Arzt urteilt auch nicht über einen Patienten, er stellt nur seine Krankheit fest. Was mich an dieser «Zelebritis» am meisten schmerzt, ist die Verletzung der Menschenwürde. Sowohl die Menschenwürde des Zelebranten als auch diejenige der zu Zuschauern degradierten Mitfeiernden wird verletzt. Im geistlichen Bereich ist es aber so, dass sich die Krankheit auf den Arzt wirft und ihn zum Leidenden macht. Wenn es mir schon so geht, wieviel mehr dann Gott? ER muss sich das alle Tage anhören. Ich kann mich hie und da davon dispensieren. Wie hält ER das aus, wenn ich es kaum mehr ertrage?

15. November 1982

Ich muss Lassalle recht geben: es ist zu Ende mit dem bloss mentalen Menschen. Der integrale Mensch beginnt. Könnte ich diese Ganzheitlichkeit nicht noch besser als recluso[1] leben? Nicht für immer. Nur so lange, bis Gott sich ausgeweint hätte und unsere «Zelebritis» geheilt wäre. Oder hat mich etwas anderes angehaucht mit dem recluso? Schon das Wort selbst ist schrecklich: Eingeschlossener, Häftling. Aber es hat Tradition in Camaldoli. Es meint die höchste Stufe des Mönchslebens, die ein Eremit erreicht, bevor er in die Mission geht. Was will das von mir? Warum bedrängt es mich? Bin ich des kommunitären Lebens und des Leidens an der «Zelebritis» überdrüssig? Bin ich doch mehr Eremit, als mir lieb ist? Oder will mein Inneres noch intensiver an der Ikonenarbeit sein? Ungestörter auch? Oder wartet eine neue Herausforderung auf mich, auf die ich mich vorbereiten soll?

16. November 1982

Ich habe mit dem Eremiten darüber gesprochen. Er war unangenehm berührt und sehr betroffen. Hat er nicht verstanden, was ich

[1] recluso: der Eingeschlossene. Verzichtet auf das kommunitäre Leben, indem er seine Zelle nicht mehr verlässt.

meinte? Riecht der recluso für ihn nach Fanatismus? Wenn es das bei einem nicht tut, dann bei mir. Ich bin nicht Konvertit, der immer Gefahr läuft, es noch besser machen zu wollen als die anderen. Ich habe es nicht nötig, mich mit anderen zu vergleichen. Ich will nur authentisch meinen Weg gehen. Warum bedrängt er mich dann, dieser recluso? Ich will doch nicht in eine verschlossene Telefonkabine geraten wie im Traum. Ich würde mich ja selber umbringen.

29. November 1982

Mein Inneres hat sich noch nicht beruhigt. Darum habe ich mit dem Propheten gesprochen. Er war auch perplex. Für ihn riecht der recluso muffig. Aber er scheint verstanden zu haben, dass ich über eine Schwelle in etwas Neues gehe. Was ist es, wenn es nicht der recluso ist? Auf jeden Fall werde ich den Ausdruck nicht mehr gebrauchen, wenn Modergeruch an ihm hängt. Ich würde mich nur lächerlich machen. Was aber noch schlimmer ist, ich würde IHN und SEINE Herausforderung lächerlich machen. Nein, das gerade will ich nicht! Das Missverständnis zeigt mir eindrücklich, wie viel mehr Aufmerksamkeit noch nötig ist gegenüber kulturellen Unterschieden und Traditionen. Wäre der recluso sogar Flucht gewesen vor dieser notwendigen Auseinandersetzung?

2. Dezember 1982

Ich sollte im Traum ein Kind taufen, liess aber auf mich warten. Wegen Unachtsamkeit der Mutter stürzte das Kind vornüber auf die Stirne und zog sich eine tiefe Wunde zu.
Ich bin alle drei Personen dieses Traumes: der zögernde Pfarrer, die unachtsame Mutter und der Täufling. Wenn ich jetzt nicht ganz bei der Sache bin, nämlich bei der Taufe des neugeborenen Josua, so geschieht das Unglück. Ich verletze mich am Hirn und verliere gar noch den Verstand. Danke für diese Warnung. Was aber heisst Taufe? Muss ich noch bestätigen, was ER schon tat auf dem Berg der Verwandlung am 6. August? Und zwar mit klarem Verstand?

11. Dezember 1982

Noch ein Traum. Ich stand am Bahnhof und wartete auf den Zug. Auf einmal sagte ich: «Ab heute gehe ich zu Fuss», drehte mich um

und verliess den Bahnhof. Auf dem Platz lagen viele tote Pferde. Ich ging mitten durch sie hindurch, den Stab mit dem Bündel über der Schulter. Mir war so leicht wie Hans im Glück.
Ist der Täufling schon erwachsen? Kann er ganz allein durch die Welt wandern? Ohne das Statussymbol männlicher Kraft? Und ohne öffentliche Verbindungen? Bin ich noch bei Verstand, wenn mir so leicht zumute ist? Aber schon mein Schulfreund, der Direktor einer Handelsfirma ist, hat mich beim Abschied vor dreieinhalb Jahren Hans im Glück genannt. Der hatte doch Verstand, wenn er das sagen konnte. Beginne ich erst heute zu verstehen? Wollte ich mich verbergen, weil ich mir diese Unabhängigkeit doch nicht zutraute? Ein krasseres Gegenbild zum recluso als Hans im Glück kann ich mir nicht vorstellen. Der Traum ist wirklich nicht zimperlich. Vielleicht deutet er sogar darauf hin, dass ich gar nie eingestiegen bin und deshalb auch nicht auszusteigen brauche. Ich kann einfach gehen. Macht mich das gefährlich?

21. Dezember 1982

Nach fünfmonatigem Unterbruch kann ich endlich wieder in der Werkstatt arbeiten. Aber es fällt mir schwer, weil die letzte Ikone im Feuer gestorben ist. Irgendeine Art von Schwellenangst ist geblieben. Und vor mir liegen die acht Stationen des Auferstehungsweges und warten auf ihre Realisation. Ich muss wohl selber erst zur Arbeit auferstehen. Aber das geschieht nur im Vollzug der Arbeit. Einfacher geht es nicht.

8. Januar 1983

Die via resurrectionis ist geboren. Heute, am achten Tag des neuen Jahres, wurde die achte Station fertig. Das ermutigt mich.

10. Januar 1983

Man muss den Auferstehungsweg im Kerzenlicht gehen, um seine Transparenz zu erfahren. Mein kleines Licht genügt, damit das SEINE reflektieren kann. Ich ertrage nur soviel von SEINER Herrlichkeit, wie ich an eigenem Licht schon in mir habe. Gott blendet nie.

11. Januar 1983

Ein Fenster tut sich auf. Ein neuer Horizont ist da: DU selbst, mein Kyrios, bist Persévère! Hast DU DICH hinter seiner Gestalt verhüllt, damit ich nicht erschreckte und mich geben könnte, wie ich wirklich bin? Ich kann es kaum fassen, aber es muss wahr und wirklich sein, sonst hättest nicht DU selbst mir das Fenster geöffnet. Am liebsten hätte ich den damals selbsterfundenen Namen zurückgenommen vor lauter Schreck. ER aber verwehrte es mir: «Lass ihn mir, er gefällt mir, weil er von dir ist.»

14. Januar 1983

Aus der Rede des Nobelpreisträgers 1982 Gabriel García Márquez: «An einem Tag wie heute hat mein Lehrmeister William Faulkner an dieser Stelle gesagt: 'Ich lehne es ab, das Ende des Menschen hinzunehmen'.» Als ich das las, hörte ich in mir sagen: «Ich lehne es ab, die Spaltung der Kirche hinzunehmen.»

25. Januar 1983

Wir können nichts schauen, ohne nicht eines Tages in das verwandelt zu sein, was wir geschaut haben. Gott schaut den Menschen und wird ein Menschensohn. Der Mensch schaut Gott und wird ein Gottessohn.

26. Januar 1983

Schauen: contemplare. Sich versenken, bis man das Verlorene wieder findet. Das Märchen von Frau Holle macht es anschaulich. Nur wer wirklich etwas verloren hat in der Tiefe des Brunnens und sich hinein ver-senkt, um es wieder zu finden, kommt gesegnet zurück. Wer es nur einfach kopiert und als Methode missbraucht, endet im Pech.

1. Februar 1983

Die Spitze meiner Mandorla in der siebten Station des Auferstehungsweges hat den äussersten Kreis meines Lebens berührt und

aufgebrochen. Werde ich von nun an für jeden Kreis von Menschen eine Gefahr, weil ihn meine blosse Gegenwart schon aufbricht? Es wäre schrecklich zu wissen, für Camaldoli eine Gefahr zu sein. Ach DU, warum dürfen DEINE Jünger zu zweit gehen und ich muss mich allein auf den Weg machen? Warum darf ich mein Leben nie mit einem andern teilen?
Verzeih – ich muss gar nicht alleine gehen. Persévère geht immer mit mir. Mit ihm bin ich mehr eins als mit irgendeinem Menschen. Auferstandene Freundschaft. Schrecke ich davor zurück, weil sie unverfügbar ist? Weil sie mehr ist als Freundschaft im geschlossenen Kreis? Freundschaft in der offenen Parabel. Darum geht sie durch verschlossene Türen. Und kann nie eingeschlossen werden. Will ich denn weniger als das?

12. Februar 1983

Im Traum wurde aus Urgestein das Fundament eines Hauses gelegt. So schön wie die Mauer der Casa Bocci von Peter und Katharina. Im Erwachen wusste ich: Menschsein heisst: sein Urgestein finden. Mein Urgestein ist nicht Granit, sondern Eremit. Ein in die Gesellschaft nicht einfügbarer Stein. Und dennoch kostbar für die Gesellschaft, denn er weist auf grössere Gemeinschaft hin. Auf die Gemeinschaft zwischen Himmel und Erde. Er ist ein Stein, der Himmel und Erde verbindet. «Äben» nennen ihn die Hebräer. Will mir der Traum das Schuldgefühl wegen meines Andersseins nehmen? Wenn der Eremit mein Urgestein ist, dann klebt keine Schuld an ihm. Gottlob. Gottlob.

6. März 1983

Ich bin zurück aus Rom. Hier hat wieder alles seine menschlichen Proportionen. Dort war alles monumental, gigantisch, übermenschlich, unmenschlich. Nichts hatte mehr ein Antlitz. Ich nicht und Gott nicht. Ich war wie verloren. Dauernd hatte ich den Wunsch, mich unter den Boden zu verkriechen. Erst am vierten Tag in Tre Fontane bei den Kleinen Schwestern Jesu habe ich mich wieder gefunden. In ihrer Höhlenkirche unter dem Boden. Auf ihrem Hügel hatte auf einmal alles wieder menschliche Proportionen: Holz,

Steine, Wohnräume, Werkstätten. Nun verstehe ich noch viel besser, was mit eremitischer Urstruktur gemeint ist: Ein Eremit nimmt sich auf sein menschliches Mass zurück und vermag so den Menschen ihr Antlitz zurückzugeben.

4. April 1983

Ostermontag. Im Traum heute nacht schaute ich auf dem dunklen Hintergrund der Tannen anstelle unserer Klostermauer blühende Mandelbäume.
Frühling der Kirche. Er lässt sich offenbar auch hier in Camaldoli nieder. Welche Verheissung! So kam sie auch zu Jeremia (1,11-12): «Und es erging an mich das Wort des Herrn: Jeremia, was siehst du? Ich sprach: Einen Mandelzweig sehe ich. Da sprach der Herr zu mir: Du hast recht gesehen; denn ICH wache[1] über mein Wort, es zu vollstrecken.»
Ist es Gott so ernst mit SEINEM Frühling der Kirche? Und draussen schneit es wieder! Der Winter gibt sein Regiment nicht freiwillig ab. Da muss schon ein anderer darüber wachen, dass dem Frühling das Blühen nicht vergeht.

11. April 1983

Beim gemeinsamen Bibellesen am Samstag nach Ostern machten die Postulanten ihrem Ärger darüber Luft, dass ich das letztemal meinen Traum erzählt habe, statt eine Predigt zu halten. Die Liturgie des Wortes sei nicht der richtige Ort, um Träume zu erzählen. Wirklich? Gehörte dieser Traum nicht zuallererst der Kommunität? War er nicht «das Wort des Herrn» wie bei Jeremia? Einer der Postulanten kam nachher noch zu mir in die Cella und fragte, woher ich mir denn das Recht nähme zu behaupten, dieser Traum gehöre nicht mir, sondern sei mir vom Auferstandenen in der Osternacht für die ganze Kommunität anvertraut worden? Ich rechtfertigte mich nicht. Ich machte ihn nur aufmerksam auf die siebte Station des Auferstehungsweges, wo der Kreis in die Mandelform aufbricht und der Kern der Mandel sichtbar wird. Er schüttelte nur den Kopf, als er ging, und

[1] Im Hebräischen haben Mandel und wachen denselben Grundstamm, so wie im Deutschen Wachholder und wachen.

sagte: «Ich verstehe dich nicht.» Und mir wird wieder einmal mehr meine Gratwanderung bewusst: Anmassung oder Gabe des Heiligen Geistes?

12. April 1983

Sind die Brüder vielleicht so aufgebracht über meinen Traum, weil in ihnen selbst etwas aufbricht wie in der Ikone? Wehren sie sich gegen den Aufbruch aus ihrer eigenen Verschlossenheit? Es ist wahr: Keiner gibt seinen eigenen Kern frei ohne Druck von aussen. Und das Aufbrechen der Schale tut weh.

20. Mai 1983

Mein leerer Kelch und meine leere Patene werden mir immer kostbarer. Sie sind wie die Ikonen aus Kupfer, Messing, Silber und ein wenig Gold. Ich habe sie aus Affoltern mitgebracht, um nicht aus der Gemeinschaft mit meinen reformierten Schwestern und Brüdern zu fallen. Und jetzt scheint mir ihre Leere bis an den Rand mit Gott gefüllt. Lebe ich vom Überfluss des leeren Kelches und der leeren Schale?

9. Juni 1983

Heute nach dem Morgenessen hat sich der junge Katalane verabschiedet, der von Calais nach Rom pilgert. Er sagte: «In Camaldoli ist mein Kreuzweg zum Auferstehungsweg geworden.» Die Begegnung mit ihm war wie ein Zusammentreffen am Brunnen in der Wüste. Er hat mir versprochen zu schreiben, wie es ihm ergangen sei mit seinem Auferstehungsweg. Hat er vielleicht im Vorübergehen mehr davon begriffen als meine sesshaften Brüder? Sein Name Ventura klingt in mir wie Abenteuer und wie Advent.

31. Juli 1983

Ökumenische Konferenz auf dem Mendelpass. Wie ist es möglich, dass die einzelnen Kirchen nach mehr als zwanzig Jahren ökumenischen Gespräches Eucharistie zelebrieren unter Ausschluss der anderen? Warum nicht lieber verzichten, als die schmerzlichste Wunde der Christenheit zu einer Theaterszene zu degradieren? Ich empfinde diese Szenen als Beleidigung Gottes und Beleidigung der Menschen. So zelebrieren wir die Eucharistie zu Tode. Da halte ich lieber den leeren Kelch und die leere Schale aus um der Liebe willen zu den getrennten Brüdern und Schwestern.

4. August 1983

Die Gruppe der Jugendlichen hat mich gebeten, in der Dankliturgie heute abend etwas zu sagen. Nach einer schlaflosen Nacht, in der ich wie Jakob mit dem Engel gekämpft habe, wusste ich, dass ich nicht ausweichen darf und auch von meinem Leiden an der Eucharistie reden muss.
Ich habe es getan. Und gesagt, dass ich von heute an eucharistisch fasten werde, solange getrennt Eucharistie gefeiert wird.

5. August 1983

Ist mein eucharistisches Fasten so etwas wie ein Hungerstreik? Warum denn nicht? Ghandi hat auch aus Liebe gehungert. Warum soll ich es nicht tun, wenn es der Wahrheit entspricht? Ich will noch von hier aus einen Brief an meine Brüder in Camaldoli schreiben, damit sie es von mir selber erfahren. Heute vor einem Jahr habe ich ihre Cocolla bekommen. Und schon befinde ich mich an dieser äussersten Grenze.

29. August 1983

Seit ich zurück bin, liegt eine grosse Müdigkeit auf mir. Langsam begreife ich: es ist mehr als nur Müdigkeit. Es ist DEINE Traurigkeit über das Elend DEINER Kirche, die mich umhüllt. Wer den äussersten Spannungen und Grenzen zwischen Mensch und Gott ausgesetzt ist, würde zerrissen ohne den Mantel DEINER Traurigkeit. Der Achte Tag sucht seinen Weg durch unsere Zeit unter Tränen. Ich ahne, warum die stille dunkle Gestalt wieder da ist in der Matutin.

15. September 1983

Ich bin mit Peter und Katharina für vierzehn Tage an die Adria gefahren, um meinen Rücken mit Schwimmen zu kurieren. Was hat mich so zusammengedrückt? Nein, ich will mich nicht wundern, dass der Körper auf seelische Belastungen reagiert. Ich will ihm lieber dankbar sein dafür, dass er mir die Grenzen meiner Belastbarkeit zeigt.
Wir erleben hier viele spontane Begegnungen. Auf der Strasse sagte ein Vierundachtzigjähiger: «Man lebt mehr, wenn man einen anderen anredet und ein Wort mit ihm wechselt.»

20. September 1983

Als Don Abramo hörte, dass wir in der Gegend seien, lud er uns spontan zum Mittagessen ein und empfing uns wie die drei Engel. Uns Protestanten wurde abrahamitische Gastfreundschaft zuteil! Und wenn es sich um Gottes Tisch handelt, werden wir dazu verpflichtet, Gast*feind*schaft zu leben um der Treue zur Kirche willen. Wie absurd! Wer ist denn eigentlich der Hausherr?

17. Oktober 1983

Habe ich aufmerksam genug gelesen? Sehen die italienischen Bischöfe in ihrem Eucharistie-Dokument vom 15. April 1983 die brennenden Probleme gar nicht? Sie behandeln Einheit als innerkatholisches Problem. Ist das möglich nach den ökumenischen Hoffnungszeichen, die in Kardinal Bea und im Dokument von Lima greifbar geworden sind? Ist die römisch-katholische Kirche in goliathische Überheblichkeit geraten? Das wäre ja Hochmut vor dem Fall. Sind dies die letzten Zuckungen des konstantinischen Zeitalters?

20. Oktober 1983

Wenn Gott jeden Pfarrer oder Priester vor der Himmelstüre eine Eucharistie zelebrieren liesse, und zwar ohne liturgisches Formular, was würde ich tun? Ich ginge mit meinem leeren Kelch und meiner leeren Schale zu Gott und würde ihn bitten, sie zu füllen. Und dann würde ich sie jedem Ausgeschlossenen schweigend hinhalten, damit er esse und trinke. Ich bin überzeugt, Gott würde jeden nach dem Empfang der Zeichen spontan umarmen. Und so hätte sich das Draussen in ein Drinnen verwandelt.

21. Oktober 1983

Der Bericht über die ökumenische Vollversammlung in Vancouver, Kanada, hat mich desillusioniert. Für die Kirchen als Institutionen gibt es keine Hoffnung mehr. Sie sind nicht bereit, sich zu wandeln. Wie Pubertierende streiten sie noch immer darüber, wer recht hat und wer nicht. Und das im Angesicht einer brennenden Welt! Was mich aber am meisten schmerzt, ist die Ahnung, dass solche Dokumente die Distanz zu meinen Brüdern hier in Camaldoli nur noch vergrössern werden. Sie geben ihnen das Recht, sich dem begonnenen Wachstums- und Wandlungsprozess zu verweigern und sich hinter den Gehorsam zurückzuziehen. Wird die Institution Kirche zum Moloch, der seine eigenen Kinder verschlingt?

23. Oktober 1983

Unser Prophet bedrängte mich schon lange, ein Büchlein über den Auferstehungsweg zu schreiben. Aber ich schob es immer hinaus. Heute kam aus Spanien ein Brief von Ventura mit der Bitte, ich möchte doch dem «Fressack von geistlicher Nahrung» etwas zu essen geben und zu jeder Station des Auferstehungsweges eine Meditation schreiben. Das überzeugt. Jetzt gehe ich für ihn an die längst fällige Arbeit.

11. November 1983

Das neue Kreuz ist geboren. Neun Jahre nach dem ersten. Neun ist die Zahl der Geburt. Schmerzloser geht das nicht. Ein Transfigurations-Kreuz aus drei Parabeln. Aus der Gestalt unserer Cocolla! Ich habe es erst im Nachhinein bemerkt. Siehe da, mein Kreuz mit der Institution ist zum Mantel des Auferstandenen geworden. Und ER ist darin noch viel zarter und transparenter als im ersten Kreuz.

27. November 1983

Erster Advent. Zwei Novizen haben heute ihr einfaches Gelübde abgelegt. Während der Zeremonie spürte ich klar, dass das so für mich nie möglich wäre. Und dann fiel mir Peters Bemerkung wieder ein: ich müsse meine eremitischen Erfahrungen wohl gar nicht zuerst in der Comunità einbringen, sondern eher draussen bei den Menschen. Zum Beispiel mit dem Büchlein vom Auferstehungsweg? Ist denn für mich die Comunità nur ein Durchgangsstadium? Hat mir ihre weitherzige Aufnahme so etwas wie eremitische Grundlagenforschung ermöglicht? Ist es das, was DU DIR von mir erhofftest? Sind zur Verwandlung der Christenheit noch viele Eremiten nötig? Die nicht mehr in Klostergemeinschaften leben, sondern auf andere Weise miteinander vernetzt sind? Aber dazu braucht es gereifte Persönlichkeiten. Nicht Gehorsame, sondern Verantwortliche. Ist das DEINE adventliche Perspektive?

27. Januar 1984

Ich kam nach Camaldoli, um die Wurzeln meines eremitischen Lebens zu finden. Und letzte Nacht stand ich im Traum unter einem blühenden Baum. Wenn ich seine Blätter und Blüten berührte, wurden sie «gülden», d.h. sie verwandelten sich in transparentes Gold.
Ich habe meinen Lebensbaum berührt und bin noch am Leben. Steht der Cherub nicht mehr davor (Gen 3,24)? Wartet der Lebensbaum auf den Menschen, der ihn mit ursprünglicher Zärtlichkeit berührt? Wird ein Verwandelter zum Verwandler?

31. Januar 1984

Schon wieder ein Traum. Aber ich sah nichts. Ich hörte nur eine Stimme. Es war die Stimme meines Eremiten. Er sagte: «Indossare Enoc». Henoch anziehen.
Ich habe mich noch nie mit Henoch beschäftigt. Aber jetzt interessiert er mich, wenn ich ihn schon anziehen und wie die Cocolla tragen soll. Ich lese Gen 4,17 und 5,18-24 und erinnere mich, dass hier zwei Überlieferungen sprechen. Die eine lässt Henoch von Kain abstammen, die andere von Abel, respektive seinem Stellvertreter

Seth. Es ist wahr, seit Weihnachten beschäftige ich mich mit der dritten Kain/Abel-Ikone. Ist Henoch etwa die Versöhnung der beiden? Starb er deshalb nicht und wurde von Gott einfach hinweggenommen (Gen 5,24)? Muss ich Henoch anziehen, weil ich von Camaldoli weggenommen werde, nachdem ich die Versöhnung der beiden erlebt habe?

15. Februar 1984

Die Symbolik ist nicht zu übersehen. Unten im Monastero befinde ich mich mit Peter und Katharina vor verschlossenen Türen. Wir sind zur Feier der Patronin der Diözese, «Maria der Tröstung», eingeladen. Und stehen draussen vor der Tür. Schöner Trost! Haben die Mönche mit der Feier früher begonnen als verabredet? Ich kenne auch die Zugänge der Mönche. Alle sind geschlossen. Was soll das? Italiener würden jetzt einfach in die nächste Bar gehen und dann lachend zum Mittagessen erscheinen. Ich kann es nicht. Ist das nach den beiden Träumen das dritte Zeichen? Peter und Katharina bleiben solidarisch mit mir. Und Maria? Bleibt vielleicht auch sie bei den Ausgeschlossenen, während sie drinnen gefeiert wird? Ich schiebe niemandem eine Schuld zu. Es gibt zu seltsame Zufälle. Aber ich möchte verstehen, was dahintersteckt. Die Wahrheit ist immer ein Trost, auch wenn sie hart ist. Weggenommen wie Henoch?

17. Februar 1984

Schon einmal stand ich mit Peter und Katharina draussen vor der Tür. In Kappel nämlich. Draussen vor den Mauern der reformierten Kirche. Und jetzt vor den Mauern der katholischen Kirche? Als ich heute den Eremiten fragte, wie er denn die Symbolik deute, sagte er: «Non c'è mica nulla», da steckt doch nichts dahinter! Kennt er mich nach fünf Jahren Hiersein so schlecht, dass er es einfach als «Hirngespinst» abtun kann? Ich kam mir wie gekreuzigt vor. Im Morgenlob war er es, der das Evangelium las: Mk 8,34 «... der nehme sein Kreuz auf sich ...» Was soll da noch frohe Botschaft sein? Oh Gott, mein Taborkreuz! Henoch ist mein Taborkreuz. Der Mantel des Auferstandenen. Mir dämmert: Unverfügbarkeit anziehen. Weggenommen werden, damit ich nicht wieder in die verschlossene Telefonkabine zurückgehe.

26. Februar 1984

Jetzt ist aus dem Kain/Abel-Diptychon ein Triptychon geworden. Heute wurde die dritte Ikone fertig. Zwei silberne Gestalten in der Form des Taborkreuzes tanzen wie Schmetterlinge um einen Kelch mit der geeinten Hostie. Kain und Abel haben sich vom kriechenden Raupendasein in beflügeltes Schmetterlingsdasein gewandelt. Zu meiner grössten Überraschung hat mir das Feuer aus dem Kelch einen Lebensbaum gemacht. So kann nur Feuer verwandeln.

29. Februar 1984

Ich lege das mir anvertraute Amt des Hebdomedars und des Predigers nieder. Als Zeichen der Versöhnung kam ich nach Camaldoli. Und nun wurde ich von einem Bruder angeklagt, das Gebet zur Polemik missbraucht zu haben. «Polemik» stammt aus dem Griechischen und meint Krieg! Ich habe um ein offenes Gespräch zu dritt oder mit allen gebeten. Es wurde mir nicht gewährt. So würde die Sache nur dramatisiert. Wie kann sie aber anders gelöst werden? Ich bin nicht gekommen, die Gräben zwischen den Konfessionen noch tiefer aufzureissen. So schweige ich lieber. Nicht beleidigt, sondern um die Versöhnung mit dem Leben darzustellen. «Tacente lingua, predicante vita», sagte San Romualdo. Wenn die Zunge schweigt, predigt das Leben.

6. März 1984

Wasser widersteht der Kälte nur, wenn es fliesst. Ich habe in den ersten Tagen der Kälte hier den Wasserhahn nicht offen gelassen. Jetzt ist er zugefroren. Das ist symbolisch: die Lebenswasser in mir gefrieren, wenn ich sie nicht fliessen lasse. Ich darf von meiner Umwelt nicht verlangen, dass sie mich vor Kälte bewahrt. Aber ich kann mein Wasser fliessen lassen. Wenn nicht mehr in der Predigt, dann in den Ikonen, im noch zu schreibenden Auferstehungsweg und in den Tränen. Sie halten mich lebendig in der Kälte.

19. März 1984

Der Künstler in mir starb nach fünf Jahren Berufstätigkeit (1938-1943), der Pfarrer nach dreiunddreissig Jahren (1951-1984).

Genau so alt war ER, als ER ins Grab gelegt wurde. Was will diese Parallele mit mir? Ich habe mein Predigtamt selber ins Grab gelegt, nachdem es als Kriegshetzerei verurteilt und umgebracht worden war. Will es auferstehen wie der Künstler? Der Kunsthandwerker auferstand im Ikonographen. Und der Prediger? Im Handwerk des Poeten? Wollen sich Worte wie geschaute Bilder ver-dichten?

12. April 1984

Zurück aus der Schweiz. Zweimal ist mein Predigtamt auferstanden und beide Male zusammen mit der geeinten Eucharistie. Zuerst mit katholischen Ordensfrauen und dann mit Jugendlichen beider Konfessionen. «Es wäre eine Sünde gegen den Heiligen Geist, es nicht zu tun», sagte der junge Priester. So überraschen kann allerdings nur der Heilige Geist. Mir war ganz österlich zumute. Als ginge ich durch verschlossene Türen.

24. April 1984

Der Hebdomedar dieser Woche musste unerwartet verreisen. Bevor er wegfuhr, fragte er mich, ob ich für drei Tage seinen Dienst übernähme. Ich fühlte mich ganz österlich in seinen Schuhen. Erscheinen und dann wieder verschwinden. Weggenommen wie Henoch. So ist das mit der Unverfügbarkeit.

9. Juni 1984

Der Auferstehungsweg ist geschrieben. Die Worte haben sich verdichtet wie die Bilder in den Ikonen. Geschieht mir Auferstehung so? Heute vor einem Jahr war Ventura hier im Eremo di Camaldoli. Ausgerechnet! Nein, nichts von Berechnung. Nur liebenswürdiges Zusammentreffen. Und genau heute ist ein Brief von ihm eingetroffen: der Agraringenieur ist in ein Trappistenkloster eingetreten in Spanien, als Frucht seines Auferstehungsweges, wie er sagt. Und: «l'unità è l'unica realtà», die Einheit ist die einzige Realität.

12. Juni 1984

«Mein Angesicht gehört nicht mir, sondern meinem Bruder» (Oskar Ruf). Zum erstenmal ist mir bewusst, dass der Mensch so geschaffen ist, dass er nie in sein eigenes Angesicht schauen kann. Und Gott? Hat ER den Menschen gemacht, damit ER in ihm SEIN Angesicht schauen kann? Das wäre kaum zu fassen. Würden wir dann in IHM das unsere schauen?

21. Juni 1984

Aus Respekt vor der Parabel der ausgebreiteten Arme habe ich bisher nicht gewagt, der Gestalt des Auferstandenen einen Hals zu geben. So berühren sich Kreis und Parabel unmittelbar. Vor einigen Tagen wagte ich es endlich und spürte prompt Schmerzen im Nacken. Hat sich mein Nacken geduckt unter der ökumenischen Last und mir den aufrechten Gang verwehrt? Es ist befreiend, durch diese kleine Veränderung die Leichtigkeit der ikonischen Gestalt zu sehen. Habe ich meine eigene Leichtigkeit verloren?

11. Juli 1984

Wieder einmal mehr erfahre ich, dass Ikonen ihren Standort selber finden. Das Triptychon von Kain und Abel geht nach Marzabotto bei Bologna. Nicht in eine Kirche, sondern ins Rathaus. Und erst noch in den Gemeinderatssaal. Ich war heute dort und habe mir alles angesehen.
1944 wurden an diesem Ort eintausendachthundertunddreissig Frauen, Kinder und alte Menschen von den Nazis massakriert, weil sie die Widerstandskämpfer versteckt hielten.
Es war bewegend, wie der kommunistische Sindaco auf das Triptychon reagierte. Als Initiant der weltweiten Verbindung aller Märtyrerstädte des zweiten Weltkrieges spürte er unmittelbar die politische Dimension der drei Ikonen: die Versöhnung zwischen Nationen, Rassen, Klassen und Religionen. Das von ihm offerierte Mittagessen wurde zu einer wahren Agape zwischen Atheisten, Katholiken, Protestanten und Hindus.

29. Juli 1984

Ökumenische Konferenz auf dem Mendelpass. Bevor ich gestern wegfuhr, hatte ich einen bedrückenden Traum. Eine mir vertraute Person schoss mir durch ein Blasröhrchen einen giftigen Pfeil in die rechte Handwurzel. Ich erwartete jeden Moment eine Lähmung oder den Tod.
Heute früh spürte ich auf einmal eine Gestalt neben mir, die behutsam meine vergiftete Wunde berührte und heilte. Ein urtiefer Friede kam über mich: mein Bruder Kain behütet mich.

4. August 1984

Die erste Konferenz, an der ich weder im Sprechen noch im Handeln eine Lähmung spürte. Hat sich meine dunkle Kainseite so in mir integriert, dass sie zur «Hüterin ihres Bruders» (Gen 4,9) geworden ist? Hat mein verdrängter Kain mich gezeichnet und nun als integrierter Kain mich geheilt? Ich atme auf und kann wieder aufrecht gehen. So konkret sind die verborgenen Dinge.

15. September 1984

Ein Christ scheint so etwas wie ein Seiltänzer zu sein. Kein braver Fussgänger. Viel eher ein Clown auf dem Seil über den Abgründen des Lebens. Er balanciert hinter dem Auferstandenen her mit weit ausgebreiteten Armen. Seine Basis ist oben in der Kreuzform. Und mit den Füssen tastet er sich Schritt für Schritt auf dem Seil der Gegenwart hinüber ans Ufer der Zukunft.

20. September 1984

Habe ich mit dem Geschenk an Marzabotto die ersten Schritte in meine Sendung getan? Das Wort Mission bringe ich nur schwer über die Lippen. In den vergangenen fünf Jahrhunderten ist unter diesem Wort zuviel Unheil angerichtet worden. Wer kann es heilen? Ich möchte, wenn ich schon in die letzte Etappe des Eremitseins eingetreten bin, gerne dazu beitragen: schweigend und mit Ikonen, die SEINE heilende Nähe transparent machen.

25. September 1984

Etwas Neues belebt meine Cella: ein von Katharina gewebter Teppich. Ganz leicht schwebt er mit seinen langen Fransen über dem neuen Altar in meiner Kapellen-Werkstatt. Vita celebrata nennt sie ihn, gefeiertes Leben. Er ist aus ihrem schwesterlichen Mitleiden an meinem Schmerz um die ökumenische Eucharistie entstanden. Und heute ist der Tag des Niklaus von Flüe! Der neunte Geburtstag meines neuen Lebens. Alles fasst dieses Kunstwerk in eine einzige Liturgie zusammen: Höhen und Tiefen, Helles und Dunkles, Freude und Leid. Wirklich alles ist in eine einzige Zelebration verwoben. In eine einzige Feier. Da sind auch die Tränen nicht ausgeschlossen. In Form von vier Keramik-Glasurproben sind sie eingewoben in das gefeierte Leben. Wo immer mich Todeshauch aus der Eucharistie anweht, steht mir jetzt das Leben bei.

9. Oktober 1984

Wir waren heute in der Kirche so wenige, dass uns die Brüder samt den Gästen aus der Schweiz zur Eucaristie um den Altar versammelten. Ich hatte den Schweizern von meinem eucharistischen Fasten erzählt, damit sie sich nicht wunderten, wenn ich Kelch und Patene an mir vorübergehen liess. Auf einmal spürte ich etwas zwischen meinen gefalteten Händen. Als ich die Augen öffnete, lag die Hälfte einer Hostie darin. Und als ich mich umdrehte, sagte die Bekannte: «Das können sie uns nicht verbieten». Wer sie? Die Schweizerbischöfe. Was das? Die Interkommunion. Ich staunte nicht wenig. Die Phantasie einer Frau hatte einen Ausweg gefunden: das Wenige teilen, das mir gehört.

12. Oktober 1984

Unser Novize aus Indien brach heute in der Eucharistie ein Stück seiner Hostie ab und gab es mir. Ich hatte ihm nichts erzählt von meinem Fasten. Er hat es wohl gesehen vor drei Tagen, und es muss ihn bewegt haben. So kann nur der Heilige Geist Fremde zu Hausgenossen machen.

19. Oktober 1984

Heute schaute ich in DEINE Augen. In die unendliche Weite des Himmels und in die Urtiefen des Meeres. So schöne Augen habe ich noch nie gesehen. Nur für einen Augenblick. Warum sollte ein Augen-Blick nicht genügen?

26. November 1984

Eine Johannes-Ikone entsteht. Der Skorpion wird zum Adler. Nicht zufällig wird dem vierten Evangelisten das Symbol des Adlers zugeordnet, das Tier mit dem weitesten Blick. Ob Johannes auch im Sternzeichen des Skorpions geboren ist wie ich? Und ob er auch so schwer daran getragen hat wie ich? Ich habe den Stachel eher gegen mich selbst gewendet als gegen andere. Aber langsam merke ich, dass ich schon durch meine blosse Existenz ein Stachel bin, so verborgen ich auch lebe und so sanft ich mich auch verhalten mag. Offensichtlich bricht im Skorpion das Veraltete auf, im Adler das Neue an. Bin ich herausgefordert, beide zugleich zu leben?

14. Dezember 1984

Als gestern vor der Matutin der letzte der Brüder eintrat und am Teppich den Schnee von seinen Schuhen wischte, fühlte ich mich wie ein Wurm unter seinen Füssen, der einfach «verschliirpet» (zertreten) werden könnte. Oder geht es meinem ökumenischen Zeichen in der Comunità so? Während des ganzen Tages spürte ich eine beklemmende Angst vor Weihnachten. Welches Recht habe ich denn, besser davonzukommen als die Kinder von Bethlehem? Soll ich zu fliehen versuchen vor Herodes? Mein Inneres beruhigte sich erst, als ich in der Nacht erwachte mit dem Satz: «Fürchte dich nicht, du Würmlein Josua». Ich stand auf und schlug bei Jesaja nach. Da las ich natürlich «du Würmlein Jakob» (Jes 41,14). Was tut's, auch mein Würmlein schien sich sichtlich beruhigt zu haben. Doch als ich noch den anschliessenden Vers las, blieb mir der Mund offen: «Zu einem Dreschschlitten mache ich dich, zu einem neuen Schlitten mit vielen Schneiden. Berge wirst du dreschen und sie zermalmen, und Hügel machst du zu Spreu» (Jes 41,15). Aus dem Wurm soll ein Dreschschlitten werden! Krasser ist Verwandlung nicht auszudrücken: das Wehrloseste wird von Gott zur Ernte gebraucht, um Korn und Brot zu gewinnen. Ist für IHN Erntezeit, wenn es für uns aussichtslos scheint?

23. Dezember 1984

Peter liegt mit Oberschenkel- und Oberarmbruch im Spital von Arezzo. Er stürzte während Malerarbeiten im Keller samt der Leiter auf den Zementboden. Hätten wir nicht insistiert, der Arzt hätte den Oberarmbruch immer noch nicht bemerkt. Er versuchte sich herauszureden, indem er auf den Streik in der Radiographie hinwies. Unheimliche Spitalverhältnisse: Streik auf Kosten der Patienten!

27. Dezember 1984

Wieder einmal mehr fällt die Entstehung einer Ikone zusammen mit einem bedeutsamen Kalendertag. Heute, am Tag des Johannes, wurde die Johannes-Ikone fertig. Ob der Evangelist nicht doch identisch ist mit dem auf Patmos verbannten Verfasser der Apokalypse (Off 1,9)? Patmos könnte ebensogut ein fingierter Name sein, denn das griechische Grundwort hat mit «zertreten» zu tun. Sollte er wie ein Wurm zertreten werden, weil sein mystisches Darüberhinaus-Schauen unbequem wurde?

1. Januar 1985

Peter ist immer noch nicht operiert. Katharina sagte am Telefon, wenn der Bischof ein Wort eingelegt hätte beim Arzt, wäre Peter anders behandelt worden. Wie grässlich! Man muss sogar im Spital einen Mittler haben, um menschlich behandelt zu werden. Wo die Unmittelbarkeit zu Gott verloren gegangen ist, versinkt alles in hierarchischer Mittelbarkeit. Und darauf liess sich eine Kirche gründen. Welches Elend! Wie traurig für Gott.

5. Januar 1985

Ich bin zurück von Peter. Am 2. Januar wurde er endlich operiert. Zwei Stunden nach der Operation hatte er einen Kreislaufkollaps. Man ist in unserem Alter nicht mehr so widerstandsfähig. Es ist gut, das zu registrieren.
Ich bin noch sehr bewegt von der Begegnung mit einem einseitig Gelähmten, der Peters Bettnachbarn besuchte. Mir war, als hätte ich

durch seine Lauterkeit hindurch DICH geschaut. Bist DU durch ihn anwesend unter uns, ohne dass er selbst es weiss?

8. Januar 1985

Man hatte mich gebeten, dem Sindaco von Marzabotto zuliebe heute zu predigen. Wegen der grossen Kälte von - 18° C ist er aber in Rom blockiert, statt unter uns zu weilen. Ich suchte in meiner Predigt eine Antwort zu finden auf das, was Kirche ausmacht, und sprach von den zweien, die eins sind im Teilen. Der Bruder, der in der Eucharistie neben mir stand, teilte seine Hostie mit mir. Als wäre er durch die Mauern der Institution Kirche gegangen. Und erst noch heute, am achten Tag des neuen Jahres!

20. Januar 1985

Kirche ist mehr als Institution. Zwei Menschen genügen dazu. Als ich heute Peter im Spital von Stia besuchte, traf ich den Gelähmten wieder. Er hatte uns mitge-teilt, wo er wieder gehen gelernt hatte. Und nun ist Peter in dieses nähergelegene Spital disloziert worden. Welcher Unterschied! Wir atmen wirklich auf. Als der Gelähmte sich von mir verabschiedete und ich ihn umarmte, sagte er: «Come fratelli o anche di più», wie Brüder, oder sogar noch mehr. Wirklich, zwei oder drei genügen, um Kirche zu sein.

4. Februar 1985

Mandelbaum-Kirche. Die Mauern sind hinfällig geworden, wenn es blüht. Und wenn ER darüber wacht, SEIN Wort zur Erfüllung zu bringen. Wohin aber führt das? In eine Kirche und in ein Mönchtum, die nicht mehr organisiert werden, sondern organisch wachsen. Werden wir die Wehrlosigkeit durchstehen? Sind wir dazu reifer als die Menschen zur Zeit des Franziskus? Oder immer noch nicht?

11. Februar 1985

Einer der Brüder hat uns heute im Morgengebet den Segen von Kardinal Pellegrino gebracht. Er hat den vielgeliebten Konzilsvater im Spital von Turin besucht, wo er, seit Monaten gelähmt und ohne sprechen zu können, im Sterben liegt. Franziskus hat mit den Stigmata geantwortet auf das, was man ihm von seiten der Institution angetan hat. Und Kardinal Pellegrino mit der Lähmung. Geht die Institution so um mit dem wandernden Gottesvolk? Mit denen, die über das Bisherige hinausgehen? Wer Ohren hat zu hören, der höre. Selbst der Name des Kardinals ist noch Zeichen: Pilger. Nun leben wir unter dem Segen dieses gelähmten Pilgers. Hat er mir den Segen zur Weiterreise gegeben? Ist der Segen gar Aufforderung zum Aufbruch? Aber wohin?

22. Februar 1985

«ICH weiss es auch nicht.» Wie könnte ich noch weiter schlafen nach einem solchen Satz! In den vergangenen Tagen habe ich immer wieder vor mich hin gesagt: «Jetzt weiss ich nichts mehr.» Und jetzt sagt ER es. Nimmt auch ER ein solches Risiko auf sich, wenn ER ins Offene aufbricht? Ist auch ER bereit zur Verwandlung? Das würde alle unsere Theologien auf den Kopf stellen.

8. März 1985

Diese Nacht war mir Niklaus von Flües Vision vom «Mann mit der Bärenhaut» ganz gegenwärtig. Im Wachzustand, nicht im Traum. Ich schien in SEINER Haut zu stecken. Normalerweise sagt man: «I dèm siinere Huut wetti au nöd stecke.» Mir aber war es unbeschreiblich wohl in dieser neuen Haut.
Ob es IHM vielleicht auch so wohl ist in meiner Haut? Je länger ich darüber meditierte, umso stärker wurde mir die Gewissheit, dass Gott ein grosses Verlangen haben muss, in der Haut des Menschen zu stecken, um zu erfahren, wie es ihm zumute ist. Und nun spüre auch ich dieses Verlangen, in SEINER Haut zu stecken, um zu erspüren, wie es IHM zumute ist unter uns.

11. März 1985

Eine Cella in der Welt und unter den Menschen sein. Nicht mehr hinter Mauern, sondern unter blühenden Mandelbäumen. Das steht mir bevor. Als ich dem Propheten davon erzählte, meinte er: «Aber nicht in der Schweiz. Du musst das noch hier in unserer Nähe leben. Ausserhalb der Klostermauern kann dir weder eine katholische noch eine reformierte Institution etwas anhaben.» Bin ich so unverfügbar geworden wie Henoch? Werde ich deshalb weggenommen von hier? Es ist nämlich die Möglichkeit aufgetaucht, im alten Camaldulenser Bauernhof «Bocci» meine Cella einzurichten. Im Schweinestall, der an die Westseite des Hauses von Peter und Katharina angebaut ist. Mein Lebensraum würde sich so noch einmal vereinfachen: nur noch ein einziger Wohn-Werkstatt-Kapellen-Raum.

3. April 1985

Heute vor sechs Jahren bin ich hier angekommen, und schon bin ich dabei, darüberhinauszugehen. Es ist so wahr: man kann nicht darüberhinausgehen, ohne ganz drinnen gewesen zu sein. Ich bin mir auch völlig bewusst, dass ich mir alles Neue mit meinem Kunsthandwerk erarbeiten muss.

6. April 1985

Sabato santo. Karsamstag. Ich muss erschöpfter sein, als ich wahr haben will. Ich war nicht einmal mehr imstande, mich für die heutige Gästemeditation vorzubereiten. So ging ich einfach mit dem Wenigen, das mir geblieben ist. Aber nicht einmal das habe ich gesagt. Hört und sieht man in der Grabesstille des Sabato santo völlig neue Dinge? Ich sagte, dass seit dem Ursprung der Welt dieser Tag der schöpferischste Augenblick gewesen sei in der Geschichte der Menschheit. Dass der von den Menschen aus dem Paradies hinausgeworfene Gott noch einmal von vorne begonnen habe, einen neuen Adam und eine neue Eva zu schaffen. Einen neuen Menschen. Keinen überlebenden, sondern einen auferstehenden.

8. April 1985

Ostermontag. Der Traum hat recht: mein bisheriges Leben ist durchs Feuer gegangen. Im Tiegel geschmolzen. Verwandelt. Ich sah mich nämlich als alten Schmuck im Tiegel schmelzen. Und am Schluss

lag ein schwerer langgezogener Goldklumpen da. Urförmig, noch ungestaltet. Im Erwachen spürte ich neues Leben durch mich rieseln.
Ist es so, wenn Auferstehung beginnt und man seines nackten Goldes ansichtig wird, noch lange bevor die eigene Ikone Gestalt angenommen hat?

19. April 1985

Ich wollte in meinem Weinberg Trauben pflücken. Da warf einer, der vor mir schon da war, mit einer blauen Giesskanne nach mir und fuhr mich an, was ich denn da zu suchen hätte. Und ich wusste nicht, wie ich ihm klar machen sollte, dass ich kein Dieb, sondern der Sohn des Besitzers sei.
Der Traum sieht verflixt ähnlich aus wie das Gleichnis von den Weingärtnern bei Matthäus (21,33-44). Was soll das für mich heissen? Es ist wahr, dass ich mich schon beim erstenmal, als ich in Camaldoli eintrat, wie zu Hause fühlte. Aber ich hätte nie gewagt, einem meiner Brüder ausser dem Propheten von jener Vision zu erzählen, in der mir San Romualdo sagte: «Ich habe auf dich gewartet.» Es wäre zu gefährlich gewesen, denn man hätte mir einen versteckten Anspruch unterschieben können. Vielleicht will mich der Traum vor der Illusion bewahren, ich müsste für Camaldoli irgendeine Bedeutung haben. Vermutlich bin ich mit meinem Hinterfragen und In-Frage-Stellen schon bedrohlicher geworden, als mir lieb ist. Besonders bei denen, die ihre Nöte und Konflikte mit der Wiederholung von Riten lösen und so zu ihrem Frieden finden. Ich bin ja nicht gekommen, um ihnen ihre Art der Lebensbewältigung streitig zu machen, sondern um die Wurzeln meiner eigenen eremitischen Existenz zu finden. Und da ich sie gefunden habe, kann ich jetzt auch ruhig gehen. So lautlos, wie ich gekommen bin. Danke, mein Traum, für die kalte Dusche aus der blauen Giesskanne. Sie hat mich ernüchtert. Ich muss jetzt mit klarem Kopf handeln, um nichts unbedacht zu verscherzen.

27. April 1985

Seit Januar übertrage ich das Johannesevangelium ins Zürităütsch.
Es ist eine ganz neue Erfahrung, wie die Ikonenarbeit und das Über-

setzen Hand in Hand gehen. Und wie das eine das andere befruchtet. Ich spüre auch, wie mir die Musik der italienischen Sprache die Musik meiner Muttersprache erschlossen hat. Böse Zungen sagen, Züritüütsch sei keine Sprache, sondern eine Halskrankheit. Ich hoffe, ihm seine Würde zurückzugeben.
Die schwierigsten Teile waren wohl der Prolog 1,1-14 und die drei Jetzt-Sätze. Heute früh hat mich der letzte von ihnen über die Schwelle des Unmöglichen geschubst: «Jetz isch Fride» (20,19). Und dann waren auch die anderen beiden geboren: «Jetz isch es sowiit» (17,1) und «Jetz isch es überstande» (19,30). Stille, Präsenz und Transparenz sind in diesem aufatmenden «Jetz» wie in den Ikonen. Urtiefe trinitarische Gemeinschaft.

8. Mai 1985

Ich kannte bisher nur den Satz: «Jetzt weiss ich nichts mehr.» Aber seit die drei Johannessätze geboren sind, verfolgen sie mich auf Schritt und Tritt. Ich weiss, dass das, was mir geschieht, unendlich viel bedeutungsloser ist als die Ereignisse um Jesus. Aber als ich heute unten in Bocci die ersten Arbeiten für meine Cella erlebte, atmete es auf in mir und sagte: «Jetz isch es sowiit.» Und ich fühlte mich schon weggenommen wie Henoch.

30. Mai 1985

Jetzt weiss ich auch, warum ich gestern beim Ausflug mit der Comunità nach dem etruskischen Cerveteri so voller Entzücken durch die Nekropolis gegangen bin: meine Träume waren eins mit den Träumen der Etrusker. Beginnen sich vielleicht ihre Träume in meinem Leben zu erfüllen? Wie hätte sonst mein Triptychon von Kain und Abel die etruskische Siedlung von Marzabotto finden können?

1. Juni 1985

Jetzt habe ich das Bild für meine sechsjährige Präsenz in Camaldoli gefunden: die Raupe, die sich in einen Schmetterling verwandelt. Im siebten Jahr ist der «Sommervogel» ausgeschlüpft. Noch trocknet er die Flügel an der Sonne. Bald fliegt er weg. Wie sollte ich Camaldoli nicht dankbar sein für die Möglichkeit meiner Verpuppung! Aber nun wird es Zeit zum Fliegen.

16. Juli 1985

Träume sind wie Engel. Sie haben eine Botschaft, die immer offen bleibt für Neues. Sie sind so lebendig, dass sie nicht ausgeschöpft werden können. Sie nehmen teil am Neuwerdungsprozess der Welt. Ich habe also meinen Traum der Nacht nach meinem ersten Besuch in Camaldoli nicht verraten, wenn ich von hier weitergehe. Das Portal, das der Eremit hinter mir schloss, ist mir zum Stein vor meinem Grab geworden. Und jetzt ist er weg. Ich darf nicht drinnen bleiben, denn Auferstehung manifestiert sich draussen. Camaldoli wurde mir zum Ort des Todes und der Auferstehung.

17. Juli 1985

Würde mich jemand fragen, was mich am tiefsten beruhigt, ich antwortete ihm: Schönheit und Stille. Beide gehören für mich zusammen, denn Schönheit verbreitet Stille. Gott muss so unsagbar schön sein, dass man in SEINER Nähe verstummt oder höchstens ein staunendes «Oh» oder ein «DU» stammeln kann. Schönheit hat mit dem Geheimnis des Mangels und mit der Erfüllung des Mangels zu tun. Doch viele können nicht warten, bis der Mangel in ihrem Innern wie von selbst aufgefüllt wird. Sie greifen gierig nach der Schönheit und verschlingen sie, nach dem Motto: «Ich hab dich zum Fressen gern.» Wie könnte Gott ihnen in SEINER Schönheit begegnen, wenn sie schon mit Pflanzen, Tieren und Menschen so umgehen? Sie würden auch IHN noch verschlingen und dadurch dem Anblick ihrer eigenen Schönheit für ewig verlustig gehen. Denn die eigene Schönheit lässt sich nur im Anblick eines anderen schauen. Darin liegt das Geheimnis unserer Ebenbildlichkeit. Hat Dostojewski das gemeint, wenn er sagte, die Welt werde durch Schönheit erlöst?

19. Juli 1985

Je aufmerksamer und respektvoller sich einer meinem Geheimnis nähert, umso transparenter werde ich für ihn. Transparenz hängt an liebevoller Achtsamkeit. Nur ihr gegenüber öffnet sich das Geheimnis. Der Absichtsvolle geht leer aus.

23. Juli 1985

Hand-Ikonen auf Steinen sind entstanden. Stein meint ja «Einung von Vater und Sohn». Diese Gemeinschaft von Gott und Mensch legt sich mir in die Hand. Und befreit mich auf eine neue Weise zum Handeln. Werde ich zum Tagelöhner Gottes?

3. August 1985

Was bedeutet es, dass mein Diamant aus jenem Traum jetzt geschliffen und dunkel erscheint? Gibt es dunkle Diamanten? Wagt sich meine dunkle Seite ans Licht und will auch transparent werden? Wäre das schön! Mein Urgestein ist ein dunkler Diamant. Wenn das nicht zum Staunen ist! Ist meine Verwandlung schon so weit fortgeschritten?

6. August 1985

Bei der «Samstagsputzete» zerbrach in meinen Händen die grosse, schöne Steingutvase aus Rheinfelden in zwei Stücke. «Jetzt sieht man ins Innere», sagte ich ohne Traurigkeit. Mein Lebensgefäss ist entzwei wie die Puppe des Schmetterlings: meine Ehe ist zerbrochen, mein Pfarramt, mein Mönchsein. Alle meine bisherigen Seinsweisen sind entzwei. Leer. Es ist aus mit Rhythmen, Zyklen, Riten und Regelmässigkeiten. Ende. Wohin aber führt das? Auch wenn ich darüber nicht traurig bin, fühle ich mich doch recht ratlos. Bin ich denn ein Gottes-Sohn geworden wie ER? Soll ich nur noch tun, was ich den VATER tun sehe (Joh 5,19)? Ist meine Unmittelbarkeit zum Vater so radikal geworden? Meinte Paulus das, wenn er sagte, die ganze Schöpfung warte auf das Offenbarwerden der Söhne und Töchter Gottes (Röm 8,19)?

7. August 1985

Es ist sogar aus mit der Cocolla. Ich habe gestern den Abt gefragt, ob ich sie hier zurücklassen solle, wenn ich hinunter in die eigene Cella ziehe. Er sagte: «Ja, es ist besser.» Nun wird also auch die Cocolla abfallen wie ein veraltetes Kleid. Das Zeichen des Neuen wird ins Alte zurückgenommen. Schade. Aber eben: der alte Wein ist besser als der neue. Man füllt neuen Wein auch nicht in alte Lederschläuche, sonst platzen sie (Mt 9,17). Das ist eine schmerzliche Wahrheit.

8. August 1985

Im Traum sah ich meinen leiblichen Vater. «Jee, bist du schön!» rief ich aus und fiel ihm um den Hals. Ich fühlte mich völlig eins mit ihm. Und sagte: «Du bist ja nur so alt wie ich.»
Auch wenn mein ökumenisches Zeichen hier in Camaldoli scheiterte, für meinen Vater war es nicht wirkungslos. Es hat ihn verjüngt und schöner gemacht. Hat es vielleicht auch den Vater im Himmel verjüngt? Musste ich nur einfach dies zur Erfüllung bringen?

4. September 1985

Zürich, Helferei Grossmünster. Wir stellen zum zweitenmal hier aus. Ich empfinde neu, wie gut Katharinas Teppiche und meine Metall-Ikonen einander ergänzen. Nicht nur in ihren Farben, sondern auch in ihrer Gegensätzlichkeit. Aber besonders in den Formen. Das Ikonische liegt in beiden in der Transparenz des Göttlichen mitten im Menschlichen. Erst vor einem Monat wurde mir bewusst, dass der Durchgang meiner Metalle durchs Feuer eine Entsprechung bei ihren Fäden hat. Der Verwandlungsprozess der Fäden beginnt allerdings viel früher, und er dauert auch viel länger und ist schmerzhafter. Fäden können einem aus der Hand genommen werden oder sich der Form verweigern. Auch dem Betrachter kann es geschehen, dass sich ihm die Form verweigert, wenn er den Sinn des Gewebes finden will. Wer weicht dann nicht lieber aus und gibt auf? Wenn aber Gott bei der Erschaffung SEINER Ikone so rasch aufgeben wollte, wenn IHM die Fäden unseres Lebens aus den Händen genommen werden? Müssten wir nicht lernen, IHM etwas geduldiger in die Hände zu arbeiten?

12. September 1985

Ich bin unter den Ausstellungsbesuchern dem «anderen Josua» begegnet. Ich merkte es erst, als ich zu einigen vom leeren Angesicht in meinen Ikonen sprach. Ich sagte, dass wir es erst schauen könnten, wenn wir bereit seien, in SEINEM Angesicht das unsere zu sehen. Da gewahrte ich für einen Augenblick wie durch Erleuchtung mein Gesicht in dem eines andern. Welch ein Wunder: mein Angesicht gehört nicht mir, sondern dem anderen. Nur er kann mir das meine spiegeln und durchsichtig machen. Wie wird das erst sein, wenn ich Gott in die Augen schauen darf?

15. September 1985

Die Ausstellung ist zu Ende. Da war offensichtlich eine Botschaft gegenwärtig. «Da wird man ja ganz», sagte einer. Und im Café meinte eine junge Frau: «Josua, du bist ein Zauberer.» Als sie merkte, dass ich erschrak, versuchte sie, mich zu beschwichtigen: «Weisst du, Zauberer sind Verwandler.» Beginne ich andere zu verwandeln, weil ich selbst verwandelt bin? Es beschäftigt mich trotzdem. Magier? Verführer? Wo ist die Grenze zum Verwandler? Ich fühle mich wieder einmal mehr auf dem Seil. Und ich weiss, dass mich nur lautere Absichtslosigkeit hinüberbringt, sonst stürze ich ab.

29. September 1985

Casa Bocci. Die erste Nacht und der erste Tag in der eigenen Cella. Gestern in der Matutin wusste ich auf einmal: heute abend nach der Vesper fahre ich vom Tabor hinunter ins Tal, um von nun an in der eigenen Cella zu schlafen. Und dann merkte ich, dass es Samstag war. Sabato. Sabbat. Ruhetag Gottes. Will ER bei mir ausruhen?
Bevor ich wegfuhr, brachte ich dem Eremiten meine Cocolla. Seine Cocolla. Ich merkte: Zeichen haben Auferstehungscharakter. Sie erscheinen und verschwinden wie ER. Mehr ist nicht nötig. Nur so bleiben sie unverfügbar.
Als ich am Morgen auf meiner Matratze am Boden erwachte, erinnerte ich mich, dass heute San Michele ist. Ausgerechnet! Du liebenswürdiger Wächter mit dem Trishagion, Du hast mich überlistet. Ende Drama. «Jetz isch Fride.»

1. Oktober 1985

Definitiver Auszug. Ein Freund des Eremiten ist gekommen mit seinem Furgone. Zwei Brüder halfen tüchtig beim Demontieren und

Einladen. Um halb elf Uhr war alles bereit. Das Tor schloss sich hinter mir, genau so wie es sich damals geöffnet hatte. Mir war ganz österlich zumute.

13. Oktober 1985

Umziehen tut gut. Man wird vieles los, was sich angesammelt hat oder was man nicht loslassen konnte. Ich habe nachgezählt: der siebente Umzug in meinem Leben. Verfolgt mich darum das «Ruhen Gottes» (Ps 95,11)? Will ER tatsächlich beim Menschen ausruhen? Ausgerechnet jetzt, wo sich mein Lebensraum auf zwanzig Quadratmeter reduziert hat? Ist auch ER mit so wenig zufrieden? Mir ist in diesem kleinen Raum wohler als in den grossen Pfarrhäusern, in denen ich leben musste. Endlich habe ich meine Proportionen gefunden.
Der erste Gast in meiner Cella war Matthias, mein Göttibub, der inzwischen ein reifer Mann geworden ist. Das schweizerdeutsche Wort «Götti» ist keine Ableitung von Vater wie «Pate», sondern eine von Gott. Transparent werden für Gott, jetzt nicht nur einem einzelnen Menschen gegenüber, sondern gegenüber vielen.
Und dann kam mit Reto eine ganze Gruppe Seminaristen. Wie tiefe Gespräche da an die Oberfläche drängten! Geschieht einem das erst, wenn man vom Tabor hinuntergestiegen ist? Ist discesa wichtiger als ascesi? Hinuntersteigen wichtiger als asketisches Hinaufklettern?
Katharinas Teppich hat sogar einen Platz gefunden. Jetzt ist er noch bedeutsamer: das Leben zelebrieren. Das ganze Leben will zu Gott gehoben werden. Immer. Und mit jeder Geste. Alles will Gebet werden. Selbst die Werkzeuge.

III

28. Oktober 1985

Leer werden. Leer von allem Überflüssigen. Von allem, was bisher meine Identität ausmachte: Ehepartner, Vater, Pfarrer, Mönch. Ich bin ganz leer geworden. So leer wie mein Kelch und meine Patene. Sogar SEINE Zeichen von Brot und Wein taugen nicht mehr, weil wir sie zur Gastfeindschaft unter den Kirchen missbrauchen. Wer bin ich nun, so völlig leer? Ich weiss es wirklich nicht. Bonhoeffer schrieb in sein Tagebuch: «Dein bin ich, o Gott.» Ja, so halte ich die Leere aus.

29. Oktober 1985

Im Traum fragte ich: «Wo ist mein Auto?» Auto kommt vom griechischen «autos», d.h. selbst. Das Bild meint also mein Selbst. Wo ist meine ursprüngliche Person geblieben? Im Traum wusste ich noch genau, wo ich mein Auto stehengelassen hatte. Und ich sah auch, dass viele gefällte Baumstämme die Strasse zwischen mir und dem Auto blockierten.
Da liegen sie, alle meine bisherigen Identitäten. Gefällt. Kreuz und quer. Über sie kann ich keinen Zugang mehr finden zu meinem wahren Wesen. Ich muss einen anderen Weg suchen. Ein starkes Stück: meine Identitäten sind mir zu einem Hindernis auf dem Weg zu mir selbst geworden. Was mich vorwärts bewegte, war offenbar mehr als das, womit ich mich in der Gesellschaft identifizierte und was ich darzustellen suchte. Es muss mit einer Kraft zu tun haben, die man nicht so einfach auftanken kann, wie man Benzin nachfüllt. Jetzt dämmert mir, warum ich in jenem anderen Traum, in welchem mir vor dem Eremo der Autoschlüssel entzwei brach, so glücklich ausrief: «Von jetzt an fahre ich nicht mehr mit Benzin!» Ich hätte ja in Panik geraten können, weil das Auto weiter lief, bis der Tank leer war. Aber ich schien schon zu wissen, dass mein Selbst eine eigene Energiequelle hat. Werde ich sie hier in meiner neuen Cella finden?

3. November 1985

Ich kam mir schon immer wie eine Wüstenpflanze vor. Mit tiefen, tiefen Wurzeln. Ich hole mein Wasser nicht an der Oberfläche, sondern in grosser Tiefe. Im Dunkeln und Verborgenen.

Letzte Nacht habe ich kaum geschlafen. Ich kam mir wie ausgetrocknet vor. Erst als ich bewusst nach Feuchtigkeit und nach Wasser suchte, begann sich mein Inneres zu entspannen. Und auf einmal stand ich vor meiner Kraftquelle: Persévère. Das war eine grosse Überraschung. Das wusste ich so noch nicht. Alle meine Lebenswasser und Lebensenergien fliessen aus der Begegnung mit IHM. Bezeichnenderweise ruhte ich letzte Nacht zum erstenmal in meinem eigenen Bett. Der Schreiner hat es mir gestern gebracht. Erst bei IHM komme ich wirklich zur Ruhe.

15. November 1985

Alle Identitätshüllen sind gefallen. Jetzt bin ich nackt nur noch mich selbst. Und schäme mich nicht. Nur nackt ist einswerden mit Gott möglich.

18. November 1985

Im Erwachen hörte ich das Wort «einmalig». Ich wiederholte es wie eine bestätigende Antwort. Im Nachklang war eine grosse Freude, als hätte ich die eigene Existenzberechtigung ausgesprochen. Endlich darf ich ohne Schuldgefühl einmalig sein! Wenn ER es in meinen Schlaf hinein gesagt hat, dann macht nicht mehr das mich aus, was ich mit andern gleich habe, sondern das, was mich von ihnen unterscheidet und einmalig macht. Hat ER seine besondere Freude daran, mir auch ganz einmalig zu begegnen? Tun wir uns deshalb so schwer, IHN zu erkennen, weil wir IHN in SEINER Einmaligkeit nicht erkennen wollen? Hat das Kollektive in mir sein Übergewicht verloren? Von jetzt an möchte ich dem Einmaligen und Wesentlichen dienen. Das ist kein Grund, einem Individualismus zu verfallen. Der wäre wohl nur ein Fallen in die Kontraposition. Aber im Einmaligen wird das Gleichgewicht mit dem Kollektiven wieder hergestellt, weil das Einmalige mir die Energien zufliessen lässt, die mich vor der Nivellierung und der Vermassung bewahren. Vermutlich ist wahre Begegnung nur zwischen Einmaligen möglich. Leidet Gott deshalb so sehr an unserer Vermassung?

21. November 1985

Beten ist eine Frage der Beziehungsfähigkeit. Fähig sein, in Beziehung zu treten mit Gott und den Menschen. Da sage ich nicht nur, wie es mir geht, ich höre und erfahre auch, wie es dem andern und wie es Gott geht. Beziehungslosigkeit muss heute eine sehr grosse Krankheit sein, dass sich der Hunger nach Gebet so enorm verbreitet.

26. November 1985

Mein Tauftag. Elf Tage nach meiner Geburt wurde ich ins Einswerden getaucht und mit diesem Talent wieder herausgehoben. Ich hatte nur dieses eine Talent. Aber es genügte, um Theologie und Kunsthandwerk eins werden zu lassen. Auch Kain und Abel wurden eins, Männliches und Weibliches, Dunkles und Helles, Kollektives und Persönliches, Reformiertes und Katholisches, Nördliches und Südliches. Hundertfältig hat sich das Eine vermehrt. Dieses Talent hat nicht einmal vor dem Gegensatz Mensch – Gott haltgemacht. Ich habe zwar gezögert, das Talent aber nicht. Es kam ja von DIR, weil DIR so viel am Einswerden liegt. Sogar mit dem Menschen.

29. November 1985

Meine Geschichte ist die Geschichte des Schwachen. Ich hatte weder Existenzberechtigung noch Überlebenschancen. Da ich dennoch vorkam auf der Bühne des Kain-Dramas, blieb mir nur die Rolle des Opfers. Ich wurde Abel. Ein Hauch. Ich bin noch immer ein Hauch, sensibel wie ein Seismograph. Aber ich habe aufgehört, die Rolle des Opfers zu spielen. Diese Szene ist unwiederholbar zu Ende. Unter der Regie dessen, der das Leben auf die Bühne brachte, wiederholt sich nichts. Auf einmal erscheint der Regisseur selber auf der Bühne und ruft: «Ende Drama!» und «ICH bin das Leben, damit der Mensch nicht mehr des Menschen Opfer sei.» Und dann ist entschieden, dass mit den Schwachen der Mutationssprung beginnt. Denn beim Schwachen ist die schwächste Stelle der Menschheit für den Durchbruch des Neuen.

7. Dezember 1985

Im Traum habe ich ein kleines Äffchen erschossen. Auf wessen Befehl weiss ich nicht mehr. Ich war selber überzeugt, dass es sein müsse. Auf einmal merkte ich, dass das Äffchen nur halbtot war und dass sein Sprachzentrum noch lebte. Mit einem Satz sprang es nämlich auf meine linke Schulter, als wäre es unverletzt, und begann zu sprechen. Da fing ich an zu weinen, weil ich beinahe den Ursprung der Sprache umgebracht hatte.
Seit einiger Zeit spüre ich, dass ich mich mit meiner Übertragung des Johannes-Evangeliums ins Züritüütsch dem Ursprung der Sprache nähere, dem Übergang vom Tier zum Menschen. An diesem Übergang sind alle Stufen der Entwicklung präsent und wollen beachtet werden. Waren mir die Worte zu schnell zur Hand und war ich zu wenig aufmerksam gewesen für die Symbolsprache von Metallen und Kristallen, Kräutern und Blumen, Fischen, Vögeln und Tieren? Alle drängen doch in die DU-Beziehung. Muss ich lernen, ihre Beziehungsenergie in meine Sprache einzubringen? Ist Sprache so etwas wie eine Liebeserklärung des Geschaffenen jedem Du gegenüber? Dann haben wir das Kreatürliche und Instinktive noch nicht liebevoll genug in unsere Worte eingebracht und es nur zum Überleben missbraucht. Wir haben es sogar verachtet, sonst hätten wir in der Christenheit nicht jene heiliggesprochen, die es am weitesten gebracht haben mit der sogenannten «Abtötung» des Tierischen in uns. Franziskus ist wohl deshalb so faszinierend, weil er die Ursehnsucht des Geschaffenen in die DU-Beziehung aufnahm und ihr endlich Gerechtigkeit widerfahren liess. Wie soll Gott «am Ende sein schönstes Wort sagen», wenn wir nicht endlich aufhören, unsere Worte mit grobem Geschütz abzufeuern oder sie wie aus Maschinengewehren drauflosknattern zu lassen?

2. Januar 1986

Gestern habe ich das Triptychon von Kain und Abel der politischen Gemeinde Marzabotto offiziell übergeben. Mir war, als hätte das Leben der eintausendachthundertunddreissig Opfer des Massakers sich in die Botschaft dieser drei Ikonen verwandelt. Jetzt haben die Metall-Ikonen ihre politische und weltumspannende Dimension offenbart: die Transparenz der neuen Welt am schwächsten Punkt der alten Welt.

18. Januar 1986

Ich verstehe immer besser, warum ich nie «in den Himmel kommen» wollte. Ich wollte endlich auf die Erde kommen. Und zwar ganz, nicht nur halb. Und ich verstehe besser, warum ich meine Leiden an der Welt und an der Kirche als die SEINEN verstand. Offenbar waren mein Boden schon immer im Himmel und meine Wurzeln in SEINER Welt. Und ich hatte keinen grösseren Wunsch, als jenen Boden mit diesem zu vereinen, um endlich aufrecht stehen und gehen zu können.

24. Januar 1986

Heute, am vorletzten Tag der Gebetswoche für die Einheit der Christen, haben wir zu dritt im Eremo gepredigt: Peter, Katharina und ich. Es war wie an einem Berner Laiensonntag. Ohne Aufsehen zu erregen, hat hier zum erstenmal eine Frau gepredigt. Still und leise geht der Verwandlungsprozess weiter.

29. Januar 1986

Das Johannesevangelium auf Züritüütsch liegt in seiner Endfassung vor. War das schön, während drei ganzen Wochen noch einmal alles durchzuarbeiten und vom gleichen Geist bewegt zu sein wie Johannes. Mir wurde auch bewusst, dass ich an einigen Stellen noch über Johannes hinausgegangen bin bis ins Heute Gottes. Noch nie habe ich so gut begriffen, was Inkulturation ist. Ein ganzes Jahr war dazu nötig. Jetzt wird sich zeigen, ob ich dem Ursprung der Sprache gerecht geworden bin und die Sehnsucht alles Geschaffenen in meine Worte eingebracht habe oder nicht.

1. Februar 1986

Es ist kaum zu glauben: das Johannesevangelium ist mit der Post unterwegs in die Schweiz. Mir ist, als hätte ich eine Wort-Ikone geschaffen. Wie Erfüllung des Lebens ist das.

3. Februar 1986

Ich habe Ventura das Büchlein zum Triptychon von Kain und Abel geschickt und in der Widmung geschrieben: «. . . um dir Anteil zu geben an meiner prophetischen Kontemplation.» Es ist mir einfach so in die Feder geflossen für ihn, als wäre es das Selbstverständlichste der Welt. Aber jetzt erschrecke ich doch. Dann hätte ER mir ja die Gabe prophetischer Kontemplation verliehen. Und meine Ikonen wären nicht nur archaisch, sondern auch prophetisch. Hätte – wären. Hat – sind! O Gott, ich merke es wieder einmal mehr erst im Nachhinein. Alles Leidenschaftliche in mir hat sich schon immer am Prophetischen entzündet, weil sich das Prophetische heute der Ikonen bedient. Und auch der Zauberer kommt vom Prophetischen her. Das ist gut. So gleitet er vom Symbolischen nicht ab ins Diabolische.

5. Februar 1986

Ein Prophet ist kein Voraus-Sager. Er schaut nur das Heute Gottes. Er durchschaut das Heute der Menschen und spürt dahinter SEINE verborgene Präsenz. Er ist so etwas wie ein Enttäuscher menschlicher Verblendung. Auch seiner eigenen. Er holt die Wahrheit einer Situation ans Tageslicht hervor. Keine harmlose Angelegenheit. So ernst ist das also mit den Ikonen. Was mich aber am meisten verwundert: wie kann Gott das, womit ER selber steht und fällt, ins Herz und in die Hand eines Abel legen, der ja nur ein Hauch ist? Ist es IHM so ernst mit der schwächsten Stelle der Menschheit?

6. Februar 1986

Es ist besonders tröstlich, dass Ikonen so still da sind wie z.B. im Gemeinderatssaal von Marzabotto. Sie schreien ihre Botschaft nicht lautstark in die Welt. Im Zeitalter des Fernsehens lehren sie uns nahe sehen. Von innen her. Sie öffnen den innersten Horizont. Ihre Botschaft wirkt wie ein Ferment. Ansteckend und verwandelnd.

7. Februar 1986

Das Symbol ist die adäquateste Ausdrucksweise des Prophetischen, weil in ihm Sein und Erscheinung zusammenfallen und eins werden. Wo Göttliches und Menschliches nicht zusammenfallen, herrscht Verwirrung und Durcheinander. Man gerät ins Diabolische. Jesus hat jeder Form von Machtmanipulation widerstanden und immer auf das In-Eins-Zusammenfallen der Präsenz des Vaters mit der seinen gewartet. Darum wirkte er heilend. Ich werde es nie nötig haben, vom Prophetischen der Ikonen zu reden, denn es hängt völlig vom Zusammentreffen der Präsenz Gottes mit derjenigen des Betrachters ab.

17. Februar 1986

«d rücksicht uf d hèrde mues stèrbe.» Wenn nicht, sterbe ich selbst. Die beiden Träume entlassen mich ins Erwachen mit diesem Satz. Im ersten trug ich auf dem nackten Körper eine Sacktuchtasche, aber wie ein Kleid. Ich steckte sozusagen selber in der Tasche, mit der ich meine Lebensmittel nach Hause trug. Das Erwachen war ganz beglückend, doch ich schien nicht begriffen zu haben. So doppelte das Unbewusste mit einem zweiten Traum nach. Und gar nicht zimperlich. Da lag nämlich einer blutüberströmt auf der Strasse. Um ihn zu retten, suchte ich verzweifelt nach einer Krankenschwester unter den Herumstehenden. Es waren aber alle Klosterfrauen.
Offenbar nehme ich noch immer viel zuviel Rücksicht auf die Herde und meine, ich müsste mich wie ein Herdentier benehmen. Mir dämmert: ich werde nur dann nicht von der Herde zertreten und bleibe nicht blutüberströmt unterwegs liegen, wenn ich als Schwächster meine eigenen und einmaligen Wege gehe. Und wenn ich mich erst noch von mir selbst ernähre und von dem, was ich in der eigenen Tasche habe. Jesus hat zu Petrus und nicht zu Johannes gesagt: «Hüte meine Herde» (Joh 21,15). Den Johannes hat er an SEINE Seite genommen auf SEINEN Auferstehungsweg (Joh 21,20-22).

25. Februar 1986

«Vatter», «Vatter», DU bist ja meine Ikone, so wie ich die DEINE bin! Welch ein Wunder: ich erkenne mich selbst erst in DIR, so wie DU DICH erst in mir erkennst. So restlos sind wir auf Begegnung hin geschaffen. Ich kann erst bei mir selber ankommen, wenn ich bei DIR angekommen bin.

3. März 1986

Jetzt ist der Bildersturm der Reformation verarbeitet. Wenigstens in mir. Die Ikone ist wieder da. Unverfügbar. Lebendig. Im Augenblick wahrer Begegnung von Selbst zu Selbst. Das Wesentliche ist nicht mehr unsichtbar, wie Saint-Exupéry meinte. Mit SEINER Auferstehung ist es anschaulich geworden: Ikone. Ebenbild. In ihm kann ich wieder erkennen, wie ich von allem Anfang an gemeint war. Wenn die Ikone erscheint, muss ich mich nicht mehr mit Identitäten zufrieden geben. Ich schaue, wer ich wirklich bin.

4. März 1986

Wenn ich ein Zeichen dafür sein darf, dass es dämmert in der Menschheit, genügt es mir. Alles andere wäre Überforderung. Nur Stille, Präsenz und Transparenz sind dazu nötig. Mehr nicht. Metall-Ikonen wirken nicht zufällig am stärksten in der Dämmerung durch ihren transparenten Glanz. Es ist, als würden sie sagen: «Siehst du, jetzt dämmert's.»

9. März 1986

Beim Treffen am Cheminée in Farneta haben wir uns diese Woche gefragt, wie es denn zweitausend Jahre später weitergegangen sei mit der Geschichte vom Vater und den zwei Söhnen. Gab es auch da eine neue Form des Zusammenlebens nach dem Fest? Heute nacht verstand ich auf einmal, dass unsere christlichen Kirchen den Schritt über die Schwelle des Neuen noch immer nicht wagen. Es geht ihnen wie den Brüdern, die zögern, aus Söhnen Freunde des Vaters zu werden!
Lk 15,33 ... *Da zögerte der Ältere einen Augenblick, ob er über die Schwelle zum Fest solle. Er ging aber nicht, er hätte sich selbst verraten. Als er am nächsten Morgen in die Küche trat, sass die Familie schon am Tisch. Er nahm stehend seine Tasse, goss sich ein, trank und stellte sie wieder hin. Das Brot steckte er ein und verschwand. So ging es Tag für Tag. Spät kam er zum Essen, und als erster ging er wieder davon, ohne ein Wort gesagt zu haben. Ständig arbeitete er irgend etwas, aber auch das ohne ein Wort. Eines Morgens stand der Vater reisefertig auf der Schwelle und verabschiedete sich. Er wolle für ein paar Tage zu seinem kranken Bruder. Nun waren die beiden allein. Noch am selben Abend platzte dem Älteren der Kragen und er überhäufte den Bruder mit Vorwürfen und ersparte ihm keine Demütigung.*

Nach einiger Zeit schien es dem Jüngeren seltsam, dass der Vater noch immer nicht zurück war, und er machte sich auf den Weg, ihn zu holen. Da atmete der Ältere auf. Als der Jüngere zu seinen Verwandten kam, sagten sie ihm, sein Vater sei nach der Bestattung seines Bruders zu seiner Schwester gegangen. So ging er dorthin. Aber auch da fand er den Vater nicht. Die Verwandten jagten ihn fort und höhnten, er solle sich nicht etwa noch einfallen lassen, auch sie beerben zu wollen. Vor dem nächsten Dorf setzte er sich an den Rand der Strasse und überlegte, was nun zu tun sei. Er war aber so müde, dass er einschlief und erst wieder erwachte, als der Himmel mit Sternen übersät war. Dafür wusste er jetzt, wo er den Vater finden würde. Er stand auf und ging, ohne zu ermüden, vierzig Tage und vierzig Nächte bis zu jenem Stall, wo er die Schweine gehütet hatte. Als er über den Hof ging, begann es zu dämmern. Kein Mensch und kein Tier war zu hören. Alles schien leer und ausgestorben. Leise ging er auf den Stall zu. Da sah er ein schwaches Licht. Die Türe war einen Spalt weit geöffnet. Behutsam ging er näher und sah seinen Vater in einer Ecke kauern und weinen. Da trat er hinzu, fiel ihm um den Hals und küsste ihn. Und dann teilte er alles mit ihm, was in seinem Reisesack übrig geblieben war: Käse, Brot und Wein. Da wurde der Vater wieder froh, und auch der Sohn war glücklich, denn er hatte den Vater wiedergefunden, den er verloren geglaubt hatte.
Nur der ältere Bruder war nicht froh. Er hatte zwar alles, was er sich wünschte, war Herr im Hause und konnte mit seinen Freunden Feste feiern, soviele er wollte. Aber er hatte den Vater verloren und auch seinen Bruder und konnte sie nie wiederfinden, denn er musste zu Hause bleiben und zum Rechten sehen.

7. April 1986

Ich bin zurück aus der Schweiz, wo ich auf dem Leuenberg bei Basel mit Marlies und Ueli Ott die Ostertage gestaltet habe. Ich kam mir wieder wie ein Zauberer vor. Hat der neue Abel die Vollmacht zu verwandeln? Geht so etwas wie strahlende Macht von ihm aus? Nein, weder Macht noch Vollmacht sind taugliche Begriffe, um das auszudrücken, was mir geschah. Wenn Abel wieder aufrecht geht und wenn von seiner eigenen Wandlung ansteckende Verwandlung ausgeht, dann scheinen sich Kräfte in ihm und um ihn niederzulassen, die schöpferisch mitspielen wollen. Nichts und niemand wird manipuliert. Da ist nur lauteres Zusammenspiel zwischen Gott und Mensch, zwischen Makrokosmos und Mikrokosmos, so dass man sich am Schluss verwundert anschaut, weil alles so still und leise, so fröhlich und mühelos vor sich ging. Wenn Macht und Vollmacht am Ende sind und nichts mehr zu sagen haben, ereignet sich ein ganz neues Zusammenspiel zwischen Himmel und Erde, zwischen Mensch und Mensch. Ja, nur das ist es, was den Zauberer ausmacht: das neue Zusammenspiel.

19. April 1986

Charlotte Blanc, die Frau meines verstorbenen Lehrmeisters, war da. Vor einem Jahr war sie noch gelähmt durch einen Schlaganfall, jetzt geht sie schon wieder an einem Stock und hatte den Mut, trotz aller Unkenrufe ihrer Verwandtschaft, in Begleitung eines jungen Mannes die weite Reise zu wagen. Eine ganze Woche ging es ihr so gut. Mit ihren achtzig Jahren kaufte sie sich in Arezzo sogar noch einen schicken roten Hut. Es war herrlich zu sehen, mit welchem Charme sie ihn aufsetzte und trug. Aufrecht stand sie da, ganz selbstverständlich und ganz selbstbewusst. Wie immer. Schon als Lehrling hatte mir das Eindruck gemacht.

10. Mai 1986

Die Katastrophe von Tschernobyl macht uns auf unheimliche Weise klar, wohin Spaltungen führen. Alle Spaltungen. Spaltungen der Person und der Gesellschaft, Spaltungen von oben und unten, von Mehrheit und Minderheit, von stark und schwach, von schwarz und weiss, von Nord und Süd, von Ost und West. Aber erst die Atomspaltung zeigt uns jetzt unmissverständlich, was auf dem Spiel steht: wir zerstören mit Spaltungen den Kern des Lebens. Das Unüberhörbare von Tschernobyl ist die Tatsache, dass radioaktive Wolken unsere Teilung in Ost und West nicht berücksichtigen. Wir sind hier im Westen der gleichen Verseuchung ausgesetzt wie die Russen im Osten. Nach Hiroshima wussten wir noch nicht, dass das Freund/Feind-Schema überholt ist. Jetzt können wir es nicht mehr übersehen. Wir sind alle betroffen, ob orthodox, katholisch oder protestantisch. Wir haben die Kontrolle über die Spaltungen verloren. Es bleibt uns nur noch der nuklear-ideologische Suizid. Oder endlich zu sein, was wir sind: *eine* Welt in lebendiger Vielfalt.

14. Mai 1986

Die Nächte sind jetzt voll von Nachtigallengesang. Immer wenn ich erwache, singen sie. Mit vielen Stimmen und in immer neuen Variationen. Ich weiss nicht, wie mir geschieht. Es geht mir durch Mark und Bein. Das hat nichts mit Romantik zu tun, wohl vielmehr mit Spiritualität. In diesem Gesang manifestiert sich etwas sehr, sehr Kostbares. Wäre dieses andere nicht, der Gesang dieser Nachtvögel wäre so nicht möglich. Es ist wie mit dem Johannesevangelium: ohne Auferstehungswirklichkeit wäre es gar nicht möglich, so über Jesus zu schreiben.

15. Mai 1986

Der italienische Atomphysiker und Nobelpreisträger Rubbia sagt, die einzige Alternative zur Atomenergie sei die saubere Energie durch Fusion von Neutronen. Halleluja: Fusion statt Division. Die Atomphysiker scheinen begriffen zu haben. Wann aber merken die Kirchen, dass in ihrem Eucharistie-Reaktor eine Katastrophe im Gange ist und wir von Spaltungs-Radioaktivität verseucht werden? Es wird keine Generation mehr dauern, bis man den genetischen Schaden entdecken wird. Aber wer weiss, vielleicht gibt es im Verborgenen schon solche, die Eucharistie auf Grund von Neutronen-Fusion leben. Ist mein eucharistisches Fasten ein Beitrag in dieser Richtung?

9. Juni 1986

Im Traum wurde ich aufgefordert, mich selber zu verzehren, und zwar an einer Basilikumsauce. Im Erwachen war ich völlig ratlos, nicht nur wegen des Kannibalismus, sondern auch wegen der Basilikumsauce. Später begann mir zu dämmern.
Es geht offenbar nicht nur darum, wie im Traum vom 17. Februar, mich von mir selber zu ernähren, sondern jetzt darum, meinen alten Abel völlig zu verzehren. Ich kann mein anerzogenes Wesen nicht

einfach ablegen wie ein altes Kleid, ich muss es zerkauen, verdauen und dann ausscheiden, was daran unverdaulich ist. So massiv geht das zu und her, wenn man den alten Menschen los werden will. Wieder einmal mehr geht es nicht schmerzloser. Und die Basilikumsauce? Basilikum ist nicht nur Gewürz, sondern auch Heilpflanze: verdauungsfördernd und krampflösend. Und ausserdem schimmert aus dem griechischen Grundwort Basilikos das Königliche hindurch. Kommt, wenn ich mein altes Menschsein verdaut habe, der Archetyp des Königs zum Vorschein? Welche Herausforderung für den neuen Abel!

12. Juni 1986

Der neue Abel ein königlicher Mensch! Warum denn nicht? Das «Königreich Gottes» ist doch mit Jesus zu den Schwachen gekommen, damit sie wieder aufrecht gehen lernen. Wie freie, königliche Menschen. Damit aus Raupen Schmetterlinge werden. Königsfalter sogar.

19. Juni 1986

Tag von San Romualdo. Ich war heute bei der Celebrazione solenne im Eremo nicht mehr unter den Brüdern, sondern wieder unter dem Volk. In mir war ein seltsames Gemisch von Dankbarkeit, Freude und Trauer. Dankbarkeit, dass mir diese Comunità die Verpuppung ermöglichte. Freude über das Wunder der Verwandlung in den Schmetterling. Und Trauer über die Unmöglichkeit, mich Raupen verständlich zu machen. Nein, ich will das Bild nicht pressen und fixieren. Nur – einstweilen spüre ich besonders seine schmerzliche Wahrheit.

23. Juni 1986

Es entsteht eine neue Ikone: Kain und Abel in *einer* Gestalt. In der des neuen Menschen. Mein neuer Kain ist das golden-transparente Innere des Tau-Kreuzes, mein neuer Abel sein Silbermantel. Geeint sind beide königlich geworden. Habe ich schon soviel vom alten Josua verzehrt, dass sich der neue sichtbar macht?

30. Juni 1986

Ikone. Ebenbildlichkeit:
mein Bild auf SEINEM Antlitz schauen
und IHN SEIN Bild auf meinem Antlitz schauen lassen.
Das aushalten lernen.

1. Juli 1986

Christus ist auferstanden, damit ich in IHM den neuen Josua erkennen lerne und aushalte. Der Auferstandene zeigt sich jedem Menschen so, wie Gott ihn von allem Anfang an geschaut hat: einmalig, unvergleichlich. So lerne ich sein, wer ich wirklich bin. Denn der Betrachtende wird trächtig vom Betrachteten und gebiert sich neu.

8. Juli 1986

«Das ist MEIN Zugang zu dir.» *Das* – ich staune und staune. Mein Erwachen ist voller Staunen und das Staunen voll Erwachen. So ist das mit DIR, Persévère. DU eröffnest mir immer tiefere Geheimnisse, so wie man das nur einem wirklichen Freund gegenüber wagt. DU kennst meinen heiligen Respekt DIR gegenüber. Es wäre mir nie eingefallen, DICH nach DEINEM Zugang zu mir zu fragen. Und nun zeigst DU ihn gerade mir. Bedeutet es DIR so viel, dass ich ihn kenne? Ist er so einmalig, wie ich selber einmalig bin?

9. Juli 1986

Zugang ist nicht Türe. Im Bild von der Türe höre ich DICH erst, wenn DU da bist und anklopfst. Im Bild vom Zugang höre ich DICH schon von weitem kommen, wenn ich aufmerksam genug bin. Möchtest DU, dass ich wie ein Wächter die Ohren spitze, wenn DU kommst in der Dämmerung? Meinst Du mit dem Zugang den Wächter?

18. Juli 1986

Schon einmal hatte er mich besucht, als die Ikone von Kain und Abel entstand. Sie hatte ihn sehr getröstet und aufgerichtet. Heute stand er wieder ganz verzweifelt vor mir, als er sagte: «Siehst du, meine Hände sind die Hände eines Diebes und die deinen die eines redlichen Handwerkers.» Was hätte ich sagen sollen, wenn nicht zu übersehen war, dass seine Finger nicht zu seiner Hand passten? Ist er unredlich wie Judas? «Wie», sagte ich, «wenn nicht nur die Versöhnung von Kain und Abel möglich wäre, sondern auch die von Judas und Jesus?» Er glaubte, nicht recht gehört zu haben, so betroffen war er. Ich aber erinnerte mich, dass letztes Jahr an der ökumenischen Konferenz auf dem Mendelpass einer gesagt hatte, als ich ihm das Büchlein des Triptychon von Kain und Abel geschenkt hatte: «Jetzt erwarte ich von dir nur noch die Versöhnung von Jesus und Judas.» Es war kein Scherz, denn jetzt spürte ich den Ernstfall. Die Wirkung auf den Verzweifelten war überwältigend. Wir sprachen lange miteinander und tasteten uns behutsam durch das Dickicht seiner Verzweiflung bis zum Hoffnungsschimmer der Auferstehung des Judas. Mir war, als sei der Auferstandene selber in die Abgründe des Verzweifelten gestiegen, um ihn von dort herauszuholen.

20. Juli 1986

Jesus und Judas. Will eine Ikone der beiden entstehen? Zweitausend Jahre nach dem Tod Jesu sind Jesus und Judas noch immer ein ungelöstes Problem. Mehr noch: die grössten Gegensätze, die man sich denken kann. Der eine im ewigen Leben, der andere in der ewigen Verdammnis. Wo kämen wir hin, wenn es nicht so wäre? «Du Judas!», das heisst soviel wie «Du Verräter!» Keiner trug mehr seinen Namen, so geächtet ist er. Wie ein blinder Fleck hat er sich auf uns Christen gelegt und unser Verhalten gegenüber den Juden geprägt. Was gäbe es da nicht alles aufzuarbeiten!

21. Juli 1986

Was unterscheidet eigentlich die beiden? Beide waren doch betroffen von der Nähe der Königsherrschaft Gottes. Und beide voller Hoffnung auf Verwandlung dieser Welt. Will der Berechnende die Veränderung auf Kosten anderer? Ist der Lautere hingegen bereit, die Veränderung mit dem Preis des eigenen Lebens zu bezahlen? Hatte

Judas vielleicht das erkannt, und mit dem Suizid den eigenen Preis bezahlen wollen? Als letzte Möglichkeit?
Haben nicht auch wir Europäer die Verwandlung der Welt auf Kosten der anderen Kontinente angestrebt? Ist nicht manches in der Christenheit wie ein Gaunerstreich über die Bühne gegangen? Auch die eucharistische Gastfeindschaft?

22. Juli 1986

Judas ist in unserer Gesellschaft zum Archetyp des Gauners geworden, nicht nur zum Sündenbock. Ihm fehlt die Absichtslosigkeit. Nichts ist mehr lauter, alles nur Berechnung.
Mein verzweifelter Freund drückte schon bei der ersten Begegnung sein grosses Verlangen nach Reinheit und Lauterkeit aus. Wie unter einem Waschzwang geht er jeden Sommer von Kloster zu Kloster, um aus seiner Unredlichkeit herauszufinden.

6. August 1986

Fest der Verklärung Jesu auf dem Tabor. Man könnte es auch Fest der Transparenz nennen. Ohne Urbeziehung zu Gott wird kein Du im Du transparent. Und diese Urbeziehung ist ein Meer, so tief und blau wie der Himmel. Das ist es, was mich dieses Jahr so sehr bewegt. In der Ikone von Jesus und Judas geht es nicht nur um die Versöhnung wie bei Kain und Abel, sondern vielmehr um die Transparenz der beiden: dass jeder den andern bis auf den Kern seiner Person durchschaut und so das eigene Wesen zum Klingen bringt (persona = klingen!). Die beiden begegnen sich im Abgrund dieses himmelblauen Meeres, wo sich alles Unlautere in absichtslose Freundschaft wandelt. Sternstunde der Menschheit: «Jetz isch Fride.» Das sagte ER doch auch zu den elf Jüngern, die sich hinter verschlossenen Türen trafen. Warum sollte ER nicht auch durch die verschlossene Türe zu Judas gefunden haben? Dieses Geheimnis konnte wohl erst einer Generation anvertraut werden, die Terrorismus und globalen Suizid kennt. So ernst ist es dem Auferstandenen mit der Aufarbeitung unseres verdrängten Archetyps Judas. Nur wenn der Himmel tiefer liegt als unser kollektives Unbewusste und tiefer auch als jenes Meer der Verzweiflung, das Judas überschwemmte, sind wir nicht verloren.

19. August 1986

Ich habe mich entschlossen, für den Jordanverlag auch noch die Psalmen in die Zürcher Mundart zu übertragen. Beim 23. Psalm hat sich mein auferstandener Judas in einen Hirten verwandelt, «der sein Leben gibt für die Schafe» (Joh 10,11). Wenn das Hirtenamt in der Kirche heute mit dem neuen Judas zu tun hat, dann ist die sogenannte konstantinische Ära vom vierten bis zum zwanzigsten Jahrhundert entlarvt und geht zu Ende. Mit Johannes XXIII. hat für einen Augenblick bereits der verwandelte lautere Judas aufgeleuchtet.

22. September 1986

Die Judas-Ikone ist geboren. Der letzte Durchgang durch das Feuer hätte seine Gestalt beinahe verbrannt. Aber dann ist es doch noch gut gegangen. Und ausgerechnet heute lese ich in der Zeitschrift «Orientierung» vom 15. September über den jüdischen Schauspieler Peter Lothar, der im Juli gestorben ist, er sei sich wie Judas vorgekommen. Zu lange habe er gezögert, den Nazis in Spanien die erpresste Kaution für die Freilassung seiner Schwester zu überbringen, und sei darum zu spät eingetroffen. Erst ein Kapitell in der Kathedrale von Vézelay habe ihn von seinem Verlangen nach Suizid erlöst, der ihm als einzig authentische Antwort auf seinen Verrat erschienen sei. Dieses Kapitell zeige den Auferstandenen, der seinen toten Freund Judas aus der Hölle trage.

23. September 1986

Jerusalem – Vézelay – Camaldoli. So lange dauert die Bewusstwerdung in der Menschheit. Mehr als tausend Jahre, bis einer Judas aus der Hölle trug in Vézelay, und fast noch einmal tausend, bis ER ihn Camaldoli anvertrauen konnte. Wahrhaftig, diese Ikone ist mir zugefallen. So wichtig ist IHM Absichtslosigkeit. Wer hätte das gedacht: Judas hat seine Erfüllung gefunden zum Segen der ganzen Menschheit. Wie, wenn er uns ein Zeichen seiner auferstandenen Präsenz geben würde? Und uns voranginge an die Durchbruchstelle, wo wir aus dem nuklearen Suizid herausfänden? Oder ist vielleicht die Ikone selbst schon das Zeichen? Kein anderer als der dreizehnte der

Apostel – den zwölften haben sie ja ersetzt durch Matthias – kann uns christlichen Schurken ein neues Kapitel in der Geschichte der Menschheit eröffnen.

25. September 1986

Vom Verhassten zum Geliebten. So müsste die zweitausendjährige Geschichte der Verwandlung des Judas lauten. Aber bin ich selber auch bereit, Freund des auferstandenen Judas zu werden? Es fällt mir noch immer schwer, ihn mit seinem Namen anzusprechen. Aber ER hat ihm keinen anderen gegeben. Wir müssen ihn aushalten lernen. «Geliebter Judas», das käme mir erst recht nicht über die Lippen. So sehr ist uns der Name Judas verteufelt worden. Aber ich muss und will es versuchen, ihn anzusprechen, so lange, bis die Identifikation mit dem Verräter verschwindet und das wahre Wesen des Judas seinen Platz bekommt.

29. September 1986

Mein auferstandener Judas, Du bist zu meiner Erfüllung geworden und ich zu der Deinen. Ohne unser Dazutun. Es wäre uns selbst im Traum nicht eingefallen. Wir stellten es erst im Nachhinein staunend fest mit einer Überzeugung, die keiner Rechtfertigung bedarf. Und heute ist der Tag von San Michele. «Ende Drama!», ruft der Engel und pflanzt vor uns seine Standarte mit dem dreifachen «heilig» auf. Alles ist wieder heilig wie am Anfang. Alles zwischen Dir und mir ist lauter. Sogar Dein Name kommt jetzt ohne den bitteren Geschmack der Jahrhunderte über meine Lippen.

30. September 1986

Langsam, langsam fange ich an zu begreifen, warum mir alle meine Identitäten unter den Händen wegstarben. Nur der Identitätslose vermag seine Ikone zu finden. Nur der Nackte kann mit dem wahren Wesen bekleidet werden. Erst dann spiegelt er das Ebenbild für IHN und jedes Du, das ihm begegnet. So hoch ist der Preis.

7. Oktober 1986

Martin Buber fragt in seinem Buch «An der Wende»: «Was ist denn der Geist Israels?» und gibt zur Antwort: «Es ist der Geist der Verwirklichung.» Mein Judas, das wolltest Du: Verwirklichung. Und ich ahne, warum Du gerade hier auferstandest. «Die Schöpfung hat ein Ziel: den Bau des grossen Friedens ... Die Menschenwelt ist bestimmt, ein einziger Leib zu werden ... Das Volk Israel war betraut, auf dem Weg dahin voranzugehen». Das ist es, was ich immer suchte: Verwirklichung. Inkarnation. Zeichen des Kommenden. Mehr nicht. Nur Zeichen. Damit das Kommende transparent wird und Resignierte wieder zu hoffen beginnen. Mein Judas, sag, leihst Du dem Lauteren die Kraft Deiner verwandelten Dunkelheit? Zum unberechneten Zusammenspiel mit IHM und SEINEM Geist der Verwirklichung?

27. Oktober 1986

Zürich. Ich versuche, die vielen Begegnungen und Gespräche zu verarbeiten. Mir scheint, das Thema «Judas» liege in der Luft. Viele spüren es. Die Friedensgruppe der «Zürcher Disputation» möchte die Judas-Ikone am liebsten erwerben.
In der Christlichen Vereinsbuchhandlung Schiffl ände habe ich zum erstenmal aus dem Johannesevangelium vorgelesen. Züritüütsch natürlich. Welch ein Geheimnis muss die Stimme sein! Ein Feuer breitete sich aus. Eine starke Dynamik von innen. Die dunkle, verwandelnde Kraft des auferstandenen Judas? In neuer Lauterkeit?

5. November 1986

Die «Zürcher Disputation» will die Judas-Ikone tatsächlich erwerben. Für einen Raum der Stille mitten in der Stadt, wo man über den Frieden meditieren kann. Mein auferstandener Judas ist zum Friedensstifter geworden. Heute will auch der Kirchenrat über den Erwerb entscheiden.

8. November 1986

Ich sass gerade im Büro des Sekretärs der Disputation, bei Sämi Jakob, als das Telefon läutete: Der Kirchenrat beteiligt sich nicht am

Erwerb der Ikone. Sämi wiederholte die Begründung halblaut vor sich hin wie zur Bestätigung: «Daas Gäld gèèb me gschiider em HEKS[1]». Es durchfuhr mich wie ein Blitz: Das hat doch schon einmal einer gesagt! «Doch einer von seinen Jüngern, Judas Iskariot, der ihn später verriet, sagte: Warum hat man dieses Öl nicht für dreihundert Denare verkauft und den Erlös den Armen gegeben» (Joh 12,4+5): Judas! Als Sämi den Telefonhörer auflegte, wiederholte ich seinen Satz. Aber dann verstummten wir betroffen. So real ist also der Archetyp des Judas. Jetzt wird es sich zeigen, ob die Judas-Ikone eine Friedens-Ikone wird oder nicht.

13. November 1986

Zurück in der Cella. Ich habe im Garten vor meinem Fenster einen Mandelbaum gepflanzt. Einen neuen Judasbaum. Damit kein Verzweifelter mehr seinen Tod an ihm suche, sondern das Leben finde. Wirst DU wachen über DEIN Wort, um es auszuführen (Jer 1,12)?

15. November 1986

Es ist erst kurz nach Mitternacht. Ein Traum hat mich geweckt. Eine dunkle Gestalt rief mich um Hilfe. Und brachte mich um.
Der Gauner! Schlimmer als Judas. Er ist nicht nur meine dunkle, sondern auch meine aggressive Seite. Will er ans Licht wie die Metalle in der Erde? Nicht ins Scheinwerferlicht des Theaters, sondern in die Dämmerung eines neuen Lebensstils? Dann ist es höchste Zeit, ihn herauszurufen aus der Destruktivität. Nein, mein Bruder, so keinen Tag länger! Komm ans Licht und gib dich mir genau so ehrlich, wie ich mich dir gebe. Für einen neuen, klaren Lebensstil.

11. Dezember 1986

Am letzten Samstag ist Gabriella Pannelli gekommen, um in meiner Cella das Dokument von Auschwitz in Empfang zu nehmen. Es ist nicht nötig, dass es länger bei mir bleibt. Vierzig Jahre genügen. Mit diesem Blatt aus einem in Ungarn gedruckten hebräischen Psalter

[1] Hilfswerk der Evangelischen Kirchen der Schweiz für Entwicklungshilfe

habe ich gelernt, *mit* meinen jüdischen Brüdern und Schwestern zu beten. So bin ich langsam ein Gast des Volkes Gottes geworden. Der Anspruch der Christen, das neue und wahre Gottesvolk zu sein, ist wie ein altes Kleid abgefallen. Er gehört nicht mehr zu meiner Identität. Der jüdisch-christliche Dialog, der hier in Camaldoli immer anfangs Dezember stattfindet, hat mir wieder einmal mehr gezeigt, wie viel es noch aufzuarbeiten gibt, bis wir dem wahren Antlitz des anderen begegnen. Das Psalmenblatt meines Studienfreundes, das er als Schweizer Rotkreuzsoldat nach Kriegsende beim Reinigen und Desinfizieren des Lagers in einer Gaskammer von Auschwitz gefunden hat, geht nun an das Yad Vashem Museum in Jerusalem als Zeuge der Scho'a, der Vernichtung von sechs Millionen Juden im nationalsozialistischen Machtbereich 1933-1945. Damit wir dieses traurige Kapitel unserer europäischen Geschichte nicht vergessen.

10. Januar 1987

Marie Lou hat mir Alfons Rosenbergs Auslegung zu Joh 21, «Das Morgenmahl», geschickt. Von Satz zu Satz lichten sich auch in mir die Morgennebel. Wahrhaftig, ich gehöre auch zu denen, die sich vom Abendmahl zum Morgenmahl hindurchgetastet haben. Es leuchtet mir ein, dass die Menschen vor zweitausend Jahren noch zu wenig Distanz zu den Ereignissen um Jesus hatten. Der Mutationssprung kann erst heute in seiner ganzen Tragweite begriffen werden. Unerwartet befinden wir uns am anderen Ufer, von IHM willkommen geheissen zum Morgenmahl ums Kohlenfeuer: «Als sie an Land gingen, sahen sie am Boden ein Kohlenfeuer und darauf Fisch und Brot. Jesus sagte zu ihnen: Kommt her und esst!» (Joh 21,9.12) Ohne Zeremoniell. Aber ich frage mich, wer die Spannung zwischen verinstitutionalisiertem Abendmahl und unverfügbarem Morgenmahl aushält. Wohl nur, wer mit dem Abendmahl stirbt und mit dem Morgenmahl aufersteht.

29. Januar 1987

Vreni und Hansruedi sind zusammen mit ihren Kindern für ein halbes Jahr in Marokko. Sie haben mir eine «Djellaba» geschickt, ein Kapuzenkleid aus roher Schafwolle, schwarz und weiss, handgewoben, lang bis zum Boden und herrlich warm. Sie wollten auf dem Markt eine kaufen, aber ihr Freund Moha erinnerte sich, dass sein Vater oben auf dem Atlasgebirge eine habe, die er sicher entbehren könne. Und siehe da, er gab sie ihnen gerne. Sie ist mir wie auf den Leib geschnitten. Sie hat die Würde eines liturgischen Kleides und ist mir doch auch Arbeitskleid im Winter. Was mich aber am meisten bewegt: ich komme mir darin vor wie ein lebendiges Gebet über alle menschlichen Grenzen hinweg. Ein Moslem hat es mir geschenkt. Mit seiner Brüderlichkeit bin ich bekleidet. So wie ich in der Cocolla von Camaldoli ein grenzüberschreitendes Zeichen war, so bin ich es nun noch umfassender, wenn auch ganz verborgen. Was tut's? Es ist doch da, als Zeichen einer sich wandelnden Welt. Ich habe es nicht gesucht, das Zeichen hat mich gefunden. Das ist das Bewegende.

13. Februar 1987

Brüderlichkeit. Was ist das eigentlich? Liegt ihr nicht eine Du-Bedürftigkeit zugrunde? Aber auch eine Du-Fähigkeit? Im Einsiedler habe ich bis auf den Grund meiner Du-Bedürftigkeit geschaut und sie bis in die letzten Fasern meiner Haut registriert. Der Einsiedler hat mich aber auch den Jubel über meine Du-Fähigkeit erleben lassen: die Beziehungsfähigkeit gegenüber Gott und meiner ganzen Mitwelt. Das tiefste Geheimnis der Brüderlichkeit ist wohl dies: ich empfange mich erst durch ein Du, und das Du empfängt sich erst durch mich. Ich weiss erst durch ein Du, wer ich bin, und das Du weiss erst durch mich, wer es ist. Ist mir Gott so brüderlich begegnet ein ganzes Leben lang, damit ich mithelfe, das hierarchische Zeitalter auszuläuten?

14. Februar 1987

Siehe da: der theophile Mensch ist in Philadelphia zu Hause! Das Schreiben an den Engel der Gemeinde in Philadelphia (Off 3,7-13) geht mich nicht nur inhaltlich an, sondern allein schon durch seinen Adressaten: Philadelphia heisst Bruderliebe. Brüderlichkeit. Das klingt nach Existenzberechtigung.

15. Februar 1987

Hansruedi, mein Arztfreund, ist mit seiner Frau da und hat mir gestern etwas so Treffendes gesagt: «Du *bist* ein Symbol.» Offensichtlich hat mich seine Brüderlichkeit durchschaut. Im Symbol fallen Inneres und Äusseres zusammen. Das Äussere wird transparent für sein verborgenes Inneres. Das ist befreiend: ich bin, was ich scheine.

24. März 1987

In der gleichen Nacht dreimal derselbe Traum. Zweimal erwachte ich und stand sogar auf, um etwas zu trinken, und derselbe Traum ging einfach weiter. Da scheint sich etwas Wichtiges zu melden. Am Himmel erschien der Auferstandene in der Gestalt des durchbrochenen Tau-Kreuzes. ER war die Leere und das Kreuz SEIN weisser Mantel. Dann kam die Gestalt zu mir und lud mich ein, in diese Leere hineinzukommen. Aber das war gar nicht so einfach. Zögerte ich, SEINE Gestalt anzunehmen? Im zweiten Traum fiel es mir schon ein wenig leichter, mich in die ausgesparte Form hineinzufinden. Beim drittenmal war ich von einer grossen, stillen Kraft erfüllt und dem Verlangen, dass alles echt und wahr sei, was ich tue. Aber noch immer kam ich nicht ans Ziel. Und doch erwachte ich in einem tiefen Frieden.
Mich einfügen? Das aber war ganz anders, als ich es gewohnt bin seit früher Jugend. Kein Anpassen. Ich versuchte, mich hineinzufinden, ohne mir Gewalt anzutun, als würde ich erst mich selber, wenn ich IHM ähnlich werde. Oder wollte ER in dieser Leere mir ähnlich werden? Meinte Johannes das, als er ihn sagen liess: «ihr in mir und ich in euch» (Joh 15,4)? Verwendete mein Traum die Bildsprache des Johannes? Wollte er mir die Gültigkeit meiner Theophilie anschaulich machen? Zögere ich noch allzusehr, ein theophiler Mensch zu sein?

25. März 1987

Oder wollte mir der Traum von gestern meine wahre Energiequelle zeigen? Auferstehungsenergie? Ist in der ausgesparten Leere dieses Kreuzes grosse stille Auferstehungskraft? Wird mir das anvertraut?

Welche Zumutung! Sind für die neue Welt spirituelle Energien wichtiger als materielle? Sträuben wir uns dagegen, weil sie nur mit dem Einsatz des ganzen Lebens zu finden sind? Die Welt würde auf jeden Fall menschlicher durch spirituelle Energien, denn diese sind immer Beziehungsenergien von Du zu Du. Sie existierten für Jesus schon vor seiner Auferstehung und flossen vom Vater zu ihm und von ihm zum Vater. Und flossen über auf Menschen und Kreatürliches. Heilend und befreiend. Mir dämmert, warum alles Geschaffene so sehnlichst auf Söhne und Töchter Gottes auf dieser Erde wartet (Röm 8,19).

19. Mai 1987

Die Überraschung ist perfekt. Der auferstandene Judas, jetzt wie ER der Dreizehnte unter den Zwölfen, hat mir heute sein Zeichen gegeben: der brüderliche Dreizehnte. Und das ausgerechnet während der Eucharistie im Eremo, als ich fastend im Chorgestühl an meinem alten Platz blieb. Solidarität mit allen Ausgeschlossenen. Jetzt hat alles An-den-Rand-Gedrängt-Werden seinen Sinn und seine Erfüllung gefunden. Nur der auferstandene Judas konnte mir das Zeichen meiner Existenzberechtigung geben.

5. Juni 1987

Die Ikone verlangt nach dem begleitenden Wort. Sie will eins werden mit dem Wort. Nur darum habe ich mich nach so langem Zögern an ein zweites Ikonenbüchlein gewagt. Und nun, nachdem ich das Manuskript an Vreni und Bruno Dörig geschickt habe: vernichtende Kritik! Kann ich mich nicht mehr verständlich ausdrücken? Habe ich IHN lächerlich gemacht? Und mich dazu? Was ist nur geschehen? Seltsamerweise, oder vielleicht bezeichnenderweise, fällt diese Kritik zusammen mit der Feststellung des Arztes: Mykose, eine Pilzkrankheit auf der Zunge, ein klassischer Fall von psychosomatischer Reaktion auf Ängste. Seit Wochen schon quälte mich die Zunge. Und jetzt auch noch diese Kritik! Wenn klar ist, dass Zunge und Sprache krank sind vor lauter Ängsten, will ich mich nicht mit Psychopharmaka über die wahre Ursache hinwegtäuschen, sondern ihr auf den Grund gehen. Vielleicht wagen sich meine alten Existenzängste erst unter dem brüderlichen Zeichen des auferstandenen Judas ans Tageslicht.

8. Juni 1987

Immer, wenn ich zu viel und zu laut geredet habe, geschah es zur Tarnung dessen, was ich eigentlich hätte sagen sollen und nicht zu sagen wagte. Und wenn ich zu lange schwieg, war auch das Tarnung. Warum Tarnung? Um nicht noch weiter ausgeschlossen zu werden. Um endlich auch dazugehören zu dürfen. Tarnung als Werbung. Wie raffiniert! Alles aus Angst, die Nicht-Existenzberechtigung könnte sich als wahr erweisen. Nun ahne ich, warum ich mit meinen Ikonen an den Ursprung des Wortes geraten bin. Erst dort sollte ich meine Existenzberechtigung finden. Und ich verstehe jetzt auch, warum Ikonen nach dem begleitenden Wort verlangen. Dieses ungetarnte Wort muss ich noch aussprechen lernen.

10. Juni 1987

Erst als Dreizehnter mit der neuen Existenzbasis bin ich imstande, das ungetarnte Wort zu sagen. Und doch ist mir so elend. Am liebsten würde ich nicht mit Peter und Katharina nach Neapel fahren, wo ich am 15. Juni die Predigt halten soll bei der Primiz meines eben zum Priester ordinierten Ismael.

16. Juni 1987

Gestern wurde mir die Erlaubnis entzogen, die Predigt zu halten. Zwei Stunden vor der Messe zitierte uns der Provinzial der Missionskongregation in sein Büro, um uns zu eröffnen, dass es um der Liebe willen zu den älteren Brüdern nicht möglich sei, einem Protestanten das Wort zu erteilen. Mein Ismael wurde totenblass. Er hatte doch die Erlaubnis bekommen, sonst hätte er mich mit Peter und Katharina nicht eingeladen. Wir drei sassen dann bei der Feier zuhinterst, ein weiteres Mal ausgeschlossen. Die Zeremonie wird mir unvergesslich bleiben. Auf dem Altar inmitten prunkvoller Kelche mein kleiner selbstgemachter Kelch und die Patene, die um der Einheit willen sieben Jahre lang leer geblieben waren und die ich Ismael geschenkt hatte als lebendiges Zeichen der Verbundenheit über alle Grenzen hinweg. Und genau so verloren inmitten stattlicher Priester der kleine Primiziant. Es war unübersehbar, wie er kämpfte, um die Fassung nicht zu verlieren. Wir drei verstanden nur allzugut, warum er sich am Schluss von der Menge die Hände nicht küssen liess, sondern sie ostentativ hinter seinem Rücken verbarg und so die Kirche verliess.

Als wir heute mit ihm und einigen seiner Freunde nach Paestum fuhren, sagte er im Auto: «Sie wollten zwischen mir und euch eine Mauer der Trennung aufrichten, aber im Grunde genommen haben sie sie niedergerissen und sie zwischen mir und ihnen aufgerichtet.» Und dann fügte er leidenschaftlich hinzu: «Was heisst eigentlich Charisma der Autorität?» Ja, das war die Frage, die uns alle anging. Wir suchten die Antwort in einem langen und ebenso leidenschaftlichen Gespräch.

Und jetzt frage ich mich: hat das, was uns eben geschah, nicht mit der alten Geschichte zwischen Abraham, Hagar und Ismael zu tun? Warum gab ich ihm in meinem Herzen den Namen Ismael, als er mir bei unserer ersten Begegnung seine Lebensgeschichte erzählte? Und meine kranke Zunge? Warum sollte nicht auch sie etwas damit zu tun haben? Gibt ER SEINE Vollmacht nicht mit Vorliebe den Ausgestossenen?

26. Juni 1987

Sprache als heilender Eingriff. Man sagt nicht «ein operativer Angriff», sondern «ein operativer Eingriff». Wer angreift, kann andere vorausschicken und ihnen befehlen, was sie tun sollen. Wer eingreift, muss selber gehen wie ein Chirurg. Als Gott die Welt mit seinem schöpferischen Wort schuf, griff er selber ein. Heilend und gestaltend. So ist es noch immer mit der Sprache: heilender Eingriff. Das musste ich wissen, bevor ich mein Ikonenbüchlein nochmals schreiben kann. Ich bin nicht der Chirurg, nur SEIN Assistent. Die Kompetenz kann mir nur Schritt für Schritt von IHM gegeben werden. Und dann gibt es nichts mehr zu tarnen.

29. Juni 1987

Wählt ER besonders gerne Ausgeschlossene zu SEINEN Assistenten? Dann habe ich keine Ausrede mehr gegen eine eingreifende

Mitarbeit. Die Einsatzstelle sollte mir auch nicht unbekannt sein, wenn der Pilz schon auf der Zunge sitzt: Spalt-Pilz. Schon die Römer waren infiziert mit ihm. «Divide et impera!», sagten sie. Teile und herrsche! Nun sind auch die Kirchen infiziert damit. Sogar die Eucharistie. Auch da wird geteilt und beherrscht. Seit Konstantin.

14. Juli 1987

Ismael ist mit zwei Freunden da, um seinen Crocifisso in Peter und Katharinas Kapelle zu empfangen. Ich habe ihm kein Kruzifix gemacht, sondern einen Auferstandenen. Eine leere Gestalt, ausgespart in einem Kreuz, offen für SEINE Präsenz und SEINEN Anhauch. Offen für den Geist, der das «Charisma der Autorität» austeilt, wo und wann ER es für richtig hält. Es hat mich besonders gefreut, dass Ismael seiner Hoffnung Ausdruck gab, einmal gemeinsam mit uns Eucharistie feiern zu können. Ehrlicherweise spürte er, dass die Zeit für ihn noch nicht reif ist dazu.

9. August 1987

Es ist etwas ganz anderes, ob man durch eine Technik Entspannung herbeiführt oder ob man dazu abgeholt wird von den unbewussten Tiefen. Wie z.B. heute früh, als ich aus einem ruhigen Dialog mit meiner dunklen Seite erwachte. Zuletzt sagte ich: harà. Einfach so. Bringt einen das Unbewusste in die Haltung der Mitte? Werde ich erst entspannt und ohne Ängste reden und schreiben können, wenn ich wage, über die Wasser der unbewussten Tiefen zu gehen, und die Erfahrung gemacht habe, dass sie mich tragen und nicht verschlingen? Es hilft nichts, wenn man in einem vom Sturm hin- und hergeworfenen Boot Entspannungsübungen macht. Die Wasser beruhigen sich erst, wenn man sich ihnen anvertraut und über sie geht. Ist das auch die heutige Situation der Kirchen? Nur – diesmal ruft nicht Jesus den Petrus aufs Wasser, sondern der auferstandene Judas die ganze Kirche. Und er geht ihr voraus bis ans andere Ufer. Lernen wir erst so den aufrechten Gang?

18. August 1987

Im Traum ein ungestalteter, blechern-kalter Raum. Während ich ihm Gestalt und Wärme zu geben begann, erwachte ich und hörte mich sagen: «Leib werden.»
Mein Einswerden mit dem Unbewussten will eine Gestalt bekommen wie mein Schweinestall, der sich in eine wohnliche Cella verwandeln liess. Einladend will es in mir werden, nicht ausladend.

21. August 1987

Zürich. Als ich heute die Abdankung von Charlotte Blanc hielt, war wieder jener heitere Glanz auf den Gesichtern wie beim Abschied von ihrem Mann, meinem Goldschmied-Lehrmeister. Offensichtlich hilft mir die Haltung des Lehrlings, ungetarnt zu reden. Ich spürte zum erstenmal etwas Poetisches in meinem Sprechen, obwohl ich sehr vieles spontan formulierte. Auch das Erlebnis mit dem roten Hut wagte ich zu erzählen. Und die Erfahrung der befreienden Mütterlichkeit, die ich bei ihr, der Kinderlosen, machte.

3. Oktober 1987

Ich war für eine Woche «Special Guest» im Hotel Bethanien in Davos. «Haus der Begegnung» wird das Hotel genannt. Da wird so wenig wie möglich fixiert. Die Essenszeiten sind gleitend. Es gibt einen Raum der Stille, der immer offen ist. Keine Morgenandacht. Der Direktor hängt jedem Gast einen Zettel mit einem «Wort zum Tag» an die Türfalle. Ein persönlicher Gedanke, mit Humor gewürzt. Auf der Rückseite des Zettels Wandervorschläge, Kulturelles im Dorf und ein Hinweis auf die Möglichkeit eines Zusammenseins mit dem Spezialgast. Alles ist offen und beruht auf Freiwilligkeit. Darum waren die Begegnungen auch so spontan und echt. Eine Erfahrung von offener, spontaner Kirche. Kirche von morgen.

15. Oktober 1987

Katharina liegt mit einem Herzinfarkt im Spital Bibbiena. Sie erlitt ihn, als sie mit dem Auto unterwegs war. Sie konnte am Rand der Strasse noch anhalten. Gottlob kam ich gerade aus der Gegenrichtung und sah sie winken. Sie konnte noch in mein Auto umsteigen. Zu Hause alarmierten wir sogleich den Arzt. Ein Thrombus im Herzen! Alles kam wie ein Blitz aus heiterem Himmel. Was hat das zu bedeuten? Wer oder was verstopft da den Blut- und Energiefluss?

25. Oktober 1987

Ich habe noch nie einen Menschen getroffen, der sich so anklagte wie Tiziano, und zwar wegen seiner Stärke, Strenge und Konsequenz gegen sich selbst. Und eben diese Seite habe ich bei mir vermisst und bedauert, dass ich sie nicht habe. In unserem Gespräch ist jeder für den andern zum Spiegel seiner selbst geworden. Und heute, zwei Monate später, schickt er mir ein Gedicht zur Judas-Ikone:

Ein kleiner Mensch
in einer kleinen Klause
dieser kleinen Welt
hat in Liebe und Freiheit
mit Überzeugung und Verstand
das letzte Vorurteil
der überheblichen Welt unseres Bewusstseins
hinweggefegt
mit Feuer und Metall –
Und jetzt?

28. Oktober 1987

Und jetzt ... müssen wir uns die Augen reiben und neu und anders sehen lernen. Ikonisch sozusagen. Mit den Augen Gottes. Bis wir auf den Grund der Menschen und Dinge sehen, wo das Feindbild zerfällt und das Ebenbild erscheint. Und wo Begegnung und Gespräch wieder möglich werden. Jetzt ist wieder alles offen. Werden wir riskieren, mit Judas übers Wasser zu gehen, um neu zu beginnen am anderen Ufer?

2. November 1987

Und jetzt ... will ich zu meinen Einbrechern im Traum, die mich strahlend begrüssten, als ich sie entdeckte, sagen: «Ich habe allen

Grund, euch zu danken, denn ich weiss erst durch euch, dass es bei mir etwas Kostbares zu holen gibt. Kommt nur herein und zeigt es mir, ich will es ehrlich mit euch teilen. Ich habe euch viel zu lange aus meinem Hause ausgeschlossen, ihr Wahrheitsschnüffler. Ihr seid wahrhaftig Freunde, die mich besser kannten als ich selbst.»

4. November 1987

In Tizianos Brief steht ein Satz, der noch immer in mir nachklingt: «Ich habe in Deinen Worten die Zerbrechlichkeit und Unsicherheit des Menschenweges wiedergefunden wie ein grosses Geschenk und eine grosse Qualität.» Da ist er, der kostbare Schatz in irdenen Gefässen: «Diesen Schatz tragen wir in zerbrechlichen Gefässen; so wird deutlich, dass das Übermass der Kraft von Gott und nicht von uns kommt» (2 Kor 4,7). Und ich entdeckte ihn erst mit Hilfe der Diebe im Traum.

12. November 1987

Da ist noch ein Schatz, den ich ein Leben lang zu heben fürchtete. Hans sagte gestern: «Seit ich das Buch 'Die jüdische Mystik' von Gershom Scholem gelesen habe, weiss ich, dass ich kein Mystiker bin. Bist du einer, Josua?» Noch nie ist ein so urtiefes Ja über meine Lippen gekommen wie dieses. Ich erschrak selber. Das hatten nur meine Diebe im Traum fertiggebracht. Sie haben mich vor mir selber ent-tarnt.

15. November 1987

Fünfundsechzigster Geburtstag. Ab heute bin ich pensioniert. Etwas Schöneres hätte mir in der letzten Woche meines öffentlichen Pfarrdienstes nicht geschehen können als eine Retraite mit Pfarrerinnen und Pfarrern aus dem Kapitel Toggenburg. Und erst noch in Kappel am Albis! Wie ist es nur möglich, dass Theologinnen und Theologen so unbefangen wie Konfirmanden vor dem Auferstehungsweg sitzen und staunen, fragen und meditieren? War meine Sprache schon so enttarnt, ausgerechnet vor ihnen? Bin ich mit ihnen an die Quelle der Sprache geraten? Ausgerechnet hier in Kappel, wo ich vor zehn

Jahren ausgebootet worden bin und von wo ich ihnen einfach übers Wasser davonlief an ein neues Ufer.

13. Dezember 1987

Die dreizehn Meditationen für das Ikonenbüchlein sind neu geschrieben. Auch dies habe ich meinen diebischen Freunden aus dem Unbewussten zu verdanken. Sie haben mich unter meinen Schätzen ein Wort von C.G. Jung finden lassen: «Niemandem fällt vor einer Gruppe von Bäumen oder Menschen ein, er habe diese selber gemacht. Warum tun wir nicht dasselbe vor unseren Gedanken?» Wie befreiend! Meine Gedanken sind nicht nur die meinen, sondern genauso die Gedanken Gottes und aller Menschen. Und wenn ich sie niederschreibe, ist am Schluss nicht mehr auszumachen, was von wem stammt. Es ist alles nur noch lautere Zusammenarbeit zwischen Himmel und Erde. Was gäbe es da noch zu tarnen?

13. Januar 1988

Durch Marga Bührig habe ich zwei wichtige Begriffe der Feministinnen kennengelernt: Netzwerk und Macht-in-Beziehung. Das Netzwerk macht mir klar, warum Bischöfe und Priester auf der Ortsgemeinde beharren. Die Pfarrei lässt sich beherrschen, ein Netzwerk nicht. Mit Macht-in-Beziehung wird Kirche ein lebendiges Beziehungsgewebe. Je mehr ich mich von den institutionellen Strukturen der Kirche löste (bis zur Auflösung der Pensionskasse), umso brüderlicher und schwesterlicher wurde das Beziehungsgewebe. Auch Gott könnte ich nicht besser umschreiben als mit Macht-in-Beziehung. SEINE Macht fliesst nicht aus hierarchischen Strukturen, sondern aus einem lebendigen Beziehungsnetz.

24. Januar 1988

Im Traum ein offenes Miteinander. Was ich geschrieben hatte, gab ich ohne Angst weiter. Auch ohne Sorge, dass unter den Händen der anderen etwas Neues und Fremdes daraus würde. Im Gegenteil, zwischen uns war ein lebendiges Geben und Nehmen und Verwandeltwerden. Hat dieses schöpferische Miteinander vielleicht auch zwischen meinem Unbewussten und meinem Bewusstsein begonnen?

23. Februar 1988

Nachdem ich dem Jordanverlag mein Ja zur Übertragung der 150 Psalmen ins Züritüütsch gegeben hatte, begann ich mich langsam in dieses Werk hineinzuarbeiten. Und zwar immer zur Zeit des Morgen- und Abendgebetes meiner Brüder im Eremo. Keine wissenschaftliche Arbeit sollte es werden, sondern eine geistliche. Was war sinnvoller, als betend zu übersetzen und zu übertragen? Hebräisch, deutsch, italienisch, züritüütsch. Mit Brüdern und Schwestern über alle konfessionellen und religiösen Schranken hinweg. Jetzt sind etwa zwei Drittel übersetzt und in die Schreibmaschine getippt für die sieben Mitlesenden. Seltsame Erfahrung: Sprache beginnt erst dann zu fliessen, wenn «kein Vorher und kein Nachher» mehr da ist, wie die Juden von ihrer Thora sagen, d.h. wenn die Zeit still steht und ich nur noch ganz gegenwärtig und hellhörig da bin für diesen innersten Dialog. Wie hätte es anders sein können, als dass sich diese Gebetszeiten zu Stunden, Vormittagen, Abenden und Nächten ausdehnten? Was heisst überhaupt beten?

9. März 1988

Der lebendige Strom der Tradition («weitergeben») fliesst. Die Psalmen beginnen sich sogar zu erweitern. Wo es fliesst, kann man sich nicht mehr festlegen und auf Hergebrachtes fixieren. Es zieht einen einfach weiter ins Heute der Geschichte Gottes mit den Menschen.

11. April 1988

Bruno, mein ältester Studienfreund ist tot. Herzinfarkt neben seinem parkierten Auto, als er zu diesem zurückkam und weiterfahren wollte. Hat er sein Selbst zu lange stehengelassen? Und jetzt, als er sich endlich aufgemacht hat, sich selbst zu werden und den Schritt aus der Ehe wagte, sinkt er erschöpft vor seinem eigentlichen Wesen zusammen. Ich werde hinfahren und die Abdankung halten, damit nicht auch noch die Wahrheit stirbt.

17. April 1988

Zürich. Brunos tödlicher Herzinfarkt macht mir sehr zu schaffen. Sind nicht auch meine Tarnmechanismen so etwas wie eine Weigerung, mich selbst zu sein, wie Gott mich von allem Anfang an gemeint hat? Es muss IHM sehr ernst sein mit unserer Verwandlung in SEINE Ikone. Als ich gestern mit Rös nochmals am Grab war und wir dann zum parkierten Auto zurückspazierten, sagte ich, mein grösster Wunsch sei, dass bei meinem Sterben einmal alles sichtbar werde, was ER in meinem Innersten belebt und verwandelt hat. Da sagte Rös: «Warum erst dann? Man sieht und spürt es doch schon jetzt.»
Da siehst du, mein alter Josua, deine Tarnkünste nützen nichts mehr. Wann begreifst du es endlich?

22. Mai 1988

Pfingsten. Ich bin schon wieder in der Schweiz. Diesmal zum Pfingsttreffen der katholischen «Jungen Gemeinde» in Aarau. «Wenn einer alleine träumt, so ist es nur ein Traum. Wenn viele gemeinsam träumen, so ist das der Beginn einer neuen Wirklichkeit.» Ich kann diesen Kanon nicht mehr vergessen. Meine Judas-Ikone ist zum Traum vieler geworden. Zum Friedenstraum. Unten am Fuss des Altars stand sie während der ganzen Liturgie. Ehre sei Gott in der Tiefe.
Eine Freiburger Theologiestudentin erzählte uns am Mittagstisch, dass ihre Freundinnen und Freunde in Chur vor der Kathedrale einen Menschenteppich bilden würden als friedlichen Protest gegen die Bischofsweihe von Wolfgang Haas. So geschah es dann auch. Über dem Portal hing ein Transparent: «Wer über uns geht, übergeht uns.» Und während die Würdenträger über die am Boden Liegenden gingen, sangen diese: «Ubi caritas ibi Deus est», Wo die Liebe ist, da ist Gott.

24. Mai 1988

Die Symbolik der Churer Bischofsweihe ist unübertrefflich. Der «Tages-Anzeiger» schreibt: «Haas gelangte durch eine Hintertüre in

die Kathedrale ... Weihekandidat Haas soll schon vier Stunden zuvor in der Kathedrale eingeschlossen worden sein: dieses Gerücht ging von Kirchenbank zu Kirchenbank . . .Auch der liturgische Auszug wurde aus Angst vor den friedlichen Demonstranten fallen gelassen. Diese hatten nun auf dem dichtbevölkerten Domplatz schwarze Binden über den Mund gezogen, um den aus der Kathedrale ausziehenden Kirchenoberen deren Dialogunfähigkeit vor Augen zu führen.» Eindrücklich ist auch, dass vierzehn von vierundzwanzig Domherren und «praktisch alle Dekane des Bistums und die neunköpfige Zentralkommission von Zürich» nicht erschienen.
Die Parallele zu Joh 10,1 ist unübersehbar: «Wer nicht durch die Türe in den Schafstall hineingeht, sondern anderswo einsteigt, ist ein Dieb und ein Räuber.»

23. Juni 1988

Es kommt mir vor wie ein Wunder: ich bin heil und ganz zurück in meiner Cella. Schon auf dem Mandriolipass war mir so sterbenselend, dass ich Peter und Katharinas Telefonnummer auf einen Zettel schrieb und ihn neben mich legte. Nach einer halben Stunde Schlaf wagte ich dann, doch noch die restlichen zwanzig Kilometer zu fahren. Aber als ich vor der Treppe zu ihrem Haus aussteigen wollte, vermochte ich nicht zu stehen und sank erschöpft auf den Sitz zurück. Der alarmierte Arzt diagnostizierte eine Hypoglycämie (zu tiefer Blutzuckerstand). Heute geht es mir schon viel besser. Aber umso nachdenklicher bin ich. Das Gegenteil von Bruno? Habe ich das, was an Selbst schon Gestalt angenommen hat, überfordert? Ich muss sehr viel achtsamer mit mir umgehen lernen, sonst sterbe ich aus Fahrlässigkeit mir selbst gegenüber.

3. Juli 1988

Und wenn ich nur ein Fragment meiner Ikone realisiere, würde IHM das nicht genügen? Warum denn mir nicht? Mehr ist so spät im Leben wohl gar nicht mehr möglich. DU wirst es vollenden. DU hast schon den Anfang gemacht, so steht auch die Vollendung DIR zu. Nicht mir.

19. Juli 1988

Langsam reift der Entschluss zu einem Sabbatjahr. Vorgestern hat ein Traum ihn mir bestätigt. Und wie! Da nahm mir einer die Brille von der Nase und zerdrückte sie in seiner Hand. Ich war empört. Da zeigte er mir die Rückseite meiner Gläser: vollgeschrieben mit Namen, wie auf einer Ansichtskarte aus den Ferien.
Aber erst heute habe ich seine Botschaft begriffen: meine Optik war getrübt durch die Rück-Sicht auf allzuviele Freunde. So wurde ich rücksichtslos mir selber gegenüber. Ich wollte allzuvielen und allzuvielem gerecht werden, nur nicht mir selber. Das musste ja zu Erschöpfung führen. Es ist höchste Zeit für ein Sabbatjahr.

13. August 1988

«Bei IHM bin ich ganz bei mir.» So klingt es seit Tagen in meinem Inneren. Und doch bin ich grenzenlos müde. Oder gerade deswegen? Ertrage ich erst mit diesem Klang die Wahrheit meines gebrochenen Willens? Schon oft hat mich eine Ahnung dieser Wahrheit zittern lassen, aber jetzt ist es, als sähe ich ihr ins nackte Angesicht. Nein, ich mache meiner Mutter keinen Vorwurf mehr. Sie war aufrichtig überzeugt, aus einem Kind werde nur etwas Tüchtiges, wenn man seinen Willen breche. Jetzt will ich diese Wahrheit nur einfach aushalten bei DIR, weil sie zu mir gehört und mich geformt hat. Aber ich will mich nicht länger darüber täuschen, dass sie zum Himmel schreit. Ja, ich bin im Augenblick nur noch diese schreiende Scherbe. Nichts anderes als dieser Schrei.

16. August 1988

Ach DU, habe ich keinen Boden mehr unter den Füssen? Nur noch Wasser? Hat meine Müdigkeit mit meinem Versinken zu tun? Versinken ins Bodenlose? Oder versinke ich in den Urgrund DEINES Vertrauens? Hast DU mich aus dem «Löwenzwinger» (meinem Kinder-Gitterbett!) aufs Wasser gerufen, um mich von den falschen Rücksichten auf die Bootsinsassen zu befreien und mich den aufrechten Gang zu lehren? Oder bin ich schon am andern Ufer und spüre erst jetzt die Strapazen der Bootsfahrt?

20. August 1988

Mit einem starken Willen geht keiner übers Wasser, mit Vertrauen schon.

6. September 1988

Max Thurians Erklärung in der italienischen Zeitschrift «Jesus» vom Juli 1988 zu seinem Übertritt in die katholische Kirche ist wie ein Schlag ins Gesicht der Ökumene. Er nennt sein bisheriges reformiertes Pfarramt «nur eine Antizipation (Vorwegnahme, Vorläufer) für das katholische Sakrament des Amtes». Ich würde mir nie erlauben, seinen Gewissensentscheid anzutasten. Wenn er aber als jahrelanger offizieller Vertreter der reformierten Kirche im Weltrat der Kirchen in Genf (Abteilung Glaube und Kirchenverfassung) sich auf eine solche Weise rechtfertigt, fühle ich mich mit allen meinen Glaubensbrüdern und -schwestern desavouiert. Und ausgerechnet ein Frère von Taizé spielt uns diesen Streich! Der «Frühling der Kirche», der von Taizé ausgegangen ist, scheint nicht nur von einem Frost überrascht worden zu sein. Der alte Macht-Pilz hat ihn erneut befallen.

29. September 1988

Vor drei Jahren bin ich hier in meiner eigenen Cella eingezogen. Und nun bedrängt mich das Sabbatjahr. Habe ich die Cella riposo di Dio genannt, nur um IHM Rast zu geben, aber nicht mir selber? Ist Rastlosigkeit in mir eingezogen, ohne dass ich es merkte? Habe ich mein wahres Mass noch nicht gefunden?

25. Oktober 1988

Bin ich Erde nicht für die Menschen? Bin ich Erde nur für Gott? Soll niemand in mir Wurzeln schlagen dürfen ausser IHM? Geht das Geheimnis eines theophilen Menschen so weit? Will ER allein wachsen und blühen und reifen in mir, damit ich SEINE Früchte teile mit denen, die mir begegnen? Habe ich das noch nicht begriffen?

7. November 1988

Zurück aus Zürich. Ich scheine es wirklich nicht begriffen zu haben. Der Abend, an dem ich in der Grossmünsterkapelle «d psalme züritüütsch» und «arte contemplativa» präsentierte, war eine völlige Überforderung. Ich tat es nur dem Jordan- und dem noah-Verlag zuliebe. Zuviele bekannte Gesichter und viel zu viele gemeinsame Wegstrecken waren im Raum. Ich wusste gar nicht, wie ich mit allen gegenwärtig sein konnte. Bin ich wieder in die alte Falle des Tarnmechanismus geraten, statt von SEINEN Früchten auszuteilen?

4. Dezember 1988

Heute morgen erwachte ich durch meinen eigenen Angstschrei: «Vatter! Vatter!» Im Traum befand ich mich vor dem Sekundarschulhaus in Niederweningen, wo ich aufgewachsen bin. Eine dunkle Gestalt huschte hinter den Usterapfelbaum auf der anderen Seite des Platzes.
Als mir im Erwachen bewusst wurde, dass mir der Vater nicht zu Hilfe kam, sah ich ein, dass ich meinem dunklen Bruder allein entgegengehen musste. Hat er vielleicht genausoviel Angst vor mir wie ich vor ihm? Am Abend begann ich die «Geschichte vom Vater und den beiden Söhnen» zu Ende zu schreiben.
Doch eines Tages hielt es der Ältere zu Hause nicht mehr aus. Er packte sein Bündel und verliess alles, um seinen Vater und seinen Bruder zu suchen. Er ging dem Fluss entlang und zum Tal hinaus. Bei Verwandten hielt er nicht an, er wollte sich nicht lächerlich machen. Der Fluss wurde breit und breiter, sein Schritt fest und entschlossen. Wenn er müde war, legte er sich am Ufer nieder und schlief. Und wenn er erwachte, war ihm, als hätte er geweint. Dann zog er wieder los hinter den Tränen her, als würden sie ihm vorausschwimmen und den Weg zeigen können. Wo der Fluss ins Meer mündete, blieb er unschlüssig stehen und sah in die uferlose Weite. So verloren kam er sich vor. Endlich begann es aus ihm zu schluchzen, als wollten ihn alle ungeweinten Tränen überschwemmen und sich mit dem Meer vereinen. Als der Tränenstrom versiegte, sah er den Morgenstern am Himmel. Da dämmerte ihm, wo er den Vater und den Bruder finden könnte. Er brach wieder auf und ging und ging, ohne sich aufhalten zu lassen. Nach langer Zeit kam er auf einen Hügel, von dem aus er den Hof sehen konnte. Er zögerte. Was sollte

er sagen? Er hatte sie beide aus dem Zuhause vertrieben, wie sollten sie ihn jetzt aufnehmen? Eine nie gekannte Angst überfiel ihn. Am liebsten wäre er davongelaufen, aber er schien wie angewurzelt. Als die Nacht hereinbrach, machte die Angst einer Trauer über sich selber Platz, gross und still wie ein See. Erst in der Dämmerung wagte er sich in die Nähe des Hofes. Als er seinen Bruder aus dem Hause kommen sah, huschte er hinter einen Baum. Doch er wurde gesehen. Ein Schrei durchfuhr die Luft und sein Herz. «Vater!» schrie sein Bruder in Todesangst. Jedoch der Vater kam nicht. Da lief der Ältere auf seinen jüngeren Bruder zu, fiel ihm um den Hals und küsste ihn. Lange lagen sie sich in den Armen. Als sie auf die Haustüre zugingen, kam ihnen der Vater entgegen und sagte: «Jetz isch Fride» und umarmte beide. Als sie über die Schwelle traten, ging die Sonne auf und brachte den neuen Tag.

7. Dezember 1988

Noch nie hat mich ein Mensch so getröstet, wie es mein dunkler Bruder aus dem Traum getan hat. Seit drei Tagen erfüllt mich dieses Getröstetsein. Und ich habe es doch nicht einmal im Traum selber erlebt, sondern erst in der nachfolgenden Interpretation. Ist unsere Interpretationsfähigkeit für den Geist so wichtig? Bin ich so schöpferisch mitbeteiligt an meinem Werdeprozess? Ich würde es kaum glauben, wenn die Wirkung nicht so nachhaltig wäre.

12. Dezember 1988

Immer wieder macht sich mein dunkler Bruder bemerkbar. Mein Innerstes scheint ihn wirklich aufgenommen zu haben, sonst wäre die Freude nicht so verwirrend. Es grenzt fast an Verliebtheit. Ist er vielleicht sogar der von mir vermisste Zwillingsbruder? Oder ist die andere Seite meiner Ikone, die ER mir zuliebe getragen hat, in mir auferstanden? Es muss ein ganz tiefer und geheimnisvoller Wandlungsprozess sein.

5. Januar 1989

Die Comunità del Cantico von Padua schreibt zur 1981 entstandenen Ikone vom «Heiligen Antlitz»: «Jede Kunst ist inspiriert, die

Ikone jedoch ist Sehprophetie, in Farben gestaltetes Evangelium. Die wahre Ikone ist Frucht von Synergie, d.h. von gemeinsam erlittener Zusammenarbeit.» Jetzt verstehe ich besser, warum Gott so viel am theophilen Menschen liegt. Er ist der Partner in der «gemeinsam erlittenen Zusammenarbeit».

6. Januar 1989

Der noah-Verlag ist angefragt worden, ob das Auferstehungskreuz, die erste Ikone in «arte contemplativa», industriell hergestellt werden könnte. In einem Rundbrief habe ich geantwortet: Ikonen werden wie Menschen erlitten und geboren; Gott stellt SEIN Ebenbild nie in Serie her.
Nur uns konnte das einfallen. Wie die Genmanipulation! Mit Ikonen ist es ebensowenig harmlos. Industriell würde die Verwandlung im Feuer völlig verloren gehen und damit auch die Einmaligkeit jeder Ikone.

9. Januar 1989

Der Satz «Das ist MEIN Zugang zu dir»[1] hat einen ganz neuen Klang bekommen durch den dunklen Bruder. Durch ihn habe ich einen Türhüter bekommen. Einen Wächter an der Schwelle zu mir selbst. Gott steigt nie durch eine Hintertüre ins Innerste des Menschen. Auch ER wartet, bis der Türhüter IHM öffnet und IHN hineinlässt. Mir fällt es wie Schuppen von den Augen. Ich habe ja bereits eine Ikone vom Türhüter: das Gegenstück zur Ikone mit dem ausgesparten Christus. Da ist das Kreuz leer, mit einer dunklen Gestalt darin, dem Türhüter. Ich hatte diese Ikone Walter gegeben vor meinem Wegzug nach Italien, für den kleinen stillen Raum der Kirchgemeinde Wettswil am Albis. Im Herbst gab er sie mir zurück. Und nun bin ich so betroffen: sie ist zur Ikone meines dunklen Bruders geworden. Des Türhüters. Wahrhaftig, Ikonen sind SEIN Zugang zum Menschen.

[1] vgl. 8. Juli 1986

3. März 1989

In der Zeitschrift «Orientierung» vom 15. Februar 1989 lese ich unter «Konziliarer Prozess. Auf dem Weg nach Basel»: «Von den Kirchen wird nicht bloss ein Spiegel moderner Vernunft erwartet, sondern dazu eine prophetische Vision für das nächste Jahrtausend.» Wirklich, Basel mit seiner bedrängenden Frage nach Friede, Gerechtigkeit und Bewahrung der Schöpfung ist nicht so sehr eine Frage des Überlebens als vielmehr eine Frage des Lebens für alle. Die römische Kirche aber scheint mir eindrücklich zu demonstrieren, dass es ihr ums Überleben geht. Dafür opfert sie die Früchte des Zweiten Vatikanischen Konzils, die Freiheit theologischer Forschung, die Basisgemeinden und die Frauen. Sie tötet, um zu überleben. So machen es alle Mächtigen. Sie verweigern sich der Verwandlung. Schon immer. Aber Leben ist nur durch Verwandlung zu erreichen, *über*leben durch verteidigen und töten. Ich bin überzeugt, dass die Vision von der geschwisterlichen Kirche bereits zum Traum vieler geworden ist und darum schon zum «Beginn einer neuen Wirklichkeit».

30. März 1989

«Sünde ist das Zurückweichen vor der eigenen Sendung.» Franz Kafka!

31. März 1989

In beiden Träumen war eine zierliche, dunkle Frauengestalt. Ich hatte mit ihr eine Aufgabe zu lösen: das eine Mal ein Haus gestalten, das andere Mal eine Retraite durchführen. Sie arbeitete zu meinem Erstaunen mit einer liebenswürdigen Leichtigkeit mit mir zusammen und ich ebenso mit ihr.
Habe ich zur Ganzheit mit meiner weiblichen Seite gefunden? Und ihre Würde entdeckt? Wie oft habe ich mich vor mir selber entschuldigt für meine überstark ausgeprägte weibliche Komponente und gelitten unter dem Mangel an sogenannter Männlichkeit. Und jetzt hätte ich Lust zu sagen: ich bin auch meine dunkle Schwester, so wie ich auch mein dunkler Bruder bin. Habe ich ihr bisher gar nicht Gelegenheit gegeben, sich frei und ungetarnt zu äussern?

2. April 1989

Ich verneige mich tief vor meinem innersten Wesen, weil es mich durch alle schmerzlichen Geschehnisse meines Lebens mit absichtsloser Liebe begleitet hat wie eine Schwester. Dieses Verhalten kann nur göttlichen Ursprungs sein, ein Abbild SEINER Weiblichkeit. Ich staune: meine Ikone ist auch dem weiblichen Wesen Gottes ähnlich.

3. April 1989

Im Traum sass ich auf dem Stuhl meiner Mutter. An ihrem Schreibtisch. Und schrieb. Als sie das, unter der Türe stehend, sah, starrte sie mich entgeistert an. Ich aber sagte nur: «Mach kein Theater!» Da fiel sie wie ein Skelett in sich zusammen. Ich hob sie auf und trug sie ins Bett. Federleicht. Da entledigte sie sich des letzten Wassers. Halleluja! Ich habe meine Mutter entthront. Meine dunkle Schwester gab mir die Kraft dazu. Endlich ist mein Mutterbild tot. Auch Mutterprägungen müssen sterben, wenn es Zeit ist. Gottlob.

4. April 1989

Seit Ostern arbeite ich kontinuierlich am Auferstehungsweg für den Raum der Stille im Hotel Bethanien in Davos. Bei jeder Station lese ich die dazugehörige Meditation, als wäre sie heute für mich geschrieben. Und entdecke neue Tiefen und neue Geheimnisse. Die siebte Station zeigt mir anschaulich, was sich inzwischen in der Kirche abspielt: Verwandlung von innen. Aber die Kirchen wehren sich mit Händen und Füssen dagegen, besonders die katholische, die sich Madre Chiesa, Mutter Kirche, nennt und die vom Santa Sede, dem Heiligen Stuhl, aus regiert wird. Sie fühlt sich durch ihre mündig gewordenen Kinder entthront. Wie lange wird sie noch imstande sein, dieses Theater zu spielen?

5. April 1989

Ich kann nicht schlafen. Vielleicht hilft mir schreiben weiter. Meistens verdichtet und klärt sich dann einiges, auch wenn es schmerzt. Ich versuchte, den Schmerz mit einer Dusche wegzuschwemmen, aber es wurde ein «kalte Dusche»: In mir hat sich neben Minderwertigkeitsgefühlen auch Selbstverachtung eingenistet. Das ist die unerträgliche Wahrheit. Was war der Auslöser für diese Erkenntnis? Ein Telefongespräch. Am Schluss erzählte ich noch den Traum von der entthronten Mutter und explodierte dann in einem Lachen, dessen Verachtung noch immer in mir widerhallt. Und auf einmal spürte ich alles verächtliche Lachen, das dann und wann aus mir herausbrach, wenn ich zu schnöden begann. Mir wurde ganz unheimlich zumute. Arno Gruens Ausführungen über die Verachtung in «Vom Wahnsinn der Normalität» halfen mir auf die Spur. Er sagt, dass die Verachtung eigentlich mir selber gelte, weil ich mich durch Anpassung verraten hätte. Und jetzt erkenne ich, wie recht er hat. Es schmerzt so entsetzlich. Im Grunde ist es nicht zum Lachen, sondern zum Heulen. Verachtung verdeckt nur die eigene Feigheit, die den Selbstverrat nicht aufzugeben wagt. Es scheint immer wieder bequemer zu sein, den Einfügsamen und Bescheidenen zu spielen und den «heiligen Stuhl» der Mutter oder irgendeiner Institution zu respektieren, um Frieden zu haben. Schöner Friede für einen so hohen Preis! Ich will jetzt aber lieber meinem Schmerz und meiner Trauer recht geben, statt weiter zu schlafen. Vielleicht beginnt so endlich die Heilung meiner versteckten Selbstverachtung.

20. April 1989

Die achte Station des Auferstehungsweges für Davos wird neu und anders. Die Häuser der Stadt liegen jetzt am Meer der heilenden Trauer, in dem sich die Tränen einer fünf Millionen Jahre alten Menschheitsgeschichte gesammelt und mit den Tränen Gottes vereint haben. Erst hier beginnt der Achte Tag aufzudämmern. Aber dann ist die Dämmerung nicht mehr aufzuhalten.

23. April 1989

Wenn mich jetzt jemand fragen würde: «Woher kommst du eigentlich?» würde ich antworten: «Vom Meer der heilenden Trauer.» Die ganze Nacht hindurch, ob ich wach lag oder schlief, war diese Gewissheit da: bevor ich gezeugt und geboren worden bin, lebte ich am Ufer jenes Meeres. Und es durchflutete mich eine Geborgenheit, die ich so nie gekannt hatte. Darum hatte ich mich überall fremd gefühlt, auch bei meinen Eltern. Nur verstand ich es damals nicht. Ich suchte ihnen nur ständig vorzudemonstrieren, wie sehr ich sie nötig habe und ihr dankbarer und braver Sohn sein wolle, ohne zu merken, um welchen Preis. Hätte mir Gott nicht schon früh Anteil gegeben an SEINEM Leiden und an SEINER Trauer um die Menschheit, ich hätte nie die Kraft gefunden, meinen ersten Beruf zu verlassen und später auch meine Ehe, meine Familie und meine Kirche. Ich hätte den Weg der Verwandlung nicht gefunden. Nur wahre Trauer kann so gründlich in Frage stellen und einen schöpferischen Ausweg in das Neue finden.

26. April 1989

In keinem Jahrhundert ist die Versöhnung von Mann und Frau, die Einheit von Männlichem und Weiblichen im Menschen, so gesucht worden wie im zwanzigsten. Welcher andere Beruf könnte den Sinn dieser unserer Epoche schöner zum Ausdruck bringen als der Gold- und Silberschmied? Silber ist von alters her Symbol des Weiblichen, Gold Symbol des Männlichen. Weder Silber- noch Goldschmiede haben früher gewagt, ihr Metall mit dem andern zusammenzubringen zu einem Kunstwerk, wie es in meinen Ikonen geschah. «Das Kostbarere würde durch das weniger Kostbare seinen Handelswert einbüssen», sagte mein Lehrmeister. Aber nun sind sie eins, wie man es sich schöner nicht denken kann. Und weil sich mit Gold und Silber auch Göttliches und Menschliches ausdrücken lässt, haben sich in den Ikonen auch diese beiden Wirklichkeiten zur Einheit zusammengefunden. Nur Metalle verbreiten einen Glanz, der an die Kabod Jahwe, die Herrlichkeit Gottes erinnert, an SEINE stille transparente Gegenwart unter den Menschen. Da verschwinden auf einmal alle unsere Werturteile, um etwas Gemeinsam-Neuem Platz zu machen. In diesem Gemeinsam-Neuen sind sogar der Handwerker und der Mystiker eins geworden in mir.

29. April 1989

Der päpstliche Nuntius in der Schweiz, Monsignore Rovida, soll laut katholischer Zeitschrift «Kikeriki» vor der römisch-katholischen Zentralkonferenz erklärt haben, in der Schweiz würden gemischte

Ehen geduldet, was ein Sakrileg, eine Gotteslästerung sei. Es würden auch Messen gelesen, an welchen reformierte Pfarrer gleichberechtigt mitwirkten, was gleichfalls ein Sakrileg sei. Das ist mehr als ein Sturm im Wasserglas.Rovida war zuvor akkreditierter Vertreter des Vatikans beim ökumenischen Rat in Genf! Wohin führt das, wenn ein Nuntius die vom Staat garantierte Glaubens- und Gewissensfreiheit antastet?

3. Mai 1989

Gestern hat mich Benno, mein ältester Schulfreund, besucht. Unsere Gespräche waren so intensiv, dass ich am Abend den Eindruck hatte, mich zu sehr verausgabt zu haben. Kann ich in der Freude noch so schlecht mit meinen Energien umgehen? Der Traum dieser Nacht brachte mir die Antwort: Aus meinem Bauch ging die Sonne auf, und sie ging auch wieder in ihm unter. Während des Untergangs schwebte vor mir auf einem weissen Blatt eine feine, dunkle Linie, und ich sagte vor mich hin: «Nicht über die Schnur hauen.» Kommentar überflüssig.

13. Mai 1989

Man sieht nur durch Tränen gut. «Die Träne gibt die falsche Hoffnung auf ... Sie eröffnet den Weg zur wachen Hoffnung auf das, was nicht in unserer Macht steht. Und dann macht sie uns frei zum wirklichen Handeln. Wir sehen dann das erste Licht des neuen Tages.» (C.F. von Weizsäcker in «Die Zeit drängt»)

9. Juni 1989

Seit längerem sah ich, dass mein dunkler Bruder trauert. Worüber trauert er? Dann und wann nahm ich ihn zu mir herein an mein Herdfeuer. Es ist doch auch sein Herdfeuer. Allmählich verstand ich aus unserem Gespräch, dass Solidarität auch die Trauer umfasst. Meine Trauer ist auch seine Trauer. Türhüter seines Bruders sein ist mehr, als bloss die Türe zu hüten. Er kennt nicht nur die Schwelle zu mir, sondern auch das Drinnen. Sogar besser als ich selbst. Nur darum konnte er so mit mir trauern. Jetzt bin ich versucht zu sagen: er hat die Verwandlung besser begriffen als ich.

24. Juni 1989

Wer hätte das gedacht: mit der achten Station des Auferstehungsweges ist das Hotel Bethanien in Davos zum «Haus der heilenden Trauer» geworden. Bethanien heisst auf deutsch «Haus des Elends» oder «Haus der Armen.» Und jetzt ist dieses Haus mit der letzten Ikone ans Meer der heilenden Trauer geraten. Wollen sich die Seligpreisungen des Matthäusevangeliums in diesem Haus erfüllen? Übrigens: «selig» meint wörtlich «aufrecht stehen». Die Armen und Elenden richten sich auf, um all ihren Jammer auszutrauern. Siehe da: eintrauern und austrauern wie einatmen und ausatmen.

28. Juli 1989

Der Form und dem Gestalten habe ich mich nie verweigert, wohl aber dem Wort. Warum habe ich das Drängen des Wortes in mir verdrängt? Aus Angst vor seiner Mächtigkeit. Sprachlose und Sprachbehinderte haben mich schon immer fasziniert. Bei ihnen habe ich besonders gerne Religionsunterricht erteilt, um denen eine Stimme zu geben, die keine haben. Bedrängt das Wort mich so, weil Gott auch keine Stimme mehr hat unter uns? Die «Sprache Kanaans», d.h. die Sprache der sogenannt Gläubigen, gibt Gott die Stimme nicht zurück. Im Gegenteil, sie verschlägt sie IHM erst recht. Wo aber ist die Quelle der Sprache, des erfrischenden Wortes? Am Meer der heilenden Trauer. Dann will ich das Elend unseres Wortmissbrauches eintrauern und austrauern. Und auch den eigenen Tarnmechanismus beim Reden in diese Trauer hineingeben. Wie sonst sollte ich in Stans Ausschnitte meiner Johannesübertragung auf Tonband sprechen können?

8. August 1989

Kapuzinerkloster Stans. Bruno Fäh ist ein brüderlicher aber strenger Tonmeister. Ich sprach zum erstenmal in einem Tonstudio. Das Erleben meiner Stimme war ganz neu und anders als damals im Sprechkurs an der Uni Zürich. Als wäre ich eins geworden mit meiner Stimme. Die Arbeit war anstrengend, und doch merkte ich, dass es meiner Zunge und meinem Gaumen «gwoolet» hat. Seltsame Therapie für eine Mykose! Mein Arzt in Italien würde schmunzeln.

24. August 1989

Kappel am Albis. Als ich letzte Nacht erwachte, sah und fühlte ich meinen Körper mir gegenüber, als wäre er schon Ikone. Wie seltsam. War ER für einen Augenblick schon völlig meine Ikone, so wie ich die SEINE bin? Oder habe ich mich gar mit SEINEN Augen geschaut und mit SEINEM Herzen gespürt? Schon in Wartensee und hier wieder habe ich mich gewundert, dass etwas Ansteckendes von den Ikonen ausgeht und von mir. Ansteckende Gesundheit? Selbst die Angestellten des Hauses kamen am Abend aus allen Winkeln hinzu, so dass ich mich spontan entschloss, ihnen zuliebe die Ikone vom Türhüter bis zum Oktober in ihrem schönen Giebelraum zu lassen.

27. August 1989

Davos. Jetzt ist der neue Auferstehungsweg da, wohin er selber wollte: im Raum der Stille im Hotel Bethanien. Hat ER in dieses Höhenklima auch noch das Meeresklima der heilenden Trauer gebracht? Um der Welt Frieden und Gerechtigkeit zu bringen?

3. September 1989

Zurück in meiner Cella. Heil und ganz. Aber nur dank der schwesterlichen Hilfe von Gloria, die mich vom Trentino bis hierher gefahren hat in meinem Auto. Es war beabsichtigt, in Pasquales Kommunität einen Zwischenhalt zu machen. Aber ich ahnte wieder nicht, wie sehr ich mich verausgabt hatte. Nach der Fahrt über den Flüela- und den Ofenpass war mir so elend, dass ich eine unfreiwillige Rast im Spital Santa Maria einschalten musste. Am Abend erreichte ich dann doch noch mein Ziel. Mein Freund liess mich allerdings erst nach einer gründlichen Kontrolle im Spital von Trento weiterziehen. Ergebnis: Leber, Milz und Pankreas sind recht lädiert. Die altbekannten Schwachstellen der Familie. Kenne ich mein Mass und Übermass (das Thema von Wartensee) noch immer so schlecht? Offensichtlich ist es gar nicht so leicht, mit Sonnenenergie im Bauch nicht übermütig zu werden. Aber ich muss es unbedingt lernen.

8. September 1989

«Wèèr laat MIICH esoo bi siich?» – Wieder eine hörbare Frage am Übergang vom Schlafen zum Erwachen. Und ich habe geantwortet. Einfach so. «Iich», sagte ich. Es war darin so etwas wie ein Anerkennen meines kleinen Lebensraumes. Meines kleinen Masses. Und doch ist da noch etwas offen und nicht klar in diesem «esoo».

15. September 1989

Die lebenverströmende Präsenz von heilender Energie? Wenn heilende Kräfte nur getarnt präsent sein dürfen, machen sie einen krank. Haben Leber, Milz und Pankreas das registriert? Aber es war doch soviel ansteckende Gesundheit in diesem Schweizer Aufenthalt? Wo steckt denn die Blockade? Habe ich mich von meinem überaus frommen Grossvater negativ bestimmen lassen? Er galt als ein mit heilenden Kräften begabter Pfarrer. Wollte ich auch ihm den Thron nicht streitig machen? Sicher wäre es mir schrecklich zumute, wenn mir die Leute nachliefen wie einem Krankenheiler. Nein, nur das nicht! Wenn ER aber mit SEINER gesundmachenden Auferstehung unverfügbar unter uns sein will, warum es dann tarnen? ER ist kein Scharlatan, der mich für unlautere Zwecke missbrauchen könnte. Wartet ER nicht vielmehr auf einen österlichen Spielgefährten? War es das, was sich hinter SEINEM «esoo» verbarg?

19. September 1989

Im Traum ein zerbrochener Lötstein. Ich möchte ihn gerne mit einem Golddraht zusammenbinden oder mit Goldwasser tränken, damit er wieder zusammenhält. Aber mir fehlt das nötige Gold. Ich bespreche mit jemandem, ob es auch möglich wäre, ihn mit Silber- oder Eisendraht zu flicken. Aber dann ginge die Symbolik verloren, und der Sinn würde nicht transparent.
Welcher Sinn? Der Lötstein ist bei meiner Ikonenarbeit die Basis für den Verwandlungsprozess der Metalle im Feuer. Und diese Basis ist in die Brüche gegangen. Sie ist nur noch ein Bruchstück und gibt natürlich keine Grundlage mehr für grössere Werke. Es war ein gutes Gefühl im Traum, nach Gold zu verlangen. Wenn die Basis der

Verwandlung in die Brüche gegangen ist in uns selbst, in den Kirchen, in der Welt, kann ER nicht weiterarbeiten an unserer Ikone, bis wir nach dem Gold verlangen, das unsere Bruchstückhaftigkeit zusammenfügt und wieder ganz macht. Ganz werden ist nur durch SEINE österliche Gegenwart möglich. Aber wir müssen sie IHM gewähren. Darum hat ER gefragt: «Wèèr laat MIICH esoo bi siich?» Jetzt verstehe ich noch besser. Und das Goldwasser? Das können nur SEINE Tränen sein. Sie sind das Heilende. Und unsere Tränen? Fliessen nicht auch sie ins Meer der heilenden Trauer? Sind nicht auch sie Gold wert? Josua, was gibt es da noch zu tarnen?

25. September 1989

Margrit sagte einmal ganz lapidar: «De Josua isch verfüerbar», d.h. er kann nicht nein sagen. Wie recht sie hat! Das ist mein Elend, dass ich mich so leicht von anderen bestimmen und von mir selber fortführen lasse. Ich merke es dann erst, wenn ich mir abhanden gekommen bin. Und ich frage mich, ob ich dann auch IHM abhanden komme.

8. Oktober 1989

Zürich, nach einer gemeinsamen Woche mit Erwachsenen und Kindern im Wallis. Wir hatten die Ikone mit der Spirale bei uns. Einer sagte: «Der innerste Kreis mit der auferstandenen Gestalt ist ja eine verbrannte Hostie!» Auferstehung aus der verbrannten Hostie, das hörten wir alle zum erstenmal. Ist es erstaunlich, dass am letzten Tag aus unserem Abendmahl ein Morgenmahl mit dem Auferstandenen (Joh 21) wurde?

14. Oktober 1989

Das Gespräch mit meinem Arztfreund Hansruedi hat mir meine Jona-Situation bestätigt. Der Fisch hat mich an Land gespuckt. Da sitze ich am Ufer und reibe mir die Augen. Hat mir das Wasser meine Urängste weggeschwemmt, denen ich im Bauch des Fisches ausgesetzt war, weil ich nicht nach Ninive wollte? Mir ist zwar noch ein wenig sturm im Kopf, weil ich mich nicht mehr verbergen kann. Doch jetzt gehe ich nach Ninive. Jetzt kann ich alle Ängste loslassen.

Sie schwimmen davon mit dem Fisch. Doch wo ist Ninive? In Zürich? Überall?

29. Oktober 1989

Otto Karrer schreibt in seinem Buch über das Konzil einen unübertrefflichen Schluss. Er zitiert einen dänischen lutherischen Christen, Professor Skydgaards, der als Beobachter am Konzil teilnahm: «Wahrscheinlich stehen unsere Kirchen vor einer Zeit, in der alle eine grosse Verdemütigung auf sich nehmen müssen, die jeden noch so verborgenen Triumphalismus ausschliessen wird. Das Konzil, wie es sich sichtbar äusserte, hat das möglicherweise nicht ganz verstanden. Das geheime Konzil – wenn ich mich so ausdrücken darf – hat es aber begriffen. Dieses verborgene Konzil ist das wahre Konzil ... Etwas Drängendes, fast Ungeduldiges war in diesem Konzil, etwas wie ein Schrei ... Wir sind unterwegs in einer Richtung, und zwar alle miteinander ... Auf diesem Weg können wir nicht aufeinander verzichten.»
Jona gehört zu diesem weiterdrängenden Schrei des verborgenen Konzils. Hat mich dieser Schrei nach Camaldoli geführt? Ja wirklich, mit diesem Schrei im Herzen können wir nicht länger aufeinander verzichten.

5. November 1989

Es hatte etwas Tragikomisches, als der Löwe im Traum vor den eintretenden jungen Leuten davonlief und in einem Versteck unter dem Dach verschwand. Schade, dass mein Löwe davonlief. Aber immerhin, er ist nicht mehr im Löwenzwinger. Ich fühlte mich sehr wohl neben seiner königlichen Stärke. Und nun macht er sich davon! Kommt es noch so weit, wenn ich nicht endlich zu meiner königlichen Würde stehe? Hat sich unter meinem Tarnmechanismus Feigheit eingenistet? Hat Gott darüber geweint am Meer der heilenden Trauer? Ich ein Feigling! Und ER hat mir keinen Vorwurf gemacht, nur getrauert. Nein, ein König hat keinen Grund, davonzurennen mit Löwen-Sonnenenergie im Leib. So komm herunter von Deinem Versteck unter dem Dach, mein Löwe! Ich verweigere dir das Hausrecht nicht mehr. Du gehörst zu mir, an meine Seite.

13. November 1989

Persévère! – So kannst nur DU begegnen. Wäre es nicht so menschlich und so unverfügbar, ich würde darin verglühen. Es geschah im Kloster San Fruttuoso, in einer Meeresbucht nahe bei Genua. Wieder im Vorübergehen. Einfach so. Das Kloster ist nicht mehr bewohnt, aber geschmackvoll restauriert. Zur Er-Innerung. Was ich da zu «innern» bekam, war ausser Zweifel: die erste Begegnung mit Persévère vor fünfzehn Jahren. Nicht als Vergangenheit, sondern als lebendige Gegenwart, sonst wäre es mir nicht so unter die Haut gegangen. Nur diesmal wie eine reife Frucht (San Fruttuoso!) am Meer. Am Meer der heilenden Trauer. Unerwartet, wie vor die Füsse gefallen. Hat Jesaja solches geschaut, dass er sagen konnte: «Der Herr entblösst seinen heiligen Arm vor den Augen aller Völker, und es schauen alle Enden der Erde das Heil unseres Gottes» (Jes 52,10)?

14. November 1989

Haben die Armen, denen es an starken Armen mangelt, und die Trauernden die Berliner Mauer zu Fall gebracht, weil «ER seinen Arm entblösst» und heilend eingegriffen hat? Hat wahre Trauer auch politische Konsequenzen?

11. Dezember 1989

Dass ich für DICH so schön sein soll wie die Ikone, die ich von DIR schaute, wage ich fast nicht zu denken. Aber Schönfärberei kann einen nicht bis ins Innerste erreichen. Wirklich, ich ertrage meine Schönheit nur, weil ich sie auf DEINEM Antlitz und auf DEINEM Leibe schauen konnte. Nur darum ist sie glaubwürdig. Nur darum kann ich sie nicht als Fata Morgana, als Sinnestäuschung abtun. Jetzt habe ich keine Ausrede mehr: jetzt muss ich mir selber ins Gesicht schauen und mir standhalten.

28. Dezember 1989

Bei Ruedi und Kathrin in Castellina. Die Messe am Stephanstag in ihrer Kapelle, die dem ersten Märtyrer Stephanus geweiht ist, wurde zu einem ökumenischen Erlebnis, besonders für mich. Ich sollte den

zweiten Teil der Predigt halten. Als mich der katholische Priester unter den Ankommenden entdeckte, nahm er mich bei der Hand und führte mich zum Sitz mit dem roten Kissen neben dem Altar. Ich schüttelte den Kopf und wehrte mit den Händen ab. Er aber sagte liebenswürdig, dieser Sitz sei für die Märtyrer. Mich durchfuhr es wie ein Blitz. Das war kein Scherz. Martys meint im Neuen Testament ja den Zeugen. Wirklich, ich kann es drehen und wenden, wie ich will: ich bin als Zeuge hier. Mein ganzes Leben ist ein Zeugnis SEINER unbeschreiblichen Präsenz und SEINER grossen Trauer um die Menschheit.
Als mich Kathrin am andern Morgen in ihr Bildhaueratelier führte und mir ihr jüngstes Werk, Lots Frau in Lebensgrösse, zeigte, erschrak ich bis ins Innerste: die «Mutter Kirche», erstarrt vor lauter Zurückschauen in ihre brennende Vergangenheit. Wann wird sie auferstehen? Und wie?

31. Dezember 1989

Wie rasch das geht, wenn der Geist weht. Lots Frau hebt schon zögernd ihre Arme aus der Erstarrung. Sie sieht den Auferstandenen zwischen sich und der brennenden Stadt. Und ER weist ihr den Weg zum Morgenstern. So ist das mit dem Martyrium heute: die Kunde ist schon aufgezeichnet auf Papier für die Ikone. Sie ist nicht mehr aufzuhalten. Die Zeit drängt.

12. Januar 1990

Die Lokomotive im gestrigen Traum begann zu glühen und konnte nicht weiterfahren. Wie mein Durchlauferhitzer in der Cella! Der Installateur hat ihn gestern geflickt: durchgebrannter Regulator. Ist auch der Regulator meiner Lokomotive durchgebrannt?
Ein Warntraum. Was regelt meinen Energieverbrauch, damit ich nicht sinnlos verglühe? Ikonen? Wohl eher der Geist der Ikonen. Der ist kein Hitzkopf, der mich in glühenden Eifer stürzt. Er weht viel sanfter, als wir denken. Elia, der Feurige, hat es erfahren. Auch mich hat der Geist behutsam angehaucht. Immer. Bin ich in Gefahr, die Achtsamkeit ihm gegenüber zu verlieren? Dann ist es höchste Zeit für Achtsamkeit!

21. Januar 1990

«Wenn ihr meine Jünger zum Schweigen bringt, werden die Steine schreien» (Lk 19,40). Mit diesem Jesuswort habe ich im Monastero von Camaldoli die Predigt abgeschlossen, um die die Brüder mich in der diesjährigen «Woche für die Einheit der Christen» gebeten haben. Und dann übergab ich dem Prior den zerbrochenen und mit einer Goldmünze von Johannes XXIII. wieder geeinten Stein vom Toten Meer. Ich hoffe, er geht als Ikonenfragment von Bruder zu Bruder als Ermutigung zum Ganzwerden.

3. Februar 1990

Ich habe Drewermanns «Kleriker» geschenkt bekommen und gelesen. Keine Kleinigkeit: 750 Seiten + 150 Seiten Anmerkungen! Ein befreiendes Buch und ein epochales Werk dazu, das einem unter die Haut geht. Unsere christliche Vergangenheit brennt schon. Drewermann beschliesst sein Buch mit einem Gebet von Niklaus von Kues (1401-1464): «Niemand kann sich dir nahen, da du unnahbar bist. Daher erfasst dich auch niemand, es sei denn du schenkst dich ihm. Wie wirst du dich mir geben, wenn du nicht erst mich selbst mir gibst? Und wie ich im Schweigen der Betrachtung ruhe, antwortest du mir, Herr, in der Tiefe meines Herzens. Und du sagst: Sei du dein, so werde ich dein sein.»

15. Februar 1990

Ich erinnere mich, dass ich zu meinen Konfirmanden immer sagte: «Wir haben nicht Sexualität, wir *sind* sexuell.» Dieser Satz durchjubelt mich noch immer. Als theophiler Mensch erst recht. Denn Sexualität ist eine Grundbefindlichkeit des Menschen. Grundlage jeder wahren Beziehung. Ich bin immer Du-bezogen. In allem. Beim Beten und beim Arbeiten, beim Essen und beim Schlafen. Immer schwingt dieses allerfeinste Bezogensein mit: vor Pflanzen und Tieren genau so wie vor Menschen. Unter dem Sternenhimmel genauso wie in meiner Cella vor Metallen. Ohne Dialog und zärtliche Berührung wären auch Ikonen nicht das, was sie sind. Und wie könnte ich denn selber Ikone werden, wenn ich Gott und mir nicht auch so liebevoll begegnen würde?

22. März 1990

Olivo, Rosella, Nando und Paola haben uns einen Kartengruss aus Seoul geschickt, wo sie an der ökumenischen Weltkonferenz der Kirchen teilnahmen. Nicht als Delegierte ihrer Kirchen, sondern auf eigene Kosten, einfach weil sie sich brennend dafür interessierten. Ich hatte den vieren als geistlichen Reiseproviant meinen Versuch einer Neufassung der Seligpreisungen mitgegeben (Mt 5,3-11). «Es hat nur wenig gefehlt», schreibt Nando am Kartenrand, «und Josuas Seligpreisungen wären in der Schlussversammlung vorgelesen worden.» Was mich an diesem Gruss so betroffen macht, ist sein Datum vom 11. März 1990. An jenem Morgen weckte mich eine Stimme, die sagte: «Sei du MEIN Mund.»
Das Himmelreich ist mitten unter euch, *darum*
- geht aufrecht, ihr Armen, denn ihr habt mich reich gemacht –
- geht aufrecht, ihr Weinenden,
  denn ihr habt mir die Tränen getrocknet –
- geht aufrecht, ihr Gedemütigten, denn ihr habt mich ermutigt –
- geht aufrecht, ihr Gerechtigkeitshungrigen,
  denn ihr habt mir Gerechtigkeit widerfahren lassen –
- geht aufrecht, ihr Barmherzigen
  denn ihr seid solidarisch geworden mit mir –
- geht aufrecht, ihr lauteren Herzens,
  denn ihr habt mein Ebenbild geläutert –
- geht aufrecht, ihr Leute des Friedens,
  denn ihr habt mich entwaffnet –
- geht aufrecht, ihr Verfolgten,
  denn mein Reich folgt euren Spuren –

10. April 1990

Bevor ich war, war ich in DIR
und seit ich bin, bist DU in mir.

26. April 1990

Gestern habe ich mit Peter und Katharina über meine Jona-Situation gesprochen. Dass ich nämlich aus Angst vor Erfolg und Verehrung vor meinem Auftrag davongelaufen sei. Peter machte eine befreiende Bemerkung: ich solle doch Erfolg und Verehrung durch Wirkung ersetzen. Denn ich wirke doch einfach auf andere, ohne mein Dazutun. Und da sei doch eine grössere Wirk-lichkeit mit im Spiel. Wie recht er hat! Wenn heute Astrophysiker feststellen, dass der Kosmos durch bestimmte Wirkungen neue Zusammenhänge und neue Wirklichkeiten schafft, warum sollte das nicht auch unter Menschen so sein dürfen?

13. Mai 1990

Ein Blinder hat mich sehend gemacht mit seinen Händen. Wenn das kein Wunder ist! Peter hat von seinem blinden Schwager erfahren, dass dessen Freund Wolfgang in unsere Gegend gezogen ist. Wir haben ihn besucht. Und weil er Physiotherapeut ist, fragte ich ihn, ob er nicht meinen Rücken untersuchen würde, zweiundzwanzig Jahre nach der Operation. Der Chirurg sagte mir damals, dass es sich nach zwanzig Jahren zeigen werde, ob sich die Wirbelsäule verändert habe oder nicht. Wolfgang hat dann die Untersuchung gemacht. Resultat: Rücken ausserordentlich symmetrisch. Habe ich besser gelernt, aufrecht zu gehen, als mir bisher bewusst war? Aber die grösste Überraschung war die Erfahrung seiner Hände. So hat mich noch nie ein Mensch berührt. Es ging mir nicht nur unter die Haut, sondern bis in die Knochen. Bis an meinen Ursprung hat er mich geführt: dorthin, wo ich von allem Anfang an empfangen und willkommen war auf dieser Erde.

28. Mai 1990

Gestern Sonntagnachmittag läuteten in Zürich die Glocken aller katholischen Kirchen eine Viertelstunde lang als Zeichen der Trauer über und des Protestes gegen die Entlassung des Generalvikars durch den seit Dienstag im Amte stehenden Bischof von Chur. Jetzt müssten eigentlich aus Solidarität am nächsten Sonntag zur gleichen Zeit alle reformierten Kirchen antworten.

3. Juni 1990

Pfingsten. Tatsächlich, die reformierten Kirchen von Zürich haben heute zur gleichen Zeit geläutet aus Solidarität mit ihren katholischen Schwesterkirchen. Reto hat es mir am Telefon erzählt. Das kann nur der Heilige Geist in Szene gesetzt haben. Hat er damit eine neue ökumenische Epoche eingeläutet?

6. Juni 1990

Meine Wärmequelle ist in mir. Das konnten mir nur die lauteren Hände eines Blinden zeigen. Es war heute in der Therapie, als hätte ich noch einmal die Kälte nach meiner Geburt erlebt. Und dann heilte die eigene Wärmequelle den traumatischen Schaden. So weit geht die heilende Trauer.

15. Juni 1990

Ich bat Wolfgang um einen gemeinsamen Spaziergang. Er hat mich an die Quelle meiner Urwärme geführt, wie sollte ich ihn nicht an die Quelle seiner Gottebenbildlichkeit führen? An einem schattigen Platz unterwegs las ich ihm aus dem Johannesevangelium (1,1-15) in meiner Mundartübersetzung vor. Er staunte nicht wenig: er fand sein Urlicht im Urwort. Und ich hatte zum erstenmal den Eindruck, SEIN Mund zu sein.

27. Juni 1990

Gestern abend präsentierte ich in Camaldoli mit Lorenza Negri, der Übersetzerin, mein Ikonenbüchlein, das einen neuen Titel bekommen hat: «Luce del cuore», Licht des Herzens. Es war ganz anders als in Zürich. Die Menge der Menschen überschwemmte mich nicht mehr. Die Wirkung floss einfach hin und her.

12. Juli 1990

Aus dem Leiden und Zerbrechen an meiner Übersensibilität aufersteht geistliche Berührungsfähigkeit. So kann nur der Heilige Geist überraschen. Auf einmal dämmert der Ostermorgen in der Nacht meiner Unfähigkeit.

17. Juli 1990

Gestern ein Gespräch mit Tiziano. Wir haben ganz «weltlich von Gott gesprochen», wie Bonhoeffer sagte. Und doch oder vielleicht gerade darum war es erfrischend, als flösse alles aus einer lebendigen Quelle. So natürlich ist geistliche Berührungsfähigkeit. Etwas von dieser Natürlichkeit und Selbstverständlichkeit müssen die Menschen bei Jesus erlebt haben.

23. Juli 1990

Unterwegs zur ökumenischen Konferenz auf dem Mendelpass. Zwischenhalt bei Firmino. Er hat mein Ikonenbüchlein «Luce del cuore» gelesen und nennt es: einladende Prophetie. «Du redest den Leser auf seine Hoffnung hin an. Du führst ihn an die selbstgebauten Grenzen und darüber hinaus ins mögliche Ganze und Einende.» Wie befreiend, er hat ein neues Wort geschaffen: einladende Prophetie. Ja, dazu kann ich stehen. So dient Prophetie einem schöpferischen Wandlungsprozess und schürt nicht Weltuntergangsstimmung.

21. August 1990

Gestern war ich mit Margrit in Arezzo. Auf einmal hörte ich Gesang. Das konnte nicht vom Tonband eines Autos kommen, das waren reale Menschenstimmen. Sie gingen mir durch Mark und Bein. Ich blieb wie angewurzelt stehen und war ganz Ohr. Die Fenster eines wunderschön restaurierten Hauses standen offen. Da oben schien ein Chor zu proben. Als er geendet hatte, musste ich mich in einem Strassencafé setzen. Was war das nur, das mich so tief erreichte? «Hast du gehört,» sagte Margrit, «sie sangen Amen.» Klingt amen denn so unbeschreiblich schön? Später lasen wir auf einem Plakat, dass die Woche des Concorso polifonico internazionale, des Internationalen Chorgesangs-Wettbewerbs, eben begonnen hatte. Das aber erklärt nicht alles. Mein ganzer Leib war wie durchsungen. Er klang noch weiter bis in die Nacht. Wozu singt er amen? Geht mein Sabbatjahr zu Ende? Oder eine ganze Epoche? Amen ist ein Bestätigungsruf: ja, so ist es. Was wird denn da bestätigt bis in die Knochen? Ein Neubeginn? Oder die Ikone? War ich für einen Augenblick schon so, wie DU mich von allem Anfang an geträumt hast: Klangkörper DEINER göttlichen Präsenz?

31. August 1990

Amen, ja das ist die Wahrheit: Klangkörper SEINER verborgenen Nähe sein. Bin ich schon wieder in Gefahr, das zu vergessen? Schmerzt darum die Mundschleimhaut wieder? Bileams Eselin hat auch mehr gespürt als ihr Meister. Beschwert sich mein Mund, weil er endlich auch Klangkörper SEINER Stimme unter uns sein will? Will er ja und amen sagen zu der Vergangenheit, die mich so geprägt und geformt hat? Und ja und amen auch zur zweitausendjährigen mühsamen Geschichte der Christenheit? Um nicht länger etwas mitzuschleppen, das nicht mehr das letzte, sondern nur das vorletzte Wort ist und das nicht mehr alles ist, was mich ausmacht? Wenn das alles wahr ist, hatte der Prophet von Camaldoli recht, wenn er mich manchmal mit «verheissenes Land» begrüsste. Warum weigere ich mich denn, dieses Neuland mit ganzer Stimme zu begrüssen?

10. September 1990

Heute früh bin ich mit einem tiefen inneren Schmerz erwacht. Als ich mich fragte, was das zu bedeuten habe, erinnerte ich mich der beiden schmerzlichen Erlebnisse mit sechsundzwanzig und mit zweiundfünfzig Jahren, die mir das «IHM vorbehalten» bewusst gemacht haben. Und dann fiel mir der Besuch von gestern ein: Mirjam und Nathan Ben Horin aus Jerusalem. Vor ein paar Jahren hatte Mirjam in Camaldoli ein unvergessliches Referat gehalten über den jüdischen Sündenbock. Sie kam zum Schluss, dass jener seltsame Gott Asasel (Lev 16,10), zu dem der Bock die Sünden des Volkes in die Wüste trug, die dunkle Seite Gottes sei. «Es ist die dunkle Seite Gottes, die Hilfe sucht beim Menschen, um sich zu läutern und dann zu vereinen, versöhnt durch ihn mit seiner eigenen Geschichte», schreibt sie in «Der Traum des Jakob». Auf einmal erhellte sich der Zusammenhang mit meinem Schmerz: sucht Gott mich unter jenen «sechsunddreissig Gerechten in jeder Generation», bei denen SEINE dunkle Seite eine Hilfe zu finden hofft für die Einswerdung mit SEINER hellen Seite? Nicht mehr wie bei einem

Sündenbock, sondern wie bei einem im Schmerz solidarischen Partner, der IHN in SEINEM Verwandlungsprozess nicht allein lässt? Dann wäre mein Schmerz zuerst der SEINE und sozusagen eine Bitte, mitzuwirken am Einswerden von Gott und Mensch. O Gott, meine Gott-Ebenbildlichkeit provoziert DEINE Menschen-Ebenbildlichkeit! So schmerzlich schöpferisch ist Leben für DICH und für mich.

21. September 1990

So sieht die Barriere gegen ausbrennen und sich erschöpfen aus: Dreiung. Jetzt sind es drei Gestalten in der neuesten Ikone. Drei, die eins sind in der Mitte der Acht. Und der Schwächste, der Mensch, ist in der Mitte. Erst im Gespräch mit Katharina habe ich gemerkt, dass die Acht weit über den Rand hinausgehen muss, sonst würde ihr «Mehr als bisher» herabgemindert und zu einem Mäschlein verharmlost. Welches Risiko Gott doch eingeht mit dem Schwächsten in der Mitte! Aber jetzt ist mehr im Spiel als bisher. Und nichts ist verloren. Alles kann noch einmal beginnen, neu und anders.

7. Oktober 1990

«Bist du jetzt froh, dass es dich gibt?» Ich weiss schon, wer mich gestern früh so fragte. Aber ich zögerte mit meiner Antwort, obwohl mich die Frage wie eine liebliche Melodie den ganzen Tag begleitete. Am Abend habe ich sie dann doch gegeben und gesagt: «Ich bin froh, dass DU mich geträumt und geschaffen hast und immer noch weiter schaffst. Ja, ich bin froh, dass es mich gibt.»

8. Oktober 1990

Und heute brennt die Frage wie Feuer. Und schmerzt und schmerzt. Kam meine Antwort doch zu rasch? Ist sie noch nicht durch und durch wahr? Sind da noch immer Winkel und Löcher, die Zweifel an meiner Existenzberechtigung versteckt halten? Dann soll die Frage nur weiterbrennen bis in die hintersten Winkel und alles erleuchten und durchglühen, bis sie nicht mehr schmerzt.

20. Oktober 1990

Gestern fragte ich Wolfgang, was er von meinem Gaumen halte, der einfach nicht bessern will. Er meinte, vom Energetischen her könne durchaus ein Zusammenhang bestehen zwischen Mund und Bekken. Und zwar so, dass ich noch nicht ganz wage, aus dem Becken zu reden und zu handeln. Ich würde im Augenblick der Konfrontation die Energien zu sehr im Kehlkopf sammeln, statt sie durchs Becken fliessen zu lassen. War es vielleicht das, was jene dunkle innere Gestalt meinte, die mich während der Gebetsstille im Eremo aufsuchte, vor mich hinkniete und ihr Gesicht in meinem Becken barg?

21. Oktober 1990

Wir recht mein Schaffhauser Arzt hatte, als er sagte, die Evolution der aufrechten Wirbelsäule sei noch immer nicht abgeschlossen. Jetzt verstehe ich besser: nur das offene Ruhen und Atmen im Bekken gewährleistet den aufrechten Gang. Das hätte dann aber auch seine theologischen Konsequenzen. Die konstantinische Ära der Christenheit wäre als Schurkenstück gegen das Urbild vom aufrechten Gang entlarvt: sie hat den Menschen in der Gegend des Beckens geschlagen und verwundet, um ihn als gebeugten armen Sünder unter Kontrolle zu haben. Und jetzt ist es aus mit diesem Theater. Ende. In Arezzo hat der Chor auch dazu amen gesungen. Gottlob!

IV

30. November 1990

Heute früh hat mich die Schönheit angehaucht wie selten einmal. Sie kann unmöglich nur eine Abstraktion des menschlichen Hirns sein, wenn sie so tief und so nachhaltig wirkt. Ich fühle mich von ihr berührt und eingeladen, an einem grossen Geheimnis teilzunehmen. An göttlicher Unmittelbarkeit und Lauterkeit? Ich habe im Lexikon nachgeschaut: «schön» meint «auf etwas achten, schonen.» Kommt uns Gott im Schönen soweit entgegen, dass wir SEINE Nähe selbst im Gewöhnlichen und Alltäglichen nicht übersehen? Will uns die Schönheit dazu anhalten, mit Gott und dem Lebendigen behutsam und schonend umzugehen? Sie hat mich heute morgen wirklich dazu angehalten, die Schönheit, und mit einer Kraft erfüllt, die mich den ganzen Tag beflügelte und einen Glanz auf alles legte, das ich anfasste.

7. Dezember 1990

Ergänzung ist immer eine Antwort auf einen Mangel. Auf allen Ebenen menschlichen Zusammenlebens. Jeder Mangel, den ein Mensch empfindet, deutet im letzten hin auf einen Mangel an Gott. Darum wird Ergänzung zur Überforderung, wenn sie einfach nur konsumiert wird und nicht Hinweis sein darf auf die Menschen-Ebenbildlichkeit Gottes. Nur diese ist imstande, unseren Mangel auszufüllen und unser Innerstes zu sättigen.

21. Dezember 1990

Die Sonne ist am Untergehen und vergoldet mir die Cella. Wärend meiner «Samstagsputzete» sang es aus mir nach einer bekannten Kindermelodie: «oh, oh, oh, ich bin wieder froh.» Seit Jahren sang es nicht mehr spontan aus mir. Ich weiss, warum mir das Singen vergangen ist. Und jetzt diese Überraschung! Mir ist, als hätte ich nach Hause gefunden. Hat mich das Amen von Arezzo so heilend erreicht?

25. Dezember 1990

Der Evangelist Johannes hat die Weihnachtsgeschichte in den lapidaren Satz zusammengefasst: «Das Wort wurde Fleisch» (Joh 1,14). Und in mir sagt es seit Wochen: «Mein Fleisch wird Wort». Allmählich begreife ich weshalb. Wenn ich SEIN Mund sein soll, dann nur mit Leib und Seele. Und nur so, dass dieses Wort aus meiner ganzen Existenz gezeugt und geboren wird. Wolfgang würde sagen, dieses Wort könne nur aus dem Becken und nicht aus der Kehle kommen. Und Peter Schellenbaum würde vermutlich von der «erotischen Spur» sprechen, entlang welcher das wahre Wort entstehe, um glaubwürdig zu sein.

31. Januar 1991

Im Traum schrieb ich zusammen mit einem Freund einen Brief an ein Kind. An den Inhalt erinnere ich mich nicht mehr, wohl aber, dass das Kind gesund und quicklebendig war, mein Freund hingegen abgemagert und vom Tod gezeichnet.
Was will der Traum von mir? Dass ich mich von meiner alten, ausgezehrten Abelgestalt verabschiede und sie sterben lasse und dass ich mich mit ihrer Einwilligung dem Kind in mir zuwende und lebendige Beziehung zu ihm aufnehme. Jesus würde heute sagen: «Wenn ihr euch nicht wandelt und eurem inneren Kind nicht alle Aufmerksamkeit schenkt, ist Gottes heilende Nähe vergeblich unter euch» (Mt 18,3). Sei mir willkommen, mein anderer Josua.

25. März 1991

Reinhild Treitler berichtet in der Zeitschrift «Orientierung» vom 15. März von der Vollversammlung des Ökumenischen Rates in Canberra, Australien: «Der Versuch der Koreanischen Theologin Chung, Theologie als Poesie zu verstehen, deren Bilder aus der Lebenswelt der Glaubenden selbst kommen und die nicht nur den Verstand ansprechen, sondern auch die tiefsten Schichten unseres Menschseins und unserer Sehnsucht nach Gott, stiess nicht nur orthodoxe Bischöfe vor den Kopf, sondern auch protestantische Theologen.» Und in mir jubelt und weint es vor Freude: endlich ist Theologie als Poesie möglich! Endlich wagt Theophilie, sich neben Theologie zu stellen. Und erst noch aufrecht und tanzend. Gottlob. «Die Offenbarung kommt in einem neuen Gewand daher.» Endlich, endlich ist sie da: Theologie als ver-dichtete Gegenwart von Auferstehung.

31. März 1991

Ostersonntag. Wir haben in der Kapelle von Peter und Katharina ihren viermonatigen Enkel Benjamin gesegnet. Nicht getauft, gesegnet. Die schöpferisch neue Gestalt dieser Feier haben wir zuvor in vielen Gesprächen gesucht und vorbereitet. Ein österlicher Hauch lag über allen und allem. Selbst der Kleine in der Mitte auf dem Boden plauderte fröhlich mit jedem, der sich zu ihm neigte oder setzte und ihm mit einem Wort oder einer Gebärde seinen Segen gab. Die vierjährige Schwester sang dazwischen spontan ihre Gebete zu einer selbsterfundenen Melodie. Ich selber kam mir nicht mehr vor wie ein Zeremonienmeister, sondern einfach wie ein achtsamer Begleiter des österlichen Geschehens. Zum Schluss habe ich vor lauter Freude Gott gesegnet ohne Bedenken, mir da etwas angemasst zu haben.

1. April 1991

Ostermontag. Umso deprimierender war heute morgen die Messe mit dem Bischof in der Kirche Romena von Pratovecchio. Eigentlich hätte sie auch eine Einweihung des kleinen Raumes der Stille und des Gebetes sein sollen, den der junge Priester in der alten Taufkapelle gestaltet hatte mit unserer Hilfe: mit einem Wandteppich von Katharina, einer Ikone von Margherita Pavesi und meinem Tabernakel. Es war nicht die ökumenische Misere, die uns am meisten schmerzte, sondern die Tatsache, dass Menschen vor dem Altar «wie Schlachtschafe behandelt wurden», wie Katharina sich ausdrückte, oder «wie Hunde, die nach Futter schnappen», wie ein Jugendlicher aus einer Gruppe aus der Schweiz sagte. Meine Traurigkeit darüber schwoll aus Solidarität mit den Gedemütigten zu einem heiligen Zorn an, so dass ich das Manuskript meiner Meditation am Nachmittag weglegte, um frei und unbefangen zu sprechen und um die Gekreuzigten aufzurichten und zum aufrechten Gang zu ermutigen. Ich weiss nicht, ob ich je einmal so klar im Kopf zu sovielen Menschen frei sprechen konnte. Als wäre ich ein anderer gewesen.

5. April 1991

«Der Mensch tritt ins Leben weich und schwach, er stirbt hart und stark. Alle Wesen treten ins Leben weich und zart, sie sterben trokken und dürr. Darum: das Harte und Starke ist Begleiter des Todes, das Weiche und Schwache ist Begleiter des Lebens» (Tao Tê King).

10. April 1991

Im Traum kam ein dunkler verkrüppelter Mann hinkend über die Zugbrücke auf mein Schloss zu. Ich war überzeugt, dass er mich umbringen wolle. Im nächsten Moment stand er schon hinter mir. Und als ich mich in meiner Todesangst umwandte, schauten mich zwei grosse, von Schmerz gezeichnete Augen an. Er sagte: «Ich flehe dich an!»

Da überliess mich der Traum dem Erwachen in die nackte Wahrheit: so habe ich den andern Josua in mir traktiert, bis er zum Krüppel wurde. Nicht er wollte mich umbringen, ich hätte ihn beinahe umgebracht, weil ich mich vor ihm in einem Schloss verschanzte und ihm verweigerte, mit mir zu leben. Er flehte mit letzter Kraft um Leben. So steht es zwischen ihm und mir. O Gott, er trägt ja die Züge DEINER Ikone von mir! Er hat nur mich zum Leben, und ich habe ihn zu einem Schattendasein degradiert. Es ist zum Heulen.

11. April 1991

Es heult und heult. Wie sollte es anders sein? Da sitzen wir am Meer der heilenden Trauer und lassen den Tränen den Lauf. Ich zögerte lange, ihn um Verzeihung zu bitten, weil ich fürchtete, dass er mir gar nicht glauben würde, nach allem was geschehen ist. Doch jetzt weiss ich, dass er mir vertraut, sonst wären seine Hände und seine Bewegungen nicht ganz weich geworden. Auferstehungsweich und auferstehungsleicht. Es kommt mir wie ein Wunder vor: mein Schatten ist mir zum Begleiter des Lebens geworden. Und ich ihm. Tao Tê King hat eine grosse Weisheit ausgesprochen.

7. Juni 1991

Ich bin wieder zurück in meiner Cella. Nach sechswöchigem Aufenthalt in der Schweiz. War das lange und intensiv! Aber auch anders als bei früheren Aufenthalten. Der Traum begleitete mich durch alle Engagements. Und ebenso ein Wort meines Arztfreundes, der sich

auch in astrologischen Zusammenhängen auskennt. Er sagte mir, die Bilder des Skorpions kämen, im Unterschied zu denen der Waage, aus dem Kern der Person und seien verbindlich. Verbindlicher und verpflichtender als alle Bedürfnisse und Ansprüche von aussen. Und dann sagte er noch: «Skorpione sind Verwandler. Sie drängen über Gegebenes hinaus in Weiteres und Umfassenderes.» Das muss es sein, was die Begegnungen neu und anders machte: ich habe den inneren Bildern Priorität gegeben. Besonders meinem letzten Traum.
Am Pfingstmontagabend habe ich in Zürich Leonardo Boff gesehen und gehört. Ein Satz bleibt mir hoffentlich unvergesslich. Es war der letzte seines Referates: «Feiheit wird einem nicht gegeben, man muss sie sich nehmen:»

19. Juni 1991

Wolfgang lebte und arbeitete zwei Jahre in einem Missionsspital in Lesotho, Afrika, zur Hauptsache an der Krankenpflegerinnenschule. Heute erzählte er mir von seiner Begegnung mit Tsehare, einem Medizinmann jener Gegend. Schon bei ihrem ersten Gespräch hatte Tsehare zu ihm gesagt: «Ich komme aus demselben Land wie du.» Ein paar Tage später vernahm Wolfgang, dass Tsehare blind gewesen sei, wenn auch nur vorübergehend. Bei seinen nächsten Besuchen vertraute Tsehare ihm viel von seiner Heilkunst an. Als Wolfgang sich dann eine Woche vor seiner Rückreise nach Europa bei ihm verabschiedete, erlebte er völlig überraschend seine Initiation, bei der ihm der Afrikaner alle seine Insignien, die Zeichen seiner Macht und Würde, samt seinem Kleid übergab und zu seinen Füssen schlief. Nicht lange danach starb Tsehare.
Wenn das nicht betroffen macht! So geschieht Versöhnung zwischen Kontinenten. Jetzt verstehe ich besser, weshalb Wolfgangs Therapie mich so tief berührte: durch seine Hände fliesst einende Lebensenergie wie ein Geschenk aus dem «verheissenen Land». Tsehare heisst übersetzt «Licht». Und dieses Licht hat alle seine Kraft und Wirkung einem Blinden anvertraut, der mehr sieht als wir Sehenden.

5. Juli 1991

Mir dämmert wieder einmal mehr: das Eremitische in meinem Leben kommt von den inneren Bildern, die verpflichtender sind als äussere. Ausrede für Unverbindlichkeit? Nein, der Eremit ist ein volles Ja zu dem, was verpflichtender ist als alles andere: Kundschafter einer neuen Welt. Das Fremdwörterlexikon sagt zu «rekognoszieren»: wiedererkennen, Echtheit beglaubigen. Auskundschaften hat nur Sinn, wenn man im Grunde schon kennt, was man sucht. In diesem Urgrund muss einer schon zu Hause sein, wenn er sich nicht verlieren will. Wie will er Echtheit beglaubigen, wenn er den Weg nicht selber gegangen ist? Moses wusste schon, warum er Josua als Kundschafter vorausschickte ins verheissene Land. Ohne Beglaubigung wäre sein Volk nicht in das neue Land gegangen.

24. Juli 1991

Ein Hochzeitsgast hat die ökumenische Trauung, die ich mit einem Priester aus der Schweiz gehalten habe, ein «Abenteuer des Geistes» genannt. Er hat damit die ganze Freude ausgedrückt, aber auch das ganze Risiko, in das wir uns eingelassen haben. Weil wir alles in ehrlichen Gesprächen erarbeiteten und nur dem Gestalt gaben, was wir vor Gott und voreinander verantworten konnten, ist eine Feier entstanden, wie ich sie nicht einmal zu träumen gewagt hätte. Das Unmögliche wird doch möglich, wenn es behutsam den Spuren des Geistes entlang gesucht wird.

1. August 1991

Den heutigen Schweizerischen Nationalfeiertag erlebe ich wie einen Trauertag. Trauer worüber? Über den Fichen-Skandal – über die gestolperte erste Bundesrätin – über das verlorene Vertrauen in Bundesrat und Parlament – über die Fixiertheit der Regierungsparteien und ihre mangelnde Bereitschaft zur Verwandlung der Schweiz in einem neuen Europa. Wenn ein paar wenige mit dieser Trauerarbeit beginnen, entsteht vielleicht eines Tages ein «Neuentwurf Schweiz», wie ein Journalist sich ausdrückte.

8. August 1991

Ich habe beschlossen, nicht zu Ventura nach Spanien zu fahren, so gerne ich ihn in seinem Kloster besucht hätte. Die innere Reise ist jetzt wichtiger als die äussere. Ihren Spuren will ich mit aller Achtsamkeit folgen bis zur Ausstellung im kommenden Frühling, um sie dann zur Darstellung zu bringen. Nur so kann ich dem Volk zeigen, was ich ausgekundschaftet habe und wohin unser Exodus schliesslich führen wird.

4. September 1991

Meine achtundneunzigjähige Gotte hatte mich zu ihrem fünfundsiebzigsten Diakonissen-Jubiläum eingeladen. Heute hat sie auf meine Absage geantwortet: «. . . so, wie wir zusammengehören, können wir uns an jenem Tag gar nicht näher sein.»

3. Oktober 1991

Gestern ist die neue Ikone fertig geworden. Es war eine schmerzhafte Geburt. Jetzt schwebt «der Strahlende» über dem Fenster, transparent für die Gegenwart SEINES unverfügbaren Lichtes. Ich habe lange nicht begriffen, dass sich Strahlen lieber nicht mit Metallen ausdrücken lassen, bis mich Katharina in meiner Ratlosigkeit auf die Idee brachte, die Metalle mit Plexiglas zu verbinden. Es war ein richtiges Kunststück, die Metallteile auf den Zehntelsmillimeter genau auf das Glas zu bringen. Aber jetzt ist sie wieder da, die heilende Leere. Ganz neu und ganz anders.

5. Oktober 1991

Diese Nacht habe ich meine eigene Sprache gehört und gesprochen, als wäre es zum erstenmal. Ist es möglich, seine wahre Sprache nicht zu kennen? Ist sie mir denn abhanden gekommen? Oder habe ich sie selber vergraben? Habe ich den Spanischsprachkurs abgebrochen, um meine eigene Sprache wiederzufinden?
Ich erwachte heute durch die eigene Stimme. Was ich mich aber sprechen hörte, war eine neue Sprache. Ganz poetisch. Sie klang bis in den letzten Winkel meines Wesens. Und dann lachte ich von ganzem Herzen: «Sprachkurs bei mir selbst.» Ja wirklich, diese Sprache will ich lernen und keine andere. Nur, wie mach ich das? Da gibt es wohl nur eine ganz existentielle Methode. Wie hat Jesus das

gemacht? Im Dialog mit dem Vater. Siehe da: Beten als Sprachschule. Nicht vorgedruckte Gebete nachsprechen, sondern bei Gott die eigene Ursprache wiederfinden. Im Dialog von Ikone zu Ikone.

9. Oktober 1991

«Bijou»: das erste Wort im neuen Sprachkurs. Und erst noch französisch! Und mitten in der Arbeit. «Kleinod, kunstvoll gearbeitete, zierliche Kleinigkeit» nennt es das Lexikon. Es ist mir natürlich klar, dass es mit dem ersten Beruf zu tun hat. Warum aber schmerzt es so? Mir ist nicht mehr ums Lachen, obwohl es ein heiteres strahlendes Wort ist, schon von seinem Klang her. Es singt geradezu, wenn ich es sage. Schmerzt es mich, dass es so einfach singt, als wäre mir das Singen nicht vergangen? Dann soll es erst recht über meine Lippen kommen, bis die Wunde nicht mehr schmerzt.

13. Oktober 1991

Ist sprechen heilend, wenn es aus der Quelle der eigenen Sprache fliesst? Welche Überraschung: in mir ist eine Sprachheilschule und ein Sprachheillehrer. Zum Glück bin ich der einzige Schüler, so kann alles ganz behutsam vor sich gehen. Ich bin tatsächlich noch immer beim ersten Wort: bijou. Heute früh hat mich nicht nur sein Klang, sondern auch sein Inhalt berührt, weil ER es zu mir und ich zu IHM gesagt habe. Ein Kosewort zwischen Liebenden. Geht das so weit? Ja, noch viel weiter: jetzt kann ich mich nicht einmal mehr davor drücken, es auch zu mir zu sagen.

7. November 1991

«Spielen». Wieder ein Wort, das quellfrisch über die Lippen kommt und dann schmerzt. Kunststück, so wie mir das Singen verging, ist mir auch das Spielen vergangen. Warum laufe ich immer wieder Spielverderbern in die Hände? Ich frage wohl besser: Warum lasse ich mir überhaupt das Spiel verderben? Gott hat es mir jedenfalls nie verdorben. Im Gegenteil, ER spielte mit und hatte SEINE Freude am Zusammenspiel. Mein Inneres hat schon recht, wenn es mir dieses Wort so lebensfrisch zuspielt. Bin ich in seinen Augen gar ein

«Spielmann Gottes»? Auch ohne Instrument? Ich habe alle Musikinstrumente weggegeben vor meiner Ausreise nach Italien: die Geige, die Laute, sogar die selbstgebauten Fideln. Und jetzt? Ist vielleicht das schöpferische Spiel auf andere Weise weitergegangen?

8. November 1991

Mit Feuer zum Beispiel? Meine Ikonen entstehen im Feuer. Im «Spiel mit dem Feuer». Wahrhaftig, keine harmlose Sache! Man kann sich dabei die Finger verbrennen. Und doch bin ich heil geblieben. Oder vielleicht erst heil geworden durch «Bruder Feuer», wie Franziskus ihn nannte? So ernst und so heiter ist das mit diesem Spielgefährten. Ich möchte ihn nicht mehr missen.

9. Dezember 1991

«Dimdumim». Dieses wohlklingende neuhebräische Wort heisst übersetzt «Dämmerung». Und gesagt hat es mir Noemi, eine Israelin, die diese Woche am jüdisch-christlichen Dialog in Camaldoli teilnimmt. Sie fuhr mit mir in einer zauberhaften Abenddämmerung zu uns in die Casa Bocci. Nun klingt es einfach in mir weiter «dimdumim ...», als wäre die Dämmerung meine kosmische Mutter, die mir ihr Schlaflied singt.

10. Januar 1992

Im Traum begegnete ich meiner Mutter. Unter welchen Umständen weiss ich nicht mehr. Was mir aber unvergesslich bleiben wird, ist ihre Schönheit. So wunderschön habe ich sie nie gesehen, nicht einmal auf ihrem Verlobungsfoto. Alles Strenge und Harte war gewichen. Es lag eine Heiterkeit auf ihrem Gesicht, wie ich sie nie zuvor erlebt hatte. Sie machte eine Handbewegung, als wollte sie sagen: «Siehst du, jetzt ist alles gut geworden zwischen uns».
Es muss tatsächlich etwas geschehen sein zwischen mir und ihr, sonst hätte der Traum kein solches Bild hervorbringen können. Habe ich vielleicht ihre Ikone geschaut? Jetzt können alle andern Bilder von ihr in mir sterben, denn ihr wahres Bild ist in mir auferstanden.

19. Januar 1992

«Handlanger Gottes.» Ein neues Wort im Sprachkurs bei mir selbst. Es entstand am Mittagstisch bei den Brüdern im Monastero von Camaldoli. Sie baten mich um die Predigt zum heutigen Tag während der Gebetswoche für die Einheit der Christen. Und weil ich nicht vom Allmächtigen, sondern vom Allumfassenden sprach, machte mich einer der Brüder bei Tisch darauf aufmerksam, dass sich im italienischen Ausdruck tutt'abbracciante der Tagelöhner oder Handlanger verstecke. Welche Überraschung: in SEINER Umarmung werden wir zu SEINEN Tagelöhnern, wie die Arbeiter im Gleichnis vom Weinberg (Mt 20,1-16). Mein ordiniertes Amt wurde auf meinem ökumenischen Weg gekreuzigt, und nun ist es im Handlanger auferstanden. Gott sucht für SEINE Arbeit auf Erden nicht Beamte, sondern Tagelöhner. Diese arbeiten nicht auf Grund eines Vertrages, sondern auf Grund eines Handschlages. Ihre Beziehung zum Arbeitgeber fusst nicht auf einem Anspruch, sondern auf Vertrauen. Da dämmert allerdings ein neuer Morgen in der Christenheit. Und dieser Morgen beginnt jeden Tag wieder ganz neu.

10. April 1992

Die Ikonographin Margherita Pavesi Mazzoni stellt in der Kirche Romena in Pratovecchio ihre jüngsten Werke aus. Sie ist für zwei Tage Gast bei Peter und Katharina. Als ich sie heute morgen mit dem Auto nach Pratovecchio führte, kam mir im Gespräch die Idee, dem toten Fisch[1] auf einem ihrer Bilder drei Goldtropfen auf das Auge zu träufeln als Zeichen für die unmittelbar bevorstehende Auferstehung. Als ich die Goldtropfen am Nachmittag hinzugefügt hatte, sagte Margherita, betroffen von der Wirkung: «Das ist für mich die Initiation einer neuen Lebensetappe.» Und mich durchfuhr es: so ernst ist das mit dem Handlanger Gottes!

13. April 1992

Ich bin gestern mit vier Studenten aus Freiburg nochmals zur Ausstellung gefahren. Wir haben den ganzen «Kreuzweg einer Frau» – so

[1] Fisch: griechisch «ichthys». Die Buchstaben ergeben das Bekenntnis: Jesus Christus Gottes Sohn Erlöser.

die Überschrift der Ausstellung – gemeinsam abgeschritten, fragend und suchend nach tieferen Zusammenhängen. Als ich die Studenten in ihr Quartier zurückführte, spürten wir, dass uns das Herz brannte wie den Jüngern von Emmaus (Lk 24,32).
Heute morgen frage ich mich erneut: geht das so weit mit dem Handlanger, dass ER sich in mich verwandelt oder mich in IHN? Irgend etwas ist geschehen, das ich so noch nicht erlebt habe.

15. April 1992

«Synchronizität.» Gleichzeitigkeit. Auf zwei Ebenen läuft gleichzeitig etwas ab. Und auf einmal spürt man den inneren Zusammenhang. Diese verborgene Zusammengehörigkeit hat mich schon immer interessiert. Die Evangelisten berichten auch von Jesus: «Im Vorübergehen sah er …» Er merkte, wenn es Zeit war mitzuwirken. Sonst sagte er: «Meine Zeit ist noch nicht da.» Genau so ist es mit den Ikonen. Sie sind sozusagen gestaltgewordene Synchronizität. Ich kann nur SEIN Mund und SEIN Tagelöhner sein, wenn SEINE Zeit und meine Zeit zusammenfallen.

10. Mai 1992

«Steh auf und iss!» Das klingt verdächtig nach dem Propheten Elia (1 Kön 19,5-8). Ich fand zwar beim Erwachen keinen Krug mit Wasser und kein Brot, aber die Stimme war unüberhörbar. Elia war wie Jona auf der Flucht vor seinem Auftrag. Ich auch? Aber ich habe doch ja gesagt zur «einladenden Prophetie» und mich zur Ausstellung mit Katharina entschlossen. In einer Woche fahren wir nach Zürich. Steht noch mehr als der Prophet in mir auf dem Spiel? Der Prophet in vielen? Erwacht heute eine kollektive Prophetie unter uns? Animiere ich dazu mit der Ausstellung? Wie soll denn die Menschheit vor dem nuklearen Suizid bewahrt werden ohne unübersehbare Scharen von Prophetinnen und Propheten, die ihre Stimme für Gott erheben?

13. Mai 1992

Seltsam, wie mich Elia beruhigt. Er hat mir das Prophetische entdramatisiert. Jetzt kommt er mir wie ein Handlanger Gottes vor. Ein feuriger zwar, mit dem Gott aber im sanften Säuseln des Windes spricht, weil ER schon weiss, was die Nerven des Elia aushalten und was nicht.

21. Mai 1992

Zürich. Wir sind schon seit drei Tagen am Einrichten der Ausstellung. Die Zentralkommission der katholischen Kirche von Zürich hat uns Gastrecht gewährt. Ein ökumenisches, vielleicht sogar ein prophetisches Zeichen in der Stadt der Reformation. Es war nicht leicht, mit der ganzen Fülle unserer Werke zurechtzukommen und ihnen eine gemeinsame Gestalt zu geben. Doch Schönheit hat einen unmittelbaren Zugang zum Herzen, geht österlich durch unsere Blockaden und weckt neue schöpferische Möglichkeiten. Das ist eine tröstliche Erfahrung.

22. Mai 1992

Noch immer klingt in mir das «Steh auf und iss!» Mir ist, als würde ich mit einer theophilen Speise versorgt. Heute früh sagte die Stimme: «Heb der soorg!», geh sorgsam mit dir um.
Und jetzt, am Abend, liegt Katharina auf der Intensivstation der Universitätsklinik, und wir wissen nicht, ob sie den Sturz aus drei Metern Höhe auf die mit Eisenkanten versehene Treppe überleben wird. Das Hirn scheine unverletzt, sagte der Arzt. Bedrohlicher seien der Thoraxschock und die vielen Knochenfrakturen im Gesicht. Die Operation dauerte vier Stunden. Kein anderes Spital wäre eingerichtet gewesen für derart schwierige Eingriffe. Und Katharina war mit der Ambulanz in zehn Minuten dort! Gottlob. Wir haben Grund zu hoffen.

24. Mai 1992

Peter kam noch gestern per Flugzeug, aber nicht mehr rechtzeitig zur Vernissage. Eine Freundin von Katharina, die als Krankenschwester Zugang zur Intensivstation hat, konnte uns wenigstens den neuesten Stand der Situation berichten, so dass es uns möglich war, den Gästen mit der schrecklichen Nachricht auch unsere Hoffnung weiterzugeben. Wie zur Bestätigung dieser Hoffnung sang nach der verklungenen Hackbrettmusik eine Amsel vom Baum durchs offene Fenster herein. Mir war, als würde das bedrohliche Gewitter schon abziehen.

26. Mai 1992

Ich bin aufgestanden und habe etwas gegessen, obgleich es erst ein Uhr nachts ist. Das «Steh auf und iss!» hat mich wieder geweckt. Ich muss wieder und wieder an Brigittes Worte anlässlich der Vernissage denken: «Wir sind vor Gott nicht mehr Mächtige oder Ohnmächtige, sondern *Ermächtigte*.»
Die Studenten aus Freiburg sind auch in die Ausstellung gekommen. In einem von ihnen erkannte ich meinen Elischa (1 Kön 19,19). Aber ich warf ihm nicht wie Elia den Prophetenmantel über, sondern fragte ihn, ob es ihn erschrecken würde, wenn ich ihm in meinem Testament meine Tagebücher vermachte. Er schaute mich nur mit grossen fragenden Augen an. Da wussten wir, dass wir dazu ermächtigt sind. So ist das, wieder einmal mehr, mit den Handlangern Gottes. Und mir wird bedrängend klar: wenn ich jetzt nicht als Ermächtigter lebe, sondern feige zurückweiche, werde ich meine eigene Ikone aufs Gesicht fallen lassen. Vermutlich ist das für mich die Botschaft von Katharinas Unfall.

28. Mai 1992

Halbzeit. Und schon fast alle Werke tragen einen roten Punkt zum Zeichen, dass sie verkauft sind. Erfolg? Da steckt mehr dahinter. Hunger nach Spiritualität. Soviele kommen. Zweimal, dreimal. Sogar aus Italien. Was suchen diese Menschen? Nicht Brot allein. Begegnung, die nährt. Nicht nur oberflächlich. Sie müssen alle eine steile Treppe hinuntersteigen bis zum Salomonskeller. Ganz unten findet diese Begegnung statt. Auch mit mir und mit Peter, der jetzt an Stelle von Katharina da ist. Aber Katharina ist auch da. Ganz still. In ihren Werken. Alle spüren das. Und schreiben dann ihre Namen auf ein ganz, ganz grosses Papier, damit sie später weiss, wer ihr begegnen wollte. Ich glaube, dass die Betroffenheit durch Katharinas Unfall eine noch stärkere Bereitschaft auslöst: zu einer inneren Begegnung nämlich, zu der wir nicht so ohne weiteres Zugang finden. Ich ahne bereits, warum mir das «Ehre sei Gott in der Tiefe» dann und wann über die Seele huscht.

3. Juni 1992

Die Ausstellung ist mit meinem siebzigsten Lebensjahr zusammengefallen. Siebzig meint in der Symbolik Vielfalt und Fülle. Das, was «darüber hinaus» führt. Das Krüglein ist voll. Es überläuft. Erfüllung? Ja, sogar Erfüllung. Jetzt, da die Ausstellung zu Ende ist, darf ich das sagen. Denn es ist noch etwas Grösseres synchron mitgelaufen. Und doch ganz neu und anders. Auferstehung als ansteckende Gesundheit. Der Tod war auch da. Unbemerkt stieg er die Treppe hinunter. Aber dann machte er kehrt vor der Türe zur Auferstehung und ging still davon. Aus Respekt vor dem Umfassenderen? Er hat eine Wende eingeleitet. Wendezeit. Auch bei mir.

19. Juni 1992

Wegen verschiedener Engagements bin ich immer noch in der Schweiz. So habe ich noch einige Male die Möglichkeit bekommen, Katharina im Spital zu besuchen und mitzuerleben, wie sie sich behutsam ins Leben zurücktastet.
Gestern traf ich nochmals meinen Elischa zu einem Spaziergang am Rande der Stadt. Wir hatten uns offensichtlich noch einiges zu sagen, um die Wende der Zeit besser zu be-greifen. In seinem Leben und in meinem. Ist es verwunderlich, wenn mir ein wenig wie jenem Simeon im Tempel von Jerusalem zumute war, als er den heilbringenden Sohn auf seinen Armen trug (Lk 2,25 ff)? Jetzt kann ich getrost abtreten und meine Hoffnungen den kommenden Generationen überlassen. Während des Mittagessens im Garten eines Restaurants kreiste auf einmal ein Fischreiher über uns, still und ruhig, als wolle er als Symbol des göttlichen Geistes uns die Gleichzeitigkeit mit einem grösseren Geschehen bestätigen.

22. Juni 1992

Elischa hat telefoniert und den unglaublichen Wunsch geäussert, mein jüngstes Tagebuch auf seine Israelreise mitnehmen zu dürfen, um es in Nazareth oder irgendwo auf den Spuren des «anderen Josua» lesen zu können. Ich versprach ihm, es ihm noch vor meiner Rückreise selber zu bringen.

30. Juni 1992

Casa Bocci. Katharinas Schwager hat sich liebenswürdigerweise mit mir auf die lange Autofahrt gemacht. Heute ist er mit dem Zug zurückgefahren. Und jetzt ist Stille. Nichts als grosse Stille. Die ganze Fülle des Erlebten lege ich ab in sie. Da ist sie gut aufgehoben.

5. Juli 1992

«Steh auf und iss!» Wie – hält mich da etwas zum Narren? Genügt es nicht, dass ich mein Testament neu geschrieben und die Tagebücher meinem Elischa vermacht habe? Gestern fragte ich ungeschickterweise einen Freund, was er an meiner Stelle tun würde: die Tagebücher einfach so, wie sie entstanden sind, der Nachwelt überlassen oder sie selber auf das Wesentliche vereinfachen? Für ihn war es ganz klar: selber vereinfachen. Und für mein Inneres offensichtlich auch, wenn es das «Steh auf und iss!» wieder aufnimmt.

11. Juli 1992

Ein kostbarer Fund: zwei Zitate von Teilhard de Chardin.
1. «Die wahre Einheit ist jene, die vereinfacht, d.h. vergeistigt.»
2. «Die wahre Einheit, die du mit den Geschöpfen, die dich anziehen, erstrebst, verwirklicht sich nicht, indem du geradewegs auf sie zugehst, sondern indem du mit ihnen Gott entgegen konvergierst, den du durch sie hindurch suchst.»
Das erste Zitat antwortet auf meine Tagebuchfrage: Vereinfachen um der Einheit willen. Der Einheit mit mir selber und mit meiner Nachwelt. Das zweite Zitat fasst das Geheimnis der Begegnungen in der Ausstellung zusammen. Das erste Zitat ermutigt und ermächtigt mich zur nächsten grossen Arbeit, das zweite Zitat zur theophilen Menschlichkeit. Konvergieren meint: sich nähern, zusammenstreben, übereinstimmen, bis zur Einung mit Gott durch alle und alles,

was mir begegnet. Einung, wie sie Meister Eckhart schon im dreizehnten Jahrhundert neu formuliert hat, klingt sehr viel lebendiger als Einheit, die abgeschlossen wirkt und eher einen Zustand als ein Geschehen beschreibt.

11. August 1992

Ein Priester aus Bergamo hatte sich für heute mit einer Schar Jugendlicher zu einem Gespräch angemeldet. Ich war nicht wenig verblüfft, als sie gleich zu Beginn sagten, sie seien gekommen, um einem Propheten zu begegnen. Da steckte aber nichts Sensationelles dahinter, sondern die existentielle Frage, was das für sie selber zu bedeuten habe, mitten in einer Welt des Umbruchs prophetisch zu leben. Sie hatten nämlich in der Zeitschrift «famiglia cristiana» vom März dieses Jahres das Interwiev einer Turiner Journalistin mit mir gelesen und wollten noch etwas mehr erfahren über diesen prophetischen Menschen. «Ich wollte einen Propheten in seiner Alltäglichkeit sehen», sagte eine junge Frau. Weil ich aber seit der Ausstellung nur noch eine einzige Ikone und ein paar Ikonenfragmente habe, war ich froh, dass Katharina, die inzwischen aus dem Spital entlassen werden konnte, bereit war, die Gruppe auch bei sich hereinschauen zu lassen. So erfuhren die jungen Leute gleich, dass das Prophetische die Frauen nicht ausschliesst, sondern sie genau so ermächtigt wie Männer.

29. August 1992

Elischa hat aus Nazareth geschrieben: «Nach einer anstrengenden Wanderung auf den Tabor haben wir heute einen Ruhetag eingeschaltet. Die Reise ist voller Überraschungen: z.B. vorgestern der Besuch bei den melkitischen Ikonographinnen. Das Tagebuch habe ich hier in Nazareth zu Ende gelesen. Was mich immer wieder erstaunte, war die Synchronizität mit meinem eigenen Weg ... Auf dieser Reise war mir oft, als sei ich verflucht auf dieser Erde, rastlos, heimatlos, gleich dem 'ewigen Juden'. Aber ich merke auch, dass Segen und Fluch nahe beieinander liegen und dass Fluch auch in Segen verwandelt werden kann. Das will ich nicht aus den Augen verlieren.»

12. September 1992

Ich bin wieder aufgestanden und habe gegessen, obwohl es erst halb vier Uhr nachts ist. Es ist mir klar, dass es noch ein weiter Weg ist bis zur Realisierung des vereinfachten Tagebuches. Aber ich will mich nicht länger dagegen sträuben und ihn unter die Füsse nehmen, auch wenn er viele Male vierzig Tage und vierzig Nächte dauern wird. Es scheint IHM selber daran zu liegen, dass ich diese Arbeit an die Hand nehme. Als SEIN Tagelöhner.

20. November 1992

Wie freute ich mich gestern, als mir nach dem Lesen von zwölf Tagebüchern auf einmal die Parallele zur Ikonenarbeit aufleuchtete: achtsam warten, bis sich alles auf das Wesentliche vereinfacht. Und jetzt dieser Traum!
Ich fuhr mit dem Auto zum Gottesdienst. Im Talar! Ich konnte mich vor lauter Stoff kaum bewegen und auch den Verkehr nicht recht überblicken. Mir war ganz elend, als ich ausstieg. Und die Leute schauten mich nur mitleidig an.
Welch eine Warnung! Und erst noch mit verstecktem Humor: Josua in einer Charlie Chaplin-Rolle. Nein, so nicht. Zur Tagebucharbeit ist keine Identität mit dem Amt mehr nötig und keine Rücksicht auf das Amt. Wenn ich für mein Buch auch nur noch einen Fetzen von einer Rolle trage, stürzt mich der Stoff ins Unglück. Nein, so nicht. Jetzt gilt nur noch eine Rücksicht, nämlich die auf die Gegenwart des Geistes. Und diese ist erst noch keine Rück-Sicht, sondern lebendiges Zusammenspiel von Du zu Du. Von Tag zu Tag.

7. Dezember 1992

Ich hörte heute an der jüdisch-christlichen Tagung ein Referat zum Edikt von 1492, das die Juden aus Spanien vertrieb. Der Referent fragte sich, weshalb selbst die Mystiker jener Zeit geschwiegen hatten zu dieser christlichen Ungeheuerlichkeit. Indirekt hat er dann selbst Antwort gegeben mit dem Hinweis auf Papst Gregor dem Grossen, der 800 Jahre zuvor beim beginnenden Untergang Roms die Solidarität mit den Juden wiedergefunden hatte, weil Kirche für ihn nicht mehr Macht bedeutete, sondern «Leben im Exil».

Ganz im Gegensatz zu den spätern Päpsten, die sich als Erben des römischen Reiches und als Hüter des corpus cristianum verstanden. Siehe da, die konstantinische Ära der Christenheit wollte eigentlich schon unter Gregor auslaufen, hätte ihr der europäische Expansionsdrang nicht wieder Auftrieb gegeben. Und leider bis heute. Bei einem derart traurigen Jubiläum muss einem ja ein Licht aufgehen über den Kampf des Vatikan gegen die lateinamerikanische Befreiungstheologie und seine Kollaboration mit diktatorischen Regimes. Hans Küng weiss schon, warum er die römische Kirche als letzte europäische Diktatur bezeichnet und den eben erschienenen Katechismus als christliches Parteibuch. Das Beste, das wir in einer zum Himmel schreienden Situation tun können, ist, ehrlich zu trauern über eine fünfhundertjährige christliche Überheblichkeit im Namen des Allmächtigen.

30. Januar 1993

Bis jetzt sagte die Stimme: «Steh auf und iss!» Heute sagte sie: «Komm und iss!» Und es war meine Stimme. Habe ich das zu IHM gesagt? Ist das meine Antwort auf die Entdeckung, dass Gott genauso Hunger und Durst hat nach dem lebendigen Menschen wie wir nach dem lebendigen Gott (Ps 42,3)? Dann kann das nur die Frucht meines eucharistischen Fastens sein, das mich selber zum Brot und zum Wein gemacht hat. Hat ER zehn Jahre gewartet, bis dieses einladende Wort über meine Lippen kam? Will ER immer wieder eine Raststätte auf Erden finden, wo er ausruhen und sich stärken kann? Und ist das für IHN nur dort möglich, wo ihm etwas oder jemand ähnlich ist?

2. Februar 1993

«Komm und iss!» Eine Frucht meiner Theophilie? Habe ich deshalb meine Cella schon damals, als ich einzog, riposo di Dio genannt? Bin ich IHM schon so ähnlich geworden, dass mein Innerstes IHN als Gast einzuladen wagt? Frucht meiner Ikone?

27. März 1993

Zum dritten Male überschwemmte mich die Fülle. Geistliche Fülle. Bis an die Grenze des Erträglichen. Mein Mass ist viel zu klein. Aber dann war es eine grosse Erleichterung, als ich sagte: «Chumm und iss!» Der See bekam einen Abfluss. Es ist wahr, ich hielt mich nie aus Bescheidenheit an das Kleine und Wenige. Ich war einfach nicht imstande, mit dem Vielen umzugehen. Es hätte mich völlig überfordert. Gott hatte bestimmt seine liebe Not mit mir, wenn ER mir einmal etwas mehr zumuten wollte. ER tat es denn auch sehr behutsam, bis IHM vor ein paar Tagen offensichtlich die Phantasie durchging und ER mich in drei Schüben einfach in SEINE Freude hineinriss. Beim letztenmal sagte ER: «Chumm, das wämmer fiire!» Ist es verwunderlich, dass mir das Gleichnis von den Talenten (Mt 25,21) einfiel? Da war doch einer im Kleinen treu gewesen und wurde dann zu einem Fest eingeladen. Nur, einem Zürcher gegenüber konnte ER nicht so erhaben daherkommen und sagen: «Gehe ein zum Freudenfest deines Herrn». Ich hätte es schlicht nicht begriffen und gemeint, es gehe einen andern an. Aber mit SEINEM «Komm, das wollen wir feiern!» habe ich sogar verstanden, dass ich selber der Grund der Festfreude war.

31. März 1993

Nun habe ich innerhalb von fünf Monaten meine zweiundfünfzig Tagebücher aufmerksam gelesen und die fünfundzwanzig Jahre nochmals durchwandert. Station für Station. Und jetzt? Ich weiss, dass ich eines Tages damit beginnen werde, die ganze Fülle auf das Wesentlichste zu vereinfachen. Aber noch nicht morgen. Ich will mich zuerst am Meer der heilenden Trauer ausruhen, bis sich alles gesetzt hat. Auch wenn es noch ein Jahr dauern sollte. Mit dem Wein ist es auch so. Man muss ihn ruhen lassen nach dem Durchgang durch die Kelter.

15. April 1993

Martin, mein Sohn, war fünf Tage hier. Ein Dialog in äusserster Aufrichtigkeit. Jeder suchte, den andern und sich selbst noch tiefer zu verstehen. Ich staune, dass zwischen Vater und Sohn so etwas überhaupt möglich ist. Hat uns der Geist des Elia angehaucht? «Siehe, ich sende euch den Propheten Elia ... Er wird das Herz der Väter den Söhnen und das Herz der Söhne den Vätern wieder zuwenden»

(Mal 4,15-16). Auch Martin Buber beschliesst sein Mysterienspiel über Elia mit diesen Worten. «Die Stimme (Gottes zu Elia): Auf der untersten Stufe des Leidensschachts begegne dem Leidenden und schliesse ihm das Geheimnis meiner Nähe auf. Wenn aber mein Tag aufdämmert, befriede du die Söhne mit den Vätern.»
Wo Elia auftaucht, fängt es an zu dämmern.

11. Mai 1993

Die Ikone bewahrt vor Selbstzerstörung. So wichtig ist sie für die Menschheit. Sie behütet uns vor dem Suizid, dem individuellen und dem kollektiven. Denn die Ikone integriert die eigenen Aggressionen zugunsten der Wandlung. Womit ich wieder dort bin, wo ich angefangen habe: bei meinem ersten Predigttext, den mir Professor Thurneysen 1949 im Predigtseminar gab: Jer 1,4-10. «. . . Siehe, ich setze dich heute über die Völker, auszureissen und zu verderben, zu pflanzen und aufzubauen.» Wandlung ist nur möglich durch nein sagen. Nein zu allem Harten, Fixierten und Statischen um uns und in uns. Im eigenen Ikonewerden liegt die verborgene Kraft, die uns vor Selbstzerstörung bewahrt. Nun ahne ich erst, weshalb ein Zürcher Pfarrer zur Ikone zurückfinden sollte. Und warum dieser westeuropäische Ikonograph über die ostkirchliche Ikone hinausgehen musste: in der Menschen-Ebenbildlichkeit Gottes fliesst uns eine Liebeskraft entgegen, die uns nein sagen lehrt und so unsere Gott-Ebenbildlichkeit befreit von Selbstzerstörung.

22. Juni 1993

Mein fünfwöchiger Aufenhalt in der Schweiz geht zu Ende. Gestern habe ich mich von meiner bald hundertjährigen Gotte Barbara verabschiedet. Es war ein ganz besonders eindrückliches Gespräch. Unser letztes? Ich konnte mit ihr sogar meine kostbarsten Gotteserfahrungen teilen. Sie staunte und fragte wie ein Kind und antwortete wie eine Weise. Beim Abschied nach einer Stunde waren wir ganz erfrischt.

17. Juli 1993

Ich habe nun auch noch das dritte und jüngste Werk von Matthew Fox gelesen, die Schöpfungsspiritualität. Nun drängt es mich, vor mir selbst und vor dem ganzen Kosmos feierlich zu erklären, dass ich nicht mehr bereit bin, vor unserer hirnlastigen europäischen Kultur ein schlechtes Gewissen zu haben. Ich bin ein Mystiker. Schon von Geburt an. Und ich gedenke, es auch zu bleiben. Denn nur so kann ich atmen in dieser Welt. Ich erkläre auch, dass ich nie bereit sein werde, meine kleine mystische Urkraft durch irgendeine Meditationstechnik zu manipulieren oder manipulieren zu lassen. Ich will sie vielmehr dem Kommen und Gehen des göttlichen Geistes anvertrauen und ihre Absenz wie ihre Präsenz mit der ganzen Lauterkeit des Herzens respektieren. Sie hat teil an etwas viel Grösserem, als ich selber bin. Und darum will ich sie nie für einen Besitz halten.

7. August 1993

Meine Stimme gehört so wenig mir wie mein Gesicht. Ich kann zwar bis in die Knochen spüren, wie sie klingt. Aber sie so zu hören, wie die andern sie hören, das ist mir verwehrt. Meine Stimme ist ikonischen Ursprungs wie mein Gesicht. Das realisiere ich erst jetzt. Zu meiner eigenen Überraschung. So, wie das Bild zum Idol verkommt, wenn es aus der lebendigen Beziehung mit Gott herausfällt, deformiert sich das Wort zur Ideologie, wenn es von seiner ikonischen Wurzel gelöst wird. Wenn meine Stimme wieder Gott und den andern gehört, wird sie zum «Strom lebendigen Wassers» (Joh 7,38). Zur Heilkraft aus dem Hören.

30. August 1993

Das zentrale Wort der Theophilie heisst Wandlung. Es ist wohl das Drama des Menschen, dass er dem Leben die Wandlung verweigert. Und doch läge gerade darin seine Gott-Ebenbildlichkeit. Denn auch Gott bewahrt seine Lebendigkeit nur durch Wandlung von Mutationssprung zu Mutationssprung. Einfacher ist Leben nicht zu haben. Nur scheinen wir das noch immer nicht begreifen zu wollen. Ein prinzipieller Gott ist leichter verfügbar als ein sich wandelnder. Das haben Juden besser begriffen als Christen. Aber wir kommen nicht länger darum herum, es auch zu lernen.

17. September 1993

Unser Leib ist eine Kathedrale. Gott ist der Organist, der sie zum Klingen bringt. Warum tun wir uns so schwer, IHN spielen zu lassen?

20. September 1993

Wenn wir Gott diese SEINE Spielfreude gewähren, kann es zu einem Gottesdienst kommen wie vorgestern bei der ökumenischen Trauung von Adriana und Domenico. Der Klang dieser verborgenen Musik wirkte wie eine ansteckende Gesundheit, die alle Ängste, Spannungen und Konflikte zwischen beiden Kirchen, in diesen Familien und im Dorf einfach hinwegblies. Da konnten wir uns nur noch verwundert anschauen und fragen: «Wie war das nur möglich?»

12. November 1993

«Die Musik für das Kronen-Chakra ist die Stille», lese ich im Chakra-Handbuch. Nun habe ich keinen Grund mehr, mir Vorwürfe zu machen, dass ich so wenig Musik höre trotz meiner neuen CD-Anlage. Der Orgelmeister meiner Kathedrale bringt sogar Stille zum Klingen.

15. November 1993

Im Traum drei Gesichter von grosser Schönheit: ein väterliches, ein brüderliches und ein weibliches. Sind Animus und Anima in mir versöhnt? Bin ich ein trinitarischer Mensch geworden?
1. Zum väterlichen Antlitz fällt mir folgendes ein: ich habe den Stolz und die Freude eines werdenden Vaters erlebt. Nach neun Monaten die Angst um die Geburt des ersten Kindes und drei Tage später den Schmerz über dessen Tod. Mit dem Friedhofgärtner zusammen habe ich den kleinen Leib selber der Erde zurückgegeben. Seither weiss ich, dass Vaterschaft mit loslassen und sterben verbunden ist. Vielleicht sogar mit Auferstehung. Manchmal ist mir, meine verstorbene Tochter habe in mir die Mütterlichkeit zum Leben erweckt. Die Geburt einer zweiten Tochter hat mir die Einmaligkeit jedes Menschen gezeigt und mich davor bewahrt, sie zum Ersatz für die verlorene Tochter zu degradieren. Die Geburt des Sohnes schliesslich hat mich

die Verantwortung gegenüber der Weltbevölkerung gelehrt. Ich habe mich geweigert, die Verantwortung für die Geburtenkontrolle der Frau in die Schuhe zu schieben, wie es damals üblich war. Diese Verantwortung hat mir die Türe zur Väterlichkeit und Mütterlichkeit über alle Grenzen geöffnet. Und jetzt? Hat mir der Traum zeigen wollen, dass meine Ikone ein Ebenbild des Vaters aller Menschen geworden ist?

2. Zum brüderlichen Antlitz fällt mir jene Begegnung im Zug ein, als ich als Student unterwegs nach Nordfrankreich war: ER stand still hinter mir und legte nur SEINE Hand auf meine Schulter, wie wenn ER mir meinen Konfirmations-Spruch aus Josua 1,5 bestätigen wollte. Und siehe da, daraus wuchs eine tiefe Freundschaft mit dem auferstandenen Bruder. Sie hat mir die Türe zur Brüderlichkeit über alle Grenzen geöffnet. Ohne SEINE ausdauernde Gegenwart wäre mein Weg nie durch konfessionelle und klösterliche Mauern gegangen, ich hätte keinen Ausweg aus der Ehe gefunden und schon gar keinen Zugang zum ikonographischen Handwerk. SEINER transparenten Brüderlichkeit habe ich alles zu verdanken.

3. Und wie ist das mit dem weiblichen Antlitz gegangen? Es war in der Matutin eines Marienfestes, noch oben im Eremo von Camaldoli, als mich die Trauer über das theologische Elend der Christenheit zu überschwemmen drohte: da schaute ich überraschend eine dunkle Frauengestalt, die auf einem Schlachtfeld von Mensch zu Mensch ging. Wenn sie einen noch Lebenden fand, fuhr sie ihm zärtlich übers Gesicht und gab ihm zu trinken. Seither spürte ich, dass die Verwundungen, die Frauen meiner Anima zugefügt haben, langsam, langsam heilten. Hat mir meine geheilte Anima geholfen, einen ehemaligen Schweinestall in eine wohnliche Eremiten-Klause zu verwandeln? Und jetzt? Jetzt spiegelte mir im Traum mein weibliches Antlitz die göttliche Schwesterlichkeit wieder. So wenig genügt, um vor neuen Lebensmöglichkeiten zu stehen. Nein, Träume sind nicht Schäume, wie Herr Goethe behauptete.

27. Dezember 1993

Zürich. Schon vor einem Jahr habe ich den Schwestern vom Sonnenhof in Gelterkinden zugesagt, ihre Weihnachtsretraite zu halten. Aber nur, weil ich am 28. Dezember beim hundertsten Geburtstag

meiner Gotte nicht fehlen wollte. Nun haben wir sie bereits im September auf dem Friedhof Zollikerberg in die Erde gebettet. Seither habe ich mir oft gesagt, diese Retraite habe mir meine Gotte eingebrockt. Und jetzt, am Ende der Retraite, überlege ich mir, was mir die Gotte eingebrockt hat. Den Mut und die Freude, endlich an das Zusammenstellen meines Tagebuches zu gehen. Ja wirklich, jetzt ist es soweit. Wenn ich zurück bin in meiner Cella, werde ich damit beginnen. Ich habe alle andern Engagements abgesagt, um ganz frei zu sein dafür.
Mir selber zuliebe will ich den «köstlichen Brocken» aber noch etwas genauer beschreiben: zum erstenmal habe ich erlebt, dass die Sonne auch in mir selber ist. Und das ausgerechnet im Sonnenhof! Schon immer wurde mir gesagt, ich sei ein strahlendes Kind gewesen. Nur ahnte niemand, dass das reine Überlebensstrategie eines verwundeten Kindes war. Auch später merkte niemand, dass diese Anstrengung in einen Tarnmechanismus umschlug. Und der war jetzt einfach verschwunden. Ich war ganz mich selbst: einer, der Suchende in göttliche Geheimnisse einweihen kann. In der Antike nannte man das «mystagogische Kompetenz». Jetzt, wo ich nichts mehr zu tarnen hatte, wagte ich einfach, mit andern zu teilen, was ich selbst erfahren hatte. Ganz natürlich und selbstverständlich, ohne Geheimniskrämerei.
Als ich heute morgen in Zürich ausstieg und über die Bahnhofbrücke zum Central ging, sah ich die Rückseite des «köstlichen Brockens»: ein junger Mensch mit einer Geige. Er kam mir von der andern Seite her entgegen. Ein tiefer Schmerz durchfuhr mein Herz. Fast unerträglich. Da meldete sich die innere Stimme und sagte: «ICH bin deine Musik.» Der Schmerz war weg, und ich atmete tief. Und ich wusste: ich bin die Geige, nicht der Geiger. Der Klangkörper und nicht der Musiker. Es besteht auch kein Zweifel, wer als einziger auf dieser Geige spielen darf: Persévère. IHM ist die Geige vorbehalten.

Weitere Publikationen von Josua Boesch aus dem noah-verlag:

Josua Boesch
Auferstehungsweg.

ISBN 3 907 1 45 01 1 (3. Aufl.), Geb., 64 S. – Fr./DM 19.50/öS 150.–

Wir sind auf den «Auferstehungsweg» geraten. Fast ohne es zu merken. Je lauter die Massenmedien den «Kreuzweg» von Kindern und Jugendlichen, von Vätern und Müttern und Alten in die Welt schreien, umso leiser und beharrlicher verbreitet sich der Auferstehungsweg der Unterdrückten. Jetzt. Mitten unter uns. Im Verborgenen. Das macht die Grossen zittern und die Kleinen hoffen; diese grosse, verborgene Stille und dieses aufmerksame Schweigen vieler, die nicht mehr einfach alles hinnehmen. Sie stehen auf und brechen auf zu einem neuen «Exodus» in eine neue Welt. Gerade so wie damals das Volk Israel in Ägypten. Nur sammeln sie sich in kleineren Gruppen und viel unscheinbarer, an einsamen Orten, in Höhlen und Häusern, in Klöstern und Einsiedeleien. Unauffällig. Einfach so. Ich zähle mich auch zu ihnen. 28 Jahre war ich Pfarrer in der reformierten Schweizer Kirche. Zuvor Goldschmied. Nach dem 50. Lebensjahr fand ich die Einheit von Theologe und Künstler. Aus ihr entstanden die ersten Metallikonen. Sie trieben mich in Stille und Einsamkeit. Seit 1979 lebe ich in Verbindung mit einer katholischen Eremitengemeinschaft im toskanischen Appenin, auf der Suche nach Gemeinschaft über alle Grenzen hinweg, nach einer geeinten Kirche, nach einer geeinten Menschheit. Ausgelöst durch das Meditationsbild des Niklaus von Flüe, entfaltete sich mir hier in Camaldoli der Auferstehungsweg. Sein Geheimnis berührte jenen jungen Katalanen auf seinem Pilgerweg zu Fuss von Calais nach Rom, als er am 9.6.1983 in meiner Cella die acht Ikonen schaute, sonst hätte er nicht gesagt: «Mein Kreuzweg ist Auferstehungsweg geworden». Für ihn schrieb ich später die acht Meditationen. Ich erkannte, dass was ihm und mir geschah typisch sein muss für das, was heute vielen geschieht: ein Aufbrechen von zuinnerst - ein Exodus aus der Welt der Sklaverei und des Todes in eine Welt der Freiheit des Lebens.

Josua Boesch

Josua Boesch
arte contemplativa. Von der Heilkraft aus dem Schauen.

ISBN 3 907 1 45 03 8 (2. Aufl.), Geb. Ausg. 60 S. – Fr. 26.– / DM 28.– / öS 208.–

Dieses Buch gibt einen guten Überblick über das Schaffen von J. Boesch. Es enthält 13 einzelne Metallikonen. Die begleitenden Texte führen zur vertiefenden Meditation.

Aus dem Vorwort:
«arte contemplativa: Schaffen aus der Stille,
aber mehr noch aus einer inneren Präsenz,
der eigenen und einer anderen.
Der anderen zuerst.
Die macht dann die eigene erst möglich,
in der Gestalt liebender Aufmerksamkeit.
Arte contemplativa ist lebensverändernd,
ein Weg, auf dem man unmerklich
das eine und andere hinter sich hat,
man kann nicht mehr zurück.
Darum ist das Rad so bedeutsam.
Man wird verwandelt,
neu und transparent.»